中川 右介
＋
石井 義興

ホロヴィッツ

20世紀最大のピアニストの
生涯と全録音

アルファベータ
ブックス

はじめに

ウラディミール・ホロヴィッツは「レコード」が実用化されたのと同時期にアメリカにデビューし、ＣＤが普及した頃に亡くなった。演奏会に出なくなる空白期が何度もあるが、その間もレコーディングはしていたので、まさに「レコードのピアニスト」だった。

一方で、一九八三年の日本公演のチケット代が五万円という、オペラよりも高い価格だったことが示すように、演奏会を熱望される、「ライヴのピアニスト」でもあった。幸いなことに、生涯の後半は、多くのリサイタルがライヴ録音されている。

というわけで――ホロヴィッツの演奏は、初録音の一九二八年から亡くなる一九八九年までの六十一年間分を聴くことができる（ピアノロールへの録音は一九二六年から）。その録音は、録音スタジオや自宅でのセッション録音と、リサイタルのライヴ録音、オーケストラと共演した協奏曲の放送音源など、さまざまな録音方法によって遺されたもので、大半がＣＤとして市販されている。

長い活動期間の割には、ホロヴィッツの録音は、その全貌が比較的簡単に把握でき、私のように、「コレクター」とまではいかない程度のファンでも、そのほぼ全てのＣＤを集めることができるのだ。

そこで、ホロヴィッツの生涯を辿りつつ、その時々の演奏の録音を明記していく、物語としての「伝記」と演奏・録音の「記録」とを融合させる本を作ってみた。

この本の前段階として、『ホロヴィッツの遺産』という本がある。

世界有数のホロヴィッツ・コレクターである石井義興氏が、自身のコレクションを本にしたいと私のもとに相談に来られたのは、二〇一三年の秋だったと記憶している。

石井氏はホロヴィッツのファンになると、世に出た全てのホロヴィッツのレコード（SP、EP、LP、CD、映像）を集めようと決意し、達成した方だ。

単に、「全ての録音」を集めただけでなく、同じ内容のLPでも国によってジャケットのデザインが異なるので、全ての国のものを集めるとか、コンピレーションアルバムで、ホロヴィッツの録音が一曲でも収録されているものも集めるとか、とにかく、「ホロヴィッツの演奏」が収録されている音盤のほぼ全種類をお持ちなのだ。なかにはロシアとか中国で出ている権利関係が怪しげなものまである。

そのコレクションを全て写真に撮るから、それを集成した写真集を作りたいという相談だった。その本は二〇一四年秋に、石井氏とその協力者である木下淳氏の共著『ホロヴィッツの遺産』として、アルファベータブックスから出版された。

その後も石井氏と話す機会があり、「『ホロヴィッツの遺産』は高額となってしまい、多くの人が手に取ることができなかったので、ホロヴィッツの録音遺産の全貌が分かる、手軽な本を作れないか」という話になった。

　こうしてできたのが、この本である。

　伝記部分は私がかつて書いた『二十世紀の10大ピアニスト』（幻冬舎新書）のなかのホロヴィッツの部分をベースにしているが、倍以上の量に書き足した。

　収載するジャケット写真は石井氏のコレクションのもので、データも石井氏作成のものを基本にしている。

目次

本書掲載の写真について

SP、LP、CD、DVDなどのジャケットは石井義興氏所有のものを撮影して掲載した。石井コレクションの全体は『ホロヴィッツの遺産』を参照していただきたい。

市販されているホロヴィッツの録音について、セッション、ライヴを問わず全てを文中で示したつもりである。この録音を聴くためのガイドとして、ジャケットを引用し、盤ごとの収録曲を記載した。

同じ音源がさまざまなCDに収録されており、その種類は今も増え続けているので初出盤を基本とした。

RCA、CBS音源のものは、ソニーが出した七十枚組CDボックス「The Cmplete Original Jacket Collection」の番号で記す。「OJC 1」とあるのは同セット内の番号で、次に［　］で示すのは、アメリカでの初出LP、初出CDの番号である。

また、ソニーから出ている二つのライヴ音源ボックス『Vladimir Horowitz: Live At Carnegie Hall』（CD四十一枚、DVD一枚）、『Vladimir Horowitz in Recital - The Complete Columbia and RCA Live Recordings 1966-1983』（CD五十枚）については、前者収録のCDを「CH」、後者は「LR」とし、それぞれのボックス内での番号を記す。

HMV、ドイツ・グラモフォンについては、初出CDの番号を示す。

著作隣接権が公有化された時期のライヴ音源も、さまざまなCDで出され、その多くはすぐに廃盤となり入手困難なものも多い。複数のCDに収録されている演奏は、石井コレクションのなかから中川が選んで載せた。

ホロヴィッツ

20世紀最大のピアニストの生涯と全録音

中川右介

第一章　キエフの天才少年

スクリャービンが認めた少年

歴史というものは、旧い世代が消えるとき、常に新しい世代を準備しているものだ。

一九一五年四月、ロシアがスクリャービンという偉大なピアニストにして作曲家を喪ったとき、新たな天才が世に出ようとしていた。

アレクサンドル・スクリャービン（一八七二～一九一五）は亡くなる一年前の一九一四年に、リサイタルのために訪れたキエフでひとりの少年のピアノ演奏を聴いた。彼こそが新世代の天才だった。

その少年はスクリャービンがモスクワ音楽院で教えていたときの生徒の甥だった。そのかつての生徒は優秀だったのだが、ユダヤ人だったために卒業にあたり金メダルが受賞できず、銀メダルに終わった。スクリャービンはそれに抗議して音楽院の職を辞したのだが、その生徒がキエフに住んでおり、「甥がとてもピアノの才能があるので、時間のあるときにぜひ演奏を聴いてください」と頼んでいたのだ。

スクリャービンはそれに応じ、リサイタルでキエフを訪れた際に滞在していた個人の邸宅にその少年を呼んだ。リサイタルの本番の四時間前だった。少年はスクリャービンの前で、パデレフスキの「メロディー」とショパンの何か、さらにボロディンの何かを弾いた。十分ほどだったという。スクリャービンは付き添ってきた少年の母に言った。

「あなたの息子さんはピアニストになれるでしょう。本物の才能があります」

そして幅広い教養を身につけさせるように助言した。少年自身よりも両親が喜んだ。その少年の名はウラディミール・ホロヴィッツ――この年、十一歳だった（キエフ時代の名は「ゴロヴィッツ」とい い、亡命した後、西欧で活躍する際に「ホロヴィッツ」と改名というか、芸名としたのだが、本書では最初からホロヴィッツとする）。

ホロヴィッツは一九〇三年十月一日に生まれた。生年については一九〇四年説もあり、生地についてもキエフ説があるが、本書では「一九〇三年にキエフから八十キロほどのところのベルディチェフという町で生まれた」説を採る。生年を一九〇四年としていたのは徴兵を逃れるためとも言われている。キエフはウクライナの首都だが、この時代のウクライナは独立国ではなく、ロシアの一部だった。

父シメオンはユダヤ人の電気技師で電気製品販売会社を営んでいた。母ゾフィーはキエフ音楽院でピアノを学んだアマチュアのピアニストだった。ウラディミールには二人の兄と姉がいて、末っ子だったので甘やかされて育った。スクリャービンの生徒だったのは父の弟にあたる。

キエフではユダヤ人の商人が裕福になるにつれ、迫害されるようになっていく。一九〇五年にはホロヴィッツ家の住む集合住宅が放火されたこともあった。銃弾が打ち込まれ、窓ガラスが粉々になり、幼いウラディミールが命を落としそうになったこともあった。それでもシメオン・ホロヴィッツはビジネスを拡大でき、一家は裕福になっていった。

兄弟姉妹で最初に音楽の才能を見出されたのは、三歳上の姉レジーナだった。母ゾフィーは姉にピアノのレッスンをしていた。ウラディミールは七歳になる一九一〇年からピアノを学び、ラフマニノフやグリーグの曲をとくに好んで弾いていた。やがてピアノ用に編曲されたワーグナーの《ニーベルンゲンの指環》を好むようになる。ウラディミールは一九一二年に地元の公立学校に入学し、同時にキエフ音楽院にも入学し、院長で母ゾフィーの師プハルスキーに師事した。

一九一一年の一月か二月、七歳のウラディミールは、初めてピアノ・リサイタルを聴いた。アルトゥール・ルービンシュタイン（一八八七〜一九八二）がロシア・ツアーをしたときに、キエフにもやって来たのを聴いたのだ。自分の意思ではなく、親に連れられて聴きに行ったようだ。

この年、ルービンシュタインは二十四歳になる。すでに人気ピアニストとなっていた。ウラディミール少年はこの青年ピアニストの演奏を聴いて、自分もピアニストになりたいと思った。

ウラディミールが次に聴いたリサイタルは、一九一二年十二月のヨーゼフ・ホフマン（一八七六〜一九五七）のキエフの公演だった（史料によっては、ルービンシュタインではなく、ホフマンを「最初に聴いたリサイタル」としている）。

当時三十六歳のホフマンは人気絶頂にあり、この年、ロシア帝国の各地で合計二十一回のリサイタルを開いた。キエフでは二回開催されたがチケットは完売し、ホロヴィッツ家は入手できなかった。ウラディミールは何としても聴きたいと考え、入り口で背の高い男性が来るのを待ち、その客の背後に隠れて会場に潜り込むのに成功した。

そして一九一四年――ウラディミール少年はスクリャービンに会ったのだ。

しかしウラディミールが好きだったのは、スクリャービンのライバルであるセルゲイ・ラフマニノフ（一八七三〜一九四三）だった。スクリャービンの前だったのか後なのかははっきりしないが、同じ年にラフマニノフがキエフに来た際にも、ホロヴィッツ母子は会う約束をとりつけていた。ところが約束の時間の午後四時にホロヴィッツと母親がラフマニノフのホテルを訪ねると、彼はもういなかった。彼は三時にこの都市を去っていたのだ。後にラフマニノフはその理由をこう語る。

「私は神童が嫌いだったんだ。もし下手だったら、母親にそう言わなければならない。私は嘘をつけないからね。それが厭なんだ」

ラフマニノフは一九一七年十一月にロシア革命が勃発すると、その直後の同年十二月に、混乱を嫌ってロシアを出てしまい、二度と故国へは戻らない。二人が出会うのはアメリカにおいてである。

ホロヴィッツと教師たち

若きヴラディミール・ホロヴィッツが暮らすキエフは、後にウクライナの首都となるが、彼の幼少期、ウクライナは独立した国家ではなく、ロシア帝国の領土の一部だった。ロシア革命が起きると、キエフの独立運動派はウクライナ人民共和国の樹立を宣言するが、ロシアの革命政権はこの独立を認めない。かくして、ロシアから見れば内戦が始まることになる。この内戦にはドイツやポーランドも関与した。

ロシア帝国の崩壊により、ポーランドは独立を果たしていた。新生ポーランド共和国は、ロシアの革命政権がウクライナの独立を弾圧しようとすると、ウクライナ側に立ってロシアとの戦争を始めた。戦闘が始まると、ポーランドのピウスツキ将軍の作戦が成功し、ロシア軍は退却するも結局はロシアが勝利し、ウクライナはやがてソ連の構成国となる。

このウクライナの戦乱の時代、ホロヴィッツはひたすらピアノ修行に励んでいた。彼はそれまで師事していたキエフ音楽院のピアノ教師、セルゲイ・タルノフスキー（一八八二〜一九七六）に物足りなさを感じるようになっていた。

しかし師弟関係というものは、師が弟子を破門にすることはあっても、弟子が師を解雇することは滅多にない。悩んでいるうちに、タルノフスキーが休暇を過ごしていたクリミヤで病死したとの報せが届いた。後に誤報と分かるのだが、あまりにもいいタイミングだった。

というのも、その時キエフ音楽院にペトログラードから、フェリックス・ブルーメンフェルト（一八六三〜一九三一）という音楽家がやって来たのだ。指揮者にして作曲家で、さらにピアノにも精通し、アントン・ルビンシテイン（一八二九〜九四）とも親しかった人物だ。ホロヴィッツと出会ったときは五十六歳だった。後にロシア有数のピアノ教師となるゲンリヒ・ネイガウス（ハインリヒ・ノイハウスとも、一八八八〜一九六四）の叔父でもある。ホロヴィッツはこのブルーメンフェルトのクラスに入り、師事することになった。

この頃、ホロヴィッツはネイガウスとも親しくなった。ネイガウスは一八八八年生まれなので、一世代上になる。彼は一九〇四年にドイツでの演奏旅行を成功させた後、ベルリンでレオポルト・ゴドフスキー（一八七〇〜一九三八）に入門し、一九〇九年から第一次世界大戦勃発までゴドフスキーのウィーン音楽院のマスタークラスに参加した。戦争が始まるとロシアへ戻り、ピアノ教師としてエリザヴェトグラードやチフリス、そしてキエフで教えていたのだ。息子がスタニスラフ・ネイガウス（一九二七〜八〇）、孫が一九八五年にショパン・コンクールで優勝したスタニスラフ・ブーニン（一九六六〜）である。

こうしてホロヴィッツは、新しい師ブルーメンフェルトのもとで、充実した日々を過ごしていた。ブルーメンフェルトはピアニストではなかったので、自分で手本を示すことはできなかったが、ホロヴィッツにとって理想的な師だった。彼の独特の奏法である指を平らにして弾く技術はこの師によって指導された。「私はある種のポルタメント奏法で練習を始め、その結果、指は鋼《はがね》のように強くなりました」とホロヴィッツは回想している。

数カ月後、死んだはずのタルノフスキーが、キエフに元気な姿を見せた。チフスで重篤だったのは事実だったが、生きていたのだ。しかしホロヴィッツは新しい師ブルーメンフェルトのもとを離れようとしない。タルノフスキーは将来有望な弟子の離反がショックで、ひきつけを起こすほどだった。この時おとなしく引き下がれば、ホロヴィッツもかつての師に感謝したことだろう。しかしタルノフスキーはホロヴィッツを恩知らずと罵り、大騒ぎとなった。ホロヴィッツの心はすっかり離れてしまった。

かくしてホロヴィッツが「我が師」として認めるのはブルーメンフェルトだけとなった。タルノフスキーは「二十世紀最大のピアニストの師」という栄誉を受けることはない。それどころかタルノフスキーがアメリカへ亡命した際に、ホロヴィッツはまったく関わりを持とうとせず、楽屋を訪ねて来たタルノフスキーを追い返してしまう。このピアノ教師はアメリカでも不遇で、元弟子を恨んで生涯を終える。不幸な師弟関係となった。

プロのピアニストへ

ロシア革命後の内戦では当初キエフは戦場にならなかったが、一九一九年の暮れから一九二〇年にかけては無事ではすまなくなった。爆撃もあり、ホロヴィッツもあやうく直撃を受けそうになったことがあった。

ホロヴィッツは一九二〇年にキエフ音楽院を卒業するが、その試験演奏で弾いたのは、ラフマニノフの協奏曲第三番（一九〇九年作曲）だった。ホロヴィッツが最も尊敬する音楽家がラフマニノフだったが、それは作曲家としてのラフマニノフだった。この頃のホロヴィッツは作曲家を目指していたのだ。実際、十代のホロヴィッツはかなり多くの曲を作っている。

作曲家になれなかったことを、ホロヴィッツは「ロシア革命のせいだ」と言っている。

「革命後、私たちは家も財産も失ってしまいました。市内の貧民地区に引っ越しました。私のピアノは共産主義者たちに盗まれ、服さえも取られてしまいました。いつ銃で撃たれるか分からない。父は文無しになりました。リスのように食べ物を漁っていました」

そんな状態だったので、ホロヴィッツは生活のためにピアノを弾かなければならなくなり、それゆえに作曲家への夢を断念せざるを得なくなったと振り返る。しかしどうであろうか。作曲家としての才能についてはともかく、この時点での彼が優れたピアニストであることは、誰の耳にも明白だった。顔立ちがショパンに似ていることも、誰の眼にも明らかだった。彼はピアニストになるしかなかったのだ。

一九二〇年初頭から、かつてスクリャービンの生徒だった叔父のアレクサンドルがホロヴィッツのマネージャーとなり、演奏会を組んでいくことになった。キエフをはじめ、ハリコフ、オデッサ、チフリス、モスクワで演奏会が開かれ、ホロヴィッツの名は高まっていった。

ホロヴィッツがヴァイオリニストのナタン・ミルシテイン（一九〇三〜九二）と出会うのは、一九二一年の終わりだった。

ミルシテインはホロヴィッツと同じ一九〇三年にオデッサで生まれた。父は輸入商社の代表で、裕福なユダヤ人一家だった。ヴァイオリンを始めたのは母の希望で、本人がやりたかったわけではないが、すぐに才能を発揮した。当代一のヴァイオリン教師レオポルト・アウアー（一八四五〜一九三〇）に認められて、十一歳でペテルブルク音楽院へ入った。当時アウアーのクラスには、ヤッシャ・ハイフェッツも在籍していたが、彼はすでに有名になっており、外国へも演奏に行っていたので音楽院ではめったに見かけなかった。

一九一七年二月に革命が起きると、アウアーはロシアを出てしまい、師のいない音楽院にいても仕方がないので、ミルシテインはオデッサの実家へ戻った。したがってレーニンとトロツキーによる十月革命のときはペテルブルクにはいなかった。

革命によってミルシテインの父は破産し、彼は十五歳で働かなければならなくなった。彼が優秀なヴァイオリニストであることは知られていたので、新政府の組織や委員会に呼ばれて演奏するようになった。最初は弦楽四重奏団を組んでいたが、やがてソリストとしてロシア各地で演奏するようになった。ミルシテインは演奏へ行くと、その地の音楽関係者から、「ホロヴィッツというすごいピアニストが来て、演奏したらピアノが壊れた」という噂を耳にするようになった。

一九二一年、ミルシテインはキエフで演奏会を開くことになり、政治教育局の指示で、伴奏ピアニストが決められた。ホロヴィッツの師でもあったセルゲイ・タルノフスキーだった。ミルシテインの演奏会が終わると、楽屋に訪ねてきた青年がいた。ホロヴィッツである。彼もまた「ミルシテインというすごいヴァイリニスト」のことを各地で聞いていたのだ。

ホロヴィッツは姉のレジーナと一緒で、ミルシテインとタルノフスキーを家に招いた。このことから、ホロヴィッツとタルノフスキーの関係はそう悪くなかったともいえる。ホロヴィッツ家にはブルーメンフェルトやネイガウスもいて、アルトゥール・ルービンシュタインの親戚もいたとミルシテインは回想している。音楽家たちは談笑し、そして演奏し合った。ミルシテインによれば、姉レジーナのほうがホロヴィッツよりもピアノがうまかった。

この出会いがきっかけでミルシテインはホロヴィッツ家で暮らすようになり、一緒に演奏旅行をするようになった。「当代一のデュオ」の誕生である。

ロシアの革命政権は二人を「革命の落とし子」として売り出すことを決めた。彼らは演奏会だけでなく、政府関係の行事でも演奏させられるようになるのだ。社会主義ロシアが藝術を重視していることの広告塔になった。藝術は労働者階級のために存在するということも、示さなければならない。たしかに帝政時代は貴族や富裕層しかクラシック音楽は聴いていなかった。ホロヴィッツは革命前とはまったく異なる客層——演奏会で飲み食いしタバコを吸い、喋りまくる労働者階級を相手にして弾いた。彼が抜群の音量を誇るピアニストであったからこそ、可能だった。クラシックを聴いたこともない労働者たちは、いつしかホロヴィッツのピアノに聴き惚れ喝采を贈るのだ。

師ブルーメンフェルトはホロヴィッツに満足し、とくにラフマニノフの協奏曲の演奏が気に入っていた。一九二二年一月一日付でアメリカにいるラフマニノフに手紙を書いている。

「私のクラスにヴラディミール・ホロヴィッツという生徒がいました。彼はものすごい才能の持ち主です。彼は君の音楽を熱烈に崇拝しています。卒業試験では君の協奏曲第三番を弾き、リサイタルでも君のロ短調のソナタを見事に演奏しました。君の音楽はこちらではこんなにも愛されています」

一九二二年にホロヴィッツの叔父は、マネージャーの仕事を奪われ、パウル・コーガンという役人が、ホロヴィッツとミルシテインの興行を仕切ることになった。藝術と藝術家は国家管理の下に置かれるようになったのだ。

二人のジョイント・リサイタルは最初にミルシテインのソロ、次がホロヴィッツのソロで、最後に二人でヴァイオリンとピアノのためのソナタを共演するという形式のものだった。ミルシテインはホロヴィッツの伴奏で弾いた唯一のヴァイオリニストといっていい。

ホロヴィッツは二二年秋から翌年にかけて、ペトログラードで二十三回のリサイタルをした。常に満席となり、若い女性たちは彼のファンクラブを結成した。顔立ちがショパンに似ていることも、彼女たちを熱狂させた要因だった。このホロヴィッツのブレイクぶりは、アメリカのスター・システムと似ている。

一九二三年から二四年にかけてのシーズンも、ホロヴィッツはペトログラードの聴衆を興奮させた。十一の異なるプログラムによる二十五回のリサイタルを開いたのだ。二百曲あまりを弾いたことになる。このペトログラードでの演奏会の客のなかには、当時ペトログラード音楽院ピアノ科を卒業したばかりのドミトリー・ショスタコーヴィチ（一九〇六〜七五）もいた。

さらには、ポーランド出身で、当時はドイツで活躍していた大ピアニストも、ソ連へ演奏旅行をした時にホロヴィッツを聴いた。アルトゥール・シュナーベル（一八八二〜一九五一）である。彼は演奏会以外のプライベートな場でもホロヴィッツのピアノを聴いて、深い感銘を受けた。十九歳のホロヴィッツと四十歳のシュナーベルの出会いだった。

ホロヴィッツはこの高名なピアニストが聴いてくれたことに感銘を受け、「あなたのレッスンを受けたいと思っています」と言った。

シュナーベルは「あなたにはいかなる教師も必要ではありませんよ。それよりも、あなたは作曲もしているのですか」と訊いた。

「ええ」とホロヴィッツは恥ずかしそうに答えた。

シュナーベルは洞察力に優れていた。ソ連という国家が役人の力があまりにも強く、そしてその役人たちがあまり有能ではないと、この時の滞在で見抜いていた。さらに聴衆のレベルが低くなっていることも知った。たまに来て演奏するだけならばいいが、ずっとこの体制の下にいたのでは、この若者の才能は伸びないのではいかと危惧した。

「きみは、ロシアを出たほうがいい。肉体的にも精神的にも、そうするべきだ」

シュナーベルはロシアの革命の落とし子、若き音楽英雄に、そう助言した。

ホロヴィッツは頷いた。しかしホロヴィッツは現状にとても満足していた。彼はスターだった。何の不足もなかったのだ。

この時期のミルシテインとのジョイント・リサイタルのひとつが一九二三年十一月二十一日、モスクワ音楽院ホールでの、カルロ・シマノフスキ（一八八二〜一九三七）のヴァイオリン協奏曲第一番とプロコフィエフのヴァイオリン協奏曲第一番だった。ホロヴィッツがひとりでオーケストラのパートを弾いたのだ。

シマノフスキの協奏曲は一九一七年二月にペトログラードで初演される予定だったが革命の混乱で中止になったもので、オーケストラでの演奏ではないが、これがロシア初演だった。プロコフィエフの協奏曲も一九一七年に完成したが革命の混乱もあって、ロシアで演奏されたのはこれが初めてだった。プロコフィエフは革命後の一九一八年五月にシベリア鉄道で極東へ行き日本経由でアメリカへ亡命し、一九二三年からはパリを拠点としていた。ヴァイオリン協奏曲第一番は一九二三年十月十八日にパリで世界初演され、その一カ月後にミルシテインとホロヴィッツが演奏したことになる。

この時期の二人の共演曲としてビゼーの《カルメン》をサラサーテが編曲した《カルメン幻想曲》があったが、ホロヴィッツはピアノ・パートが物足りないと思い、即興で好きなように弾くようになった。これが後に彼のアンコール曲の定番の《カルメン変奏曲》になるのだった。

第二章　西へ

興行師メロヴィチとの出会い

ホロヴィッツがペトログラードの聴衆を熱狂させていた頃、一九二四年一月二十一日、レーニンが死んだ。その三日後にペトログラードは「レニングラード」と改称された。レーニンの神格化が始まった。後継のスターリンは謀略を駆使して、ソヴィエト共産党を掌握し、国家を支配していく。

政治も藝術も、物事を動かすのは「善意の人」ではなく、「野心家」である。善意は何かのきっかけとはなっても、原動力にはならない。ホロヴィッツのロシア脱出は、ひとりの野心ある興行師の登場によって可能となった。

ホロヴィッツはファンの女の子たちに囲まれる日々を送っていた。しかし誰とも深い関係にはならなかったので、彼は女の子には興味がないらしいとの噂が流れた。彼は国家の英雄、「人民藝術家」として、どこへ行っても賞賛された。しかしシュナーベルをはじめとするソ連へやって来た外国の演奏家と接する機会が増えてくると、このままでいいのかとの思いを抱くようになった。ロシアでいくら成功しても、世界は認めてくれないことを知るのだ。

一九二四年十月、ホロヴィッツはレニングラードでラフマニノフの協奏曲第三番を弾き、つづいて、ミルシテインとの二回のリサイタル、さらに十二月にもラフマニノフとリストの協奏曲を弾くなど、このシーズンも好調にスタートを切った。迷いながらも、目の前のスケジュールをこなしていった。それが国家の英雄となったホロヴィッツの義務だった。

ホロヴィッツの弾くラフマニノフを聴いたひとりの興行師がいた。アレクサンドル・メロヴィチという帝政時代からの興行師である。ソ連体制となり、音楽興行が国家管理の下に置かれつつあったので、彼はビジネス・チャンスを失っていた。そこで起死回生のために、優秀な音楽家を連れてソ連を脱出することを考えていた。それにふさわしい逸材を、ついに彼は見つけた。ホロヴィッツを聴いて
「この青年は売れる」とメロヴィチは確信した。

メロヴィチはまずホロヴィッツの父親と話をつけた。父は息子がソ連を出て世界で活躍することを許した。そのうえで当人と会い、さらにヴァイオリニストのナタン・ミルシテインの同意も取り付け、二人のソ連脱出計画を練り始めた。この時代のソ連は、国外へ出ることはそんなには難しくなかった。正当な理由があれば出国は認められたのだ。もちろん、期間は限られ、帰ってくるという前提である。

メロヴィチは、ホロヴィッツと契約を結んだ――今後三年間は出演料の二十パーセント、その後も生涯にわたり十五パーセントをマネージメント料として取るという内容で、ホロヴィッツが後に大い

に悔やむ条件だった。その上でメロヴィチは政府機関に、ホロヴィッツとミルシテインの興行のマネージメントを自分がすることを了承させた。最初から外国へ行くと言ったのでは怪しまれるので、まずソ連国内での実績を上げることにして、一九二五年五月に、モスクワ、キエフ、レニングラードで各三回合計九回の演奏会をした。

当時のソ連では出国にあたり、当座の旅費と宿泊費などのために、五百ルーブルしか持ち出せなかった。しかしそれではすぐに底をついてしまう。ホロヴィッツは稼いだ金を密かにドルに交換し、五千ドルを貯めた。

メロヴィチは政府機関と交渉して、六カ月の出国許可を得た。ドイツの偉大なピアニストであるシュナーベルのもとでレッスンを受けることと、二人の「人民藝術家」の演奏をヨーロッパの人々に聴かせることが、その理由となった。シュナーベルが協力してホロヴィッツを弟子にするとの手紙を書いてくれたのだ。

国境を超えて

こうして一九二五年秋になって、ホロヴィッツとメロヴィチは国境を超えて、シュナーベルが待つベルリンに着いた。密かに貯めたドルは靴の底に隠していたので、国境ではビクビクした。ミルシテインは手続きに時間がかかり、後から来ることになっていた。

ホロヴィッツはロシアにいる時は「ベートーヴェンには少しも惹かれない」などと言って、ドイツ音楽全般にもほとんど関心を寄せなかったが、すぐにベルリンに魅せられ、自分がいかに狭い世界にいたかを思い知った。ホロヴィッツはベルリン・フィルハーモニーのコンサートやオペラ、そして美術館やギャラリーに通った。

当時ベルリン・フィルハーモニーで若くして首席チェロ奏者となっていたのが、グレゴール・ピアティゴルスキー（一九〇三〜七六）だった。偶然にもホロヴィッツ、ミルシテインと同年だ。ウクライナのエカチェリノスラフ（現ドニプロペトロウシク）に生まれ、アマチュアのヴァイオリニストだった父からチェロを習い、モスクワ音楽院で学んだ。革命後はレーニン四重奏団やボリショイ劇場のオーケストラで演奏していたが、演奏環境と待遇の悪さに絶望し、ドイツかフランスに留学したいと申請したが認められなかったので、一九二一年に密出国し、ポーランドを経てドイツに辿り着いた。ベルリンのカフェで演奏して生計を立てていたところ、その常連客だったフルトヴェングラー（一八八六〜一九五四）に認められて、フィルハーモニーの首席チェロ奏者となっていたのだ。

ベルリンで何よりもホロヴィッツが夢中になったのは、やはりピアニストの演奏会だった。シュナーベルはもちろん、ヴァルター・ギーゼキング（一八九五〜一九五六）にも敬服した。だが、他のドイツの気鋭のピアニストたち——カール・フリードベルク（一八七二〜一九五五）、エゴン・ペトリ（一八八一〜一九六二）、ヴィルヘルム・バックハウス（一八八四〜一九六九）、エトヴィン・フィッシャー（一八八六〜一九六〇）、ヴィルヘルム・ケンプ（一八九五〜一九九一）——にはがっかりした。

彼らのプログラムはハイドンだけとかモーツァルトだけが多く、学問的で退屈に感じたのだ。むしろポーランド出身の三人のユダヤ人――モーリッツ・ローゼンタール（一八六二～一九四六）とイグナーツ・フリードマン（一八八二～一九四八）、ワンダ・ランドフスカ（一八七九～一九五九）――に自分と近いものを感じていた。

その間もピアノの練習は怠らなかった。ロシアでは古いピアノしか弾いていなかったので、欧米各メーカーのピアノを試してみると、その音に驚いた。ベーゼンドルファーやベヒシュタインも弾いてみたが、ホロヴィッツが選んだのはアメリカのスタインウェイだった。

「これこそ私のピアノだった」ホロヴィッツはこう確信し、以後生涯にわたりスタインウェイしか弾かない。

ミルシテインがようやくモスクワを旅立ったのは十二月二十五日で、リガを経由してドイツへ入り、ベルリンでホロヴィッツたちと合流した。

メロヴィチが奔走して実現したホロヴィッツのベルリンでのデビュー・リサイタルは、一九二六年一月二日――まだ無名に等しいので客席はまばらだった。緊張のあまり、とんでもない演奏になった。あまりに強く鍵盤を叩いたので弦が切れるアクシデントも起きた。批評家が聴いていなかったのが、唯一の幸いだった。

二日後の四日に二度目のリサイタルが行なわれ、これはどうにか成功した。新聞は好意的に批評した。

この時はリスト／ブゾーニ編曲のモーツァルトの《フィガロの結婚》の主題による幻想曲を弾いた。

終演後、楽屋に来たシュナーベルとホロヴィッツはこんな会話を交わした。

「とても良かったよ」

「でも、マエストロはブゾーニが編曲したリストなどお弾きにならないでしょう」

「私にはバッハだけで時間がいっぱいでね。ああいう類の音楽に費やす時間がないよ」

「僕にはこういう類の音楽を弾いても、まだバッハを弾く時間があります」

このホロヴィッツの最初のリサイタルの客席最前列に一組の母子がいた。ホロヴィッツと同じ歳の、アルゼンチン生まれの天才ピアニスト、クラウディオ・アラウ（一九〇三～九一）である。帰り道に母は息子へ言った。

「練習しなさい。お前より、あの人のほうがうまいじゃないの」

アラウの母は誰の演奏にも満足しない基準の厳しい人だった。その人までがホロヴィッツに仰天したのである。

もちろん、アラウも同じ歳の天才の演奏に驚いた。

ベルリンでの勝利

この時代は現在のように、オーケストラのスケジュールも一年先までソリストや曲名までが決まっているわけではない。ホロヴィッツは二度目のリサイタルが好評だったので、一週間も経たない一月八日に、オスカー・フリート（一八七一〜一九四一）指揮のベルリン交響楽団の演奏会にデビューすることになった（ベルリン・デビューについては、リサイタルよりも先に一九二五年十二月十八日にベルリン交響楽団とチャイコフスキーを共演し、さらに一月五日、六日、七日にも共演したとの説もある）。興行師メロヴィチは熱心に動いたのだ。彼も必死だった。

ベルリンでのオーケストラとの初共演の曲は、チャイコフスキーの協奏曲第一番だった。ドイツではヒステリックなチャイコフスキーは受けないと言われていたので、ホロヴィッツは音量を落として弾いた。この頃のホロヴィッツは聴衆の好みに合わせて弾いていたのだ。

ホロヴィッツのベルリン・デビューを見届けると、メロヴィチはベルリン・フィルハーモニーの若き首席チェロ奏者、グレゴール・ピアティゴルスキーを訪ねた。最高のピアニストと最高のヴァイオリニストに加えて、最高のチェリストを手に入れようと考えたのだ。

メロヴィチはピアティゴルスキーに、自分と契約しないかともちかけた。翌日、ピアティゴルスキーの家にホロヴィッツがやって来た。二人はすぐに気が合い、親友になった。ホロヴィッツが次の仕事でハンブルクへ行ってしまうと、入れ替わりに、スペインへの演奏旅行から戻ったミルシテインが訪れ、またも親友になった。ピアティゴルスキーはオーケストラで働くよりも、ソ連からやって来た二人と組むほうが楽しそうだと感じた。

こうして一九〇三年生まれの、ソ連からやって来た三人はメロヴィチの「三銃士」となった。三人がトリオとして演奏する機会はそう多くはないが、終生の友となった。

一月十九日、ホロヴィッツはハンブルクでリサイタルをした。まあまあのできでしかなく、衝撃は与えられなかった。

翌日、市内観光を終えてホテルに戻ったホロヴィッツとメロヴィチを、地元の興行師が待っていた。

「今晩のハンブルク・フィルハーモニーのコンサートで予定していたソリストが急病となってしまった、代役を頼む」と言う。本番まであと四十五分しかない。とても寒い日だったので指もかじかんでいる。

「無理ですよ」とホロヴィッツは断ろうとしたか、興行師メロヴィチの眼は輝いていた。

「やるんだ。人生を賭けたチャンスだ」

ホロヴィッツは覚悟を決めた。

「チャイコフスキーの楽譜を用意してください」

コンサートホールに着くと、前半が終わり休憩時間となっていた。リハーサルの時間はない。楽屋で指揮者オイゲン・パプスト（一八六六〜一九五六）を紹介された。

パプストは若いピアニストを一瞥し、「こう振るから、これが私のテンポだ」と言った。明らかに馬鹿にしていたが、それも無理はない。無名の二十歳そこそこの青年なのだ。ステージへ向かう途中も、「とにかく指揮棒を見ること。そうすれば、それほどひどいことにはならないだろうから」と言った。

ホロヴィッツの内部で何かが燃え出していた。

チャイコフスキーの協奏曲が始まった。オーケストラに続いて、すぐにピアノによる和音が始まる。ホロヴィッツはこれまで誰も聴いたことがないであろう強さで、鍵盤を叩きつけた。そのあまりの強さと速さにパプストは驚いて、ホロヴィッツを見つめた。この指揮者は無能ではなかった。少なくとも才能を瞬時に察知できる耳は持っていた。彼はすべてをこの若いピアニストに合わせることを決断した。というよりも、他に方法はなかった。

ホロヴィッツは弾いた。嵐のように弾いた。怒濤のように弾いた。音の洪水だった。オーケストラは一心不乱にホロヴィッツについていった。聴衆は呼吸もできないほどあっけに取られ、その音楽に聴き入った。

終わると、狂乱が待っていた。

翌日の新聞は大見出しで新しいスターの誕生を書き立てた。

ハンブルクでのリサイタルはもう一日残っていた。その会場はホテルのダンス・ホールだったが、メロヴィチはすぐに三千人が入る大ホールに変更した。それでも切符は数時間で売り切れた。たちまちメロヴィチのもとに公演契約の申し出が殺到し、ドイツでの十公演が決まる。

ホロヴィッツとメロヴィチはフランスとイタリアへ向かった。ローマでも聴衆は熱狂した。

しかし早くもホロヴィッツ批判の常套句となる「技巧は卓越しているが、音楽的感性が未熟」という趣旨の批評が書かれてしまう。だが、そんなことは些細なことだった。

パリのルービンシュタイン

ホロヴィッツがパリにデビューしたのは一九二六年二月十二日だった。パリ音楽院のホールでラヴェルとショパンを演奏した。三月十二日も音楽院、二十四日はサル・ガヴォー、それからローマへ行き、五月に再びパリへ行き、六日、三十日、六月二十六日とサル・ガヴォーで演奏したことが分かっている（これ以外にも演奏会があった可能性がある）。

そのパリで当時最も人気のあるピアニストといえばアルトゥール・ルービンシュタイン（一八八七〜一九八二）だった。この年、三十九歳になる。

ルービンシュタインはパリでは最初はホテル暮らしだったが、やがてモンマルトルに家を借り、演奏会のある日もない日も常に友人や愛人と楽しい晩を過ごしていた。世界に自分よりも幸福な男はいない、自分よりも人気のあるピアニストはいない――彼はそのことに何の疑いも持っていなかった。しかし四十歳を目前とするこの年、彼は初めて自分がもう若くはないことを知る。さらに若い世代が登場していたのだ。

サル・ガヴォーでのリサイタルの終演後、ルービンシュタインと友人たちは社交界で著名な女性の邸宅に集まった。その席にココ・シャネル（一八八三〜一九七一）もやって来たが、彼女はルービンシュタインの演奏のことよりも、最近聴いた若いピアニストのことを夢中になって話していた。ルービンシュタインとしてはいささか穏やかではなかった。

「あなたがパリにいなかった時に、大成功したのよ。ヴァイオリニストとチェリストの友だち三人とロシアから亡命してきたんですって。ドイツで大成功して、それからパリへ来たのよ。名前は、ヴラディミール・ホロヴィッツ」

興奮していたのはシャネルだけではなかった。その場にいた誰もがホロヴィッツを聴いていた。知らないのはルービンシュタインだけだった——これが、ルービンシュタインがホロヴィッツの名を知った最初だった。

ルービンシュタインは「そんなにすごいピアニストなら、なるべく早く聴いてみなければ」と思った。しかし彼も多忙だ。一般に、旅から旅への生活の音楽家同士が同じ都市に同時期にいることは、あまりない。これがピアニストとヴァイオリニストであれば、共演の可能性もあるが、ピアニスト同士なのでそれもない。ルービンシュタインはホロヴィッツなる青年が気になりながらも、彼自身の演奏会と愛人たちのことで頭がいっぱいだった。

フルトヴェングラーとの共演

ホロヴィッツもまた旅から旅の生活だった。

脚光を浴びたホロヴィッツへの出演依頼が殺到すると、メロヴィチはさばききれないほどの契約を結んだ。その結果一九二六年秋から二七年夏までのシーズン、ホロヴィッツはドイツ、フランス、イタリア、ベルギー、ハンガリー、オーストリア、オランダ、スペイン、イギリスの各都市で六十七回の演奏会に出ることになったのだ。

まずはドイツだった。十月二十一日、ホロヴィッツはライプツィヒでのゲヴァントハウス管弦楽団の演奏会へ客演した。前半がブルックナーの交響曲第九番で、後半がリストのピアノ協奏曲第二番とチャイコフスキーの《ロミオとジュリエット》というプログラムで、指揮はヴィルヘルム・フルトヴェングラーである。

この巨匠とホロヴィッツの最初の共演だった。

フルトヴェングラーは翌二十二日にハンブルクでベルリン・フィルハーモニーと落ち合い、二十一日と同じブルックナーの第九番を指揮した。ここにはホロヴィッツは同行していないが、二十四日と二十五日、ベルリンでのフィルハーモニーとの演奏会で、再びフルトヴェングラーはホロヴィッツをソリストに迎え、ライプツィヒと同じように、ブルックナーの第九番の後に、リストの協奏曲第二番で共演した。これがホロヴィッツにとって、この世界最高峰のオーケストラとの初共演となった。

フルトヴェングラーがアルトゥール・ニキシュ（一八五五～一九二二）の急死を受けて、あらゆる手段を使ってベルリン・フィルハーモニーの首席指揮者の座を射止めたのは一九二二年のことで、同時にライプツィヒのゲヴァントハウス管弦楽団の首席指揮者にもなっていた。ホロヴィッツと共演した翌年の一九二七年にはウィーン・フィルハーモニーの首席指揮者にもなり、ニューヨーク・フィルハーモニックにも客演している。フルトヴェングラーのキャリアが頂点へ向かおうとしていた時期だった。

そんな大スター指揮者にとって、若いホロヴィッツは数多くいる共演者のひとりにすぎなかった。二人は、あまりにも音楽への取り組み方が異なっていた。フルトヴェングラーは演奏後、「彼は私のタイプではない」と周囲に漏らした。

ベルリンの後、十二月にはパリ、二月十五日にベルリンにいたかと思えば二十日はまたもパリ、四月にはロンドンと、ホロヴィッツは忙しい。

六月にパリで、ホロヴィッツとピアティゴルスキーのデュオ・コンサートが開かれた。二人はブラームス、ベートーヴェンのチェロとピアノのためのソナタを共演し、それぞれの独奏のコーナーでは、ピアティゴルスキーはバッハの独奏チェロ組曲、ホロヴィッツはモーツァルトのピアノ・ソナタを弾いた。

モーツァルトの繊細な曲は、しかし、聴衆には物足りなかったようで、ホロヴィッツはアンコールを求められた。室内楽コンサートのはずが、ホロヴィッツの独演会になりかねない。ホロヴィッツは当惑した。しかしピアティゴルスキーが「かまわないよ」と言ってくれたので、ホロヴィッツはステージに出て、ショパン、リスト、ドホナーニを弾いて客席を沸かせた。

ピアティゴルスキーによれば、この時期の二人は室内楽のデュオとして最高の組み合わせで最高の水準にあった。だが、聴衆は、他人に合わせて演奏するホロヴィッツには興味を示さない。彼のスピードと大音量を求めていた。ホロヴィッツはソロか、協奏曲のピアニストにしかなれない。

ヨーロッパでの最初のシーズンにホロヴィッツは六十七回も演奏したのに、交通費と宿泊費は演奏家の自腹なので出費が嵩み、二七年夏にシーズンが終わった時点ではほとんど残っていなかった。

■コラム　録音の歴史1　ピアノロール

本格的な「レコード」の前の録音・再生メディアとしてピアノロール（Piano Roll）がある。十九世紀後半に発明された自動再演ピアノのために録音（記録）された「紙に穴をあけた巻紙（Roll）」のことをいう。

録音用ピアノに演奏を録音（記録）する方法は、ピアノと連結された別の装置に白紙の巻紙をセットし、紙を滑らせながら一定速度で巻紙に巻いていき、ピアニストが演奏すると音が出るだけでなく、鍵盤のタッチによりその巻紙に細かくたくさんの印が付く（これが録音）。演奏が終わると装置からロールを外し、この印を手がかりにして職人が印の付いた場所に「のみ」でいろいろな大きさの穴を開ける。こうしてたくさん穴が空いた長いロールが出来上がる。

穴の空いたロールを自動再演ピアノ（これをリプロデューシング・ピアノと呼ぶ）にかけると、穴に対応する鍵盤のハンマーが空気圧によって押されて音を出す（再生）。したがって、ピアノロールの演奏とは本物のピアノの音であり、レコードの再生と比べるとテンポに問題があったとしても、音は蓄音機よりは遥かに良かった。

蓄音機が発明された後も自動ピアノは長い間利用され、今日も存在する。今日の現代版自動ピアノは紙のロールではなく電子的に記録され（音を録音するのではなく鍵盤のタッチを記録する）、その場ですぐに再生もできる。ピアノロールの演奏は実際にハンマーが叩かれるので、透明人間がピアノを弾いているかのように鍵盤も動く。

穴は職人が空けた後、演奏家本人に再生したものを聴いてもらい、承認が出るまで穴の大きさや位置を微調整する。それを繰り返し、承認が出たものが原盤（ロール）となる。

ホロヴィッツは一九二六年にドイツのウェルテ・ミニョン（Welte-Mignon）社と契約し、さらに一九二八年に米国のエオリアン（Aeolian）社のデュオ・アート（Duo-Art）と契約し二十四曲のロールを作った。

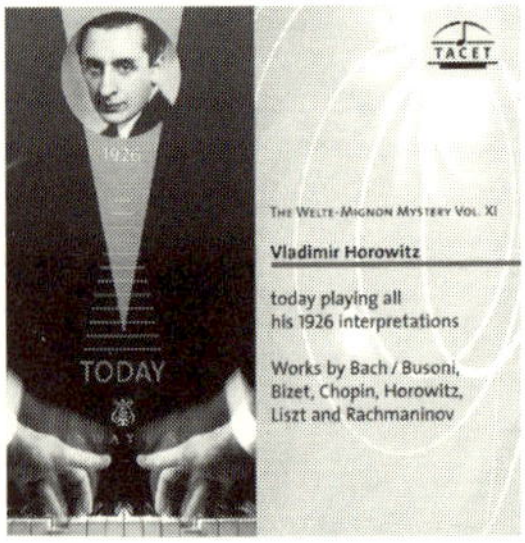

TACET/TACHET138
「The Welte-Mignon Mystery Vol.XI
Vladimir Horowitz」

KING INTERNATIONAL/KKC-4102「コンドン・コレクション①ホロヴィッツ」
ピアノロールはこの２点で全て聴ける。
それぞれの収録曲は下記の通り。

ホロヴィッツがピアノ・ロールに録音した曲

曲名	ピアノロールの番号	録音年	収録されているCD	
			TACHET	KING
ホロヴィッツ：《カルメン》変奏曲	DA 7250-4	1928		○
ホロヴィッツ：ワルツ ヘ短調	DA 7260-3	1929		○
チャイコフスキー：《ドゥムカ》	DA 7281-4	1929		○
シューベルト(リスト編)：《愛の便り》	DA 7282-3	1929		○
ショパン：練習曲第24番ハ短調Op. 25-12	DA 7287-4	1928		○
ショパン：練習曲第6番変ホ短調Op. 10-6	DA 7287-4	1928		○
サン=サーンス（リスト編）：《死の舞踏》	DA 7447-A 108	1932		○
ラフマニノフ：前奏曲イ短調Op. 32-8	DA 7450-8	1932		○
ラフマニノフ：前奏曲ロ短調Op. 32-10	DA 7450-8	1932		○
ラフマニノフ：前奏曲ト短調Op. 23-5	WM 4118	1925	○	○
ホロヴィッツ：《変わり者の踊り》	WM 4119	1925		○
ホロヴィッツ：《カルメン》変奏曲	WM 4120	1926	○	
シューベルト(リスト編)：《愛の便り》	WM 4121	1926	○	
リスト：《忘れられたワルツ》第1番	WM 4122	1926	○	
ラフマニノフ：前奏曲ト長調Op. 32-5	WM 4123	1926	○	
ラフマニノフ：前奏曲嬰ト短調Op. 32-12	WM 4123	1926	○	
バッハ（ブゾーニ編）：トッカータ、アダージョとフーガ	WM 4124	1926	○	
ショパン：マズルカ第21番嬰ハ短調Op. 30-4	WM 4125	1926	○	
ショパン：マズルカ第40番ヘ短調Op. 63-2	WM 4126	1926	○	
ショパン：マズルカ第41番嬰ハ短調Op. 63-3	WM 4126	1926	○	
バッハ（ブゾーニ編）：前奏曲とフーガ	WM 4127	1926	○	
リスト(ブゾーニ編)：モーツァルト《フィガロの結婚》の主題による幻想曲	WM 4128	1926	○	
ショパン：練習曲ヘ長調Op. 10-8	WM 4130	1926	○	
ショパン：練習曲変ト長調Op. 10-5《黒鍵》	WM 4130	1926	○	

録音年はＣＤ記載のものを記したが、WMは1926年、DAは1928年の可能性が高い。あるいは発売年と混同されているのかもしれない。

第三章　ラフマニノフ

ラフマニノフとの出会い

一九二七年秋からのシーズンでも、ホロヴィッツは前年に続き、ベルリン・フィルハーモニーの演奏会に出演した。このときはフルトヴェングラーではなく、ブルーノ・ワルター（一八七六〜一九六二）の指揮だった。ワルターはベルリン・フィルハーモニー首席指揮者の座をフルトヴェングラーに奪われた後も、年に数週間のコンサートを受け持っており、そのひとつ、十一月七日のコンサートにホロヴィッツが呼ばれ、チャイコフスキーの協奏曲第一番を弾いたのだ。

フルトヴェングラーとは異なり、ワルターとなら、うまくやっていけそうだった。

ベルリンでは十一月二十五日にショパンだけのプログラムのリサイタルもして、興行的には大成功した。しかしブラームスもショパンもベルリンでの批評は、技巧は素晴らしいが音楽性――情緒に欠けるとか、叙情性がないとか、詩情がないと叩かれた。

ヨーロッパでの演奏を終えると、一九二七年十二月二十四日に、ホロヴィッツはニューヨークへ向かった。十二日間の船旅だった。

彼は大西洋で新年を迎え、一月六日にニューヨーク港へ到着した。十二週間で三十六回の演奏会が待っていた。興行師アーサー・ジャドソン（一八八一〜一九七五）がそれだけの契約を取っていたのだ。そのうちの十六回はオーケストラとの共演だった。

ニューヨークに着いて二日後、ホロヴィッツはついに憧れの人――ラフマニノフと対面した。ラフマニノフは、ホロヴィッツの師であるブルーメンフェルトからの一九二二年の手紙で、この青年のことは知っていた。さらに友人であるフリッツ・クライスラー（一八七五〜一九六二）がパリでホロヴィッツを聴いており、その感想を語っていたので、ラフマニノフはこの青年に興味を抱いていたのだ。かつてキエフで、ピアノを聴くと約束しながらすっぽかしたことは忘れているようだった。

ラフマニノフは一九一八年十一月にアメリカへ渡ると、しばらくヨーロッパでは演奏していなかったが、一九二二年春に渡欧し、以後はアメリカとヨーロッパとが彼のコンサート・ピアニストとしての活動の場となっていた。一九二四年からは春から夏をヨーロッパで過ごし、秋か年末にニューヨークへ戻るようになった。

アメリカで暮らすようになってからのラフマニノフは、自分で演奏するためにシューベルトの歌曲やロシア民謡、あるいはクライスラーのヴァイオリン曲などの編曲の仕事はしていたが、オリジナル曲は書いていなかった。ラフマニノフはインタビューで「ロシアから去り、作曲する望みを喪った。祖国を喪い、私は自分自身を喪った」と答えている。

だが一九二五年、ようやく創作意欲が湧いてきたので、演奏活動を休止して、作曲に取り掛かろうとした。まずは、ピアノ協奏曲だった。しかし一九二六年になっても、ラフマニノフの協奏曲第四番は完成しなかった。そのままにして四月にはニューヨークを発ってパリへ向かい、娘と孫と再会した。夏はドレスデンで過ごし、九月からはフランスのカンヌに別荘を借りて過ごし、協奏曲第四番を書き上げた。つづいて「オーケストラと合唱のための歌曲」も書いた。前者が作品四〇、後者が四一となる。

ラフマニノフが演奏活動に復帰するのは一九二七年一月二十日で、このシーズンは三十四回の演奏会があった。そのなかには、三月のレオポルト・ストコフスキー（一八八二〜一九七七）指揮のフィラデルフィア管弦楽団の演奏会での協奏曲第四番の初演もある。この曲はフィラデルフィアとニューヨークで演奏されたものの、不評だった。第一楽章の唐突な終わり方が時代に早過ぎた。自信をもって書いた第四番の不評で、ラフマニノフは再び作曲をしなくなってしまう。

一九二七年秋から年末年始までのヨーロッパでの演奏を終えてニューヨークへ戻ったところで、ラフマニノフは一九二八年一月に若き天才ホロヴィッツと対面するのである。

一九二八年、ラフマニノフはコンサート・ピアニストのみならずレコードでも成功し、演奏家として頂点に立っていた。その名声はアメリカのみならずヨーロッパにも広がっていた。

世代を超えた二人のピアニストは、スタインウェイ社の地下で協奏曲第三番を弾いた。ラフマニノフが第二ピアノでオーケストラのパートを伴奏したのだ。ラフマニノフはホロヴィッツの演奏に満足した。二十五歳になるホロヴィッツと五十五歳になるラフマニノフとの友情の始まりだった。

ニューヨーク・デビュー

一九二八年一月十二日の、ホロヴィッツのニューヨーク・フィルハーモニックへのデビューは、ラフマニノフ作品ではなく、かつてハンブルクで奇蹟を生んだチャイコフスキーだった。指揮は、この時がアメリカ・デビューとなるイギリスのサー・トマス・ビーチャム（一八七九〜一九六一）である。

ビーチャムはソリストが主役となるべき協奏曲でも派手に動いて、自分が目立とうとするソリスト泣かせの指揮者だった。ソリスト、指揮者、オーケストラの三者はいずれも初顔合わせである。あまりいい条件ではない。しかしハンブルクはもっと悪い条件だったのだ。ホロヴィッツは気にせずに臨むことにした。

だがリハーサルが始まると、二人の解釈、テンポがあまりにも違うことが判明した。ビーチャムは一応ソリストの権利を尊重するつもりのようで、リハーサルではホロヴィッツのテンポに合わせた。だが、この巨匠はそうは甘くなかった。本番になると、ビーチャムは最初の小節から、リハーサルよりもずっと遅いテンポで始めたのだ。

話が違う——ホロヴィッツには信じられなかった。しかし曲は始まっている。ホロヴィッツは、自分が弾くところでは自分のテンポに戻そうとしたが、ビーチャムはテンポを変えない。ホロヴィッツは動揺した。とにかく、ビーチャムのテンポで弾くしかない。何十人ものオーケストラとひとりのピアニストのテンポが違えば、ピアニストが間違えたと客は思うだろう。

しかしそれにしてもひどい指揮者だ――ホロヴィッツは憤慨していた。そして焦っていた。客を熱狂させなければ意味がないのだ。自分はすさまじいスピードとパワーが売り物なのだ。それを封印されたのでは、凡庸なピアニストと思われてしまう。

ホロヴィッツの視界に、席を立って帰っていく何人かの客の姿が入った。退屈なのだ。自分でも分かっていた。ビーチャムのテンポでは駄目だ。アメリカで失敗したらロシアに帰るしかない――そんなことは絶対に厭だった。

そうこうしているうちに第二楽章となった。緩徐楽章なので、ホロヴィッツとしても勝負を賭けるところではない。すると、ワルツ風のアレグロとなるところで、ビーチャムが金管とティンパニへの合図を出し損なった。ビーチャムは暗譜で振っていたが、実はよく覚えていないのだ。オーケストラの奏者たちはそれを分かっていたので、彼らはビーチャムではなく楽譜を見ており、間違えなかった。

ホロヴィッツは決断した。どうせ、オーケストラは指揮者なんか信用していない。こっちのテンポでやればついてくるだろう。

最終楽章に入ると、ホロヴィッツはビーチャムを無視した。すさまじい速さで弾き始めたのだ。オーケストラは必死でついていこうとした。ビーチャムはおろおろするだけだった。

もはや若いピアニストとオーケストラとの闘いだった。ホロヴィッツはオーケストラがついてこようが、もたもたしようが、ばらばらになろうが、おかまいなしに自分のテンポで弾いた。合わせる気はなかった。第三楽章のフィナーレでは、ホロヴィッツとオーケストラはまったく合っていなかった。すさまじい競争にホロヴィッツは勝った。

観客は打ちのめされた。呆気に取られた。すさまじい拍手が沸き起こり、それはオーケストラがステージから退場しても続いた。聴衆は指揮者ではなく、ホロヴィッツを支持したのだ。ホロヴィッツは満足した。闘いに勝利したのだ。

しかしそれは「音楽」ではなかったのかもしれない。楽屋を訪れたラフマニノフは言った。

「君のオクターヴ奏法は誰にもできないほど速いし、音量も大きい。しかしあえて言えば、音楽的ではないね。チャイコフスキーには、あんなスピードも音量も必要ないよ」

「分かっています。でも、僕は今日ここで成功しないと、ロシアへ帰らなければならない羽目に陥るところだったんですよ」

ラフマニノフはじっとホロヴィッツを見つめた。そして、若いピアニストの肩を叩き、大笑いした。分かってくれたのだ。

ある批評家はこう書いた。「鍵盤から煙が出た」。

別の批評家は酷評した。「ピアノ演奏の堕落の極致を露呈」。

賛否両論だったが、これがホロヴィッツとアメリカ合衆国との幸福な出会いの始まりだった。

ホロヴィッツはナイーヴな青年だったが、戦略的思考のできる人間だった。何をすれば聴衆が喜び、それによっていくら稼げるかを計算して行動した。アメリカのコマーシャリズムのなかで生きていける資質があった。

このビーチャム指揮ニューヨーク・フィルハーモニックのコンサートは放送されたが、残念ながら録音は遺っていないようだ。

ピアノ協奏曲第三番

このシーズン、ホロヴィッツはアメリカに三カ月滞在し、三十六回の演奏会で弾いた。そのうちの十六回は各地のオーケストラとの共演だった。ニューヨークではチャイコフスキーでデビューしたが、それ以外の都市では、ラフマニノフやブラームス、リストの協奏曲を弾くことになっていた。

ラフマニノフは改めてホロヴィッツを自宅に招き、彼の協奏曲第三番についてアドバイスした。彼が言うには、この曲が成功したのは一九一〇年一月十六日のマーラーが指揮したニューヨーク・フィルハーモニックの演奏会のみだった。ラフマニノフはこのときが初めてのアメリカ・ツアーで、アメリカで初演するために作ったのが第三番だった。初演は前年十一月にウォルター・ダムロッシュ（一八六二〜一九五〇）指揮のニューヨーク交響楽団だったが、アメリカ各地で演奏した後、再びニューヨークへ行き、当時マーラーが指揮していたフィルハーモニックと演奏したのだ。このときはマーラーが指揮したこともあってか、絶賛されたが、それ以外は聴衆も批評家もこの曲を賞賛してくれなかった。いまもそうだが、第二番のほうが圧倒的に人気が高かったのだ。とはいえ、ラフマニノフは生涯に八十五回も第三番を演奏するので、自信作であり人気もあったはずだ。

第三番は「彼らには複雑すぎたようだ」とラフマニノフは彼なりに総括していた。ラフマニノフ自身が弾いても思ったような賞賛を得られなかった第三番は、しかし、ホロヴィッツによって絶賛を得る。

ホロヴィッツはラフマニノフの三番を、各地で演奏し成功すると、再びニューヨークへ乗り込んだ。今度はラフマニノフと初演したウォルター・ダムロッシュ指揮のニョーヨーク交響楽団と共演するのだ。

ニューヨークでもホロヴィッツのラフマニノフの第三番は大成功した。この演奏を聴いたラフマニノフは満足すると同時に、この曲を自分はこんなにもうまく弾けないとも思った。しかしそれでいいのだ。ラフマニノフは自分の「作曲」が間違っていなかったことを再確認した。

第四章　レコード時代到来

■コラム　録音の歴史2　レコードの始まり

一八七七年、フランスで詩人で発明家のシャルル・クロは音を記憶し再生させる機械をフランス科学アカデミーに提出した。同じ頃、アメリカでもトーマス・エジソンが円筒の蝋管に音の強弱を刻み、音を蓄える蓄音機フォノグラフを発明し、「トーキング・マシン」と呼ばれたが、実用化には至らなかった。

蓄音機を実用化させたのはドイツ生まれでアメリカに移住していたエミール・ベルリナーである。彼は一八八七年にレコードプレーヤーの原型となる、一分間に七十八回転する円盤に録音する円盤式蓄音機「グラモフォン」を発明した。手で回しながら聴く方法だった。ベルリナーは一八九五年に、「グラモフォン」の製造・販売のために「ベルリーナ・グラモフォン」社を設立し、英国にも支社を置いた。

手回しからゼンマイ式に進歩させたのが、ニュージャージー州キャムデンのエンジニア、エルドリッジ・R・ジョンソンで、ラッパが付き、大勢で同時に聴けるように改良し、一九〇一年にビクター・トーキング・マシン社を設立した（以下、「ビクター」と略す）。

　ビクターとベルリナー・グラモフォンは当初は協力していたが、やがて特許をめぐり係争、ビクターがベルリナーの特許権を買うことで解決した。ビクターは一九〇六年には「ラッパ」が見えない蓄音機「VICTROLA」を発明し、大ヒットした。こうして昔ながらのラッパ付きの蓄音機は姿を消していった。一方、当代一の名歌手エンリコ・カルーソー（一八七三〜一九二一）と契約してレコードも作り、ヒットさせた。

　一九二〇年代、ラジオ放送が実験段階を経て本格的に始まると、レコード産業は危機を迎えた。レコードは同じ曲を好きな時に何度も聴けるが、レコード盤を次々と買わないことには聴けない。ラジオは一台買えば、ラジオ局が音楽を流してくれるのでいろいろな曲が楽しめる。どの曲をいつ聴くかの選択権はリスナーにはないが、安価に音楽を楽しめるのはラジオのほうだった。

　アメリカのレコードと蓄音機の出荷金額は、ラジオ放送開始と共に下落していった。そこに登場したのが電気録音方式だった。起死回生となる新技術で、アメリカのベル研究所の系列会社であるウェスタン・エレクトリック社が開発した。同社の特許を最初に導入したのはビクターだった。

　ホロヴィッツが登場した頃のアメリカで、ビクターと並ぶレコード会社がコロムビアだ。一八八八年にノース・アメリカン・フォノグラフの子会社として設立された「コロムビア・フォノグラフ」は、紆余曲折の後、一九〇六年にコロムビア・グラフォフォンと改称し、一九二七年には放送会社CBS（Columbia Broadcasting System）」を設立した。
一方、一九一九年に設立されたRCA（Radio Corporation of America）は急成長し、放送会社NBC（National Broadcasting Company）を設立するなど事業を拡大し、一九二九年にビクターを買収し、RCAビクターとした。

初録音

ホロヴィッツはすでにピアノロールの録音は一九二五年あるいは二六年に経験していたが、いよいよ一九二八年から「レコード」の録音が始まる。

一九二八年一月にカーネギー・ホールで衝撃的なアメリカ・デビューを果たしたホロヴィッツは、二月二十日にこの出緒あるホールでリサイタルも開いた。このリサイタルを聴いたビクター・トーキング・マシンの幹部は、ホロヴィッツと契約しようと決めた。同社は翌一九二九年にRCAに買収され「RCAビクター」となり、戦後の一九六八年には「RCAレコード」となり、「ビクター」の名が消える。本書では以下「RCA」と記す。

かくして――ホロヴィッツの本格的なレコーディングが始まった。三月二十六日がその記念すべき初録音で、ショパンのマズルカ第二十一番とドビュッシーの《人形へのセレナーデ》を弾いた。

Victrola/1353(SP)
ドビュッシー：《人形へのセレナーデ》
ビクター（RCA）での最初の78回転盤（SP）レコード。

四月二日にはホロヴィッツ自身の編曲による《カルメン変奏曲》を録音した。この曲は自信作で、アンコールとしてよく弾いていたものだった。他にスカルラッティの《カプリッチョ》も弾いた。

マネージャーのメロヴィチは次の秋からのシーズン、ホロヴィッツにアメリカで四十五回の演奏会を保証するとの約束を得た。

こうして一九二八年一月から四月にかけて三十六回の演奏会に出て、アメリカの聴衆を熱狂させたホロヴィッツが、ニューヨークを出発するとき、パリへ向かう船には、新車も積まれていた。ウクライナの貧しい少年は、自動車を持つ身分になったのだ。

ホロヴィッツはパリではホテルで暮らすようになっていた。自動車のために運転手も雇った。一カ月ほど休養した後の六月五日、パリのオペラ座での演奏会で波乱と飛躍のシーズンを終えた。

この頃、ホロヴィッツのテクニックがあまりにも素晴らしいので、当時発明されたばかりのハイスピード・カメラのサンプルとして、オペラ座で撮影された。演奏したのは、ショパンの練習曲作品一〇の八と、作品二五の一〇の二曲だった。残念ながら、映像のみで録音はされなかった。この映像についてては一九二六年に撮影されたという説もある。

オペラ座での演奏の映像。YouTubeで見ることができる。

ホロヴィッツはパリで、アメリカ人作曲家・指揮者のアレキサンダー・スタイナート（一九〇〇～八二）と知り合った。典型的なアメリカ人であるスタイナートは陽気で好奇心が強く、何でも関心を持ち、誰とでもすぐに親しくなった。

スタイナートは実家がピアノ・メーカーの経営者で裕福だったのでパリに贅沢な家を持ち、そこには二台のグランド・ピアノが並んでいた。ホロヴィッツはこのスタイナートの家で、ロシアから亡命していたセルゲイ・プロコフィエフ（一八九一～一九五三）とも知り合った。他にも多くのジャンルの藝術家がスタイナートの家には集まっていた。

この時期にホロヴィッツはアルフレッド・コルトー（一八七七～一九六二）とも知り合い、レッスンを受けてもいる。しかし、この二人の関係は「師弟」ではないようだ。何度か弾いて聞かせ、アドバイスを受けた程度だった。年齢差もあり、友情は生まれなかった。

新しい一九二八／二九シーズンが始まると、ホロヴィッツは十月十日にニューヨークへ着いた。十一月二日のカーネギー・ホールでのリサイタルは、しかし、成功とは言えなかった。ベートーヴェン、シューマン、ブラームスというドイツ音楽を中心にしたプログラムにしたのが、失敗の原因だった。

演奏会の合間の十二月四日にはキャムデンでＲＣＡに、ドホナーニの《カプリッチョ》、年が明けて一月二日と四日にはリストの《忘れられたワルツ》第一番と、シューベルト作曲・リスト編曲の《愛の使者》、パガニーニ作曲・リスト編曲の変ホ長調のエチュードを録音したのだが、出来栄えが気に入らず、発売を認めず、一年後に再録音することにした。

アメリカでの演奏会とレコーディングを終えると、一九二九年一月中旬に、ホロヴィッツはヨーロッパへ戻り、ドレスデンの温泉地で休養した。

二月二十三日、ホロヴィッツは初めてウィーンで演奏し、この「音楽の都」の聴衆たちも魅了させた。

五月三日、ウィレム・メンゲルベルク（一八七一～一九五一）指揮のアムステルダム・コンセルトヘボウのベルリン公演に、ホロヴィッツはソリストとして招かれ、ラフマニノフの協奏曲第三番を演奏した。これが好評だったので、以後、毎年のように五月にコンセルトヘボウのパリ公演に呼ばれることになる。フルトヴェングラーとは相性が悪かったホロヴィッツだが、オランダの巨匠メンゲルベルクとはうまくいったのである。

シーズンを終えると、ホロヴィッツはパリで夏休みを過ごした。

フルトヴェングラーとの最後の共演

一九二九年秋からのシーズン、ホロヴィッツは十月四日にフランクフルトでオイゲン・ヨッフム（一九〇二〜八六）指揮のフランクフルト歌劇場ミュージアム管弦楽団、八日にケルンでヘルマン・アーベントロート（一八八三〜一九五六）指揮のギュルツェニヒ管弦楽団とラフマニノフの三番を共演した後、十月二十日と二十一日に、フルトヴェングラー指揮のベルリン・フィルハーモニーと、ブラームスの協奏曲第二番を共演した。

フルトヴェングラーは一九二六年十月に共演したリストの協奏曲の演奏が気に入っていなかったので、共演を渋っていたが、「ブラームスならばいい」と、ようやく承諾したという経緯があった。

リハーサルで再会すると、フルトヴェングラーは「ドイツでは、アメリカと違って技巧的には弾かないんだ、いいね」と言った。

この言葉にホロヴィッツは気分を害した。アメリカでの成功には何の価値もないと言われたようなものだからだ。さらに演奏会当日にホールへ行って知ったのだが、自分の出番である協奏曲はコンサートの後半で、前半はブルックナーの第八番だった。あんな長い曲の後に協奏曲なんて、明らかに嫌がらせとしか思えなかった。実際、前半だけで帰る客は多く、ホロヴィッツのブラームスが始まっても第一楽章が終わると大半の客は帰ってしまった。

ホロヴィッツは「二度とフルトヴェングラーとは共演するものか」と決心した。

ホロヴィッツとフルトヴェングラーは一九二六年にライプツィヒで一回、ベルリンで二回共演しているので合計五回――これが二人の共演の全てで、ひとつも録音は遺っていない。二人の音楽観はあまりにも異なっていた。そしてこの後、ナチスが政権を取って世界が二つに分かれたとき、二人は別々の世界にいたからだ。ナチス政権下のドイツでユダヤ系のホロヴィッツが演奏する機会はなく、戦後にフルトヴェングラーがアメリカで演奏することは一度もない。

不愉快なベルリン公演を終えると、ホロヴィッツは大西洋を渡った。この旅は、ピアティゴルスキーとミルシテインも一緒だった。二人もアメリカにデビューすることになったのだ。しかし、トリオでの演奏会はなかった。

一九二九年十月はウォール街で株式市場が大暴落した、「暗黒の木曜日」の月でもある。世界恐慌の幕開けでもあった。しかし、ホロヴィッツの演奏旅行は契約どおりに行なわれたようだ。この一九二九年秋から三〇年にかけてのアメリカ・ツアーでホロヴィッツは、半年間に七十七回の演奏会に出演している。カーネギーホールでは三回のリサイタルがあり、初めて西海岸でも演奏した。

このシーズンのツアーでも、ラフマニノフの協奏曲第三番がホロヴィッツのトレードマークとなった。ボストンではクーセヴィツキー、シカゴではストック、シンシナティではライナー、ニューヨークではダムロッシュ、フィラデルフィアではモントゥー、セントルイスではモリナーリという大指揮者たちと共演した。

ラフマニノフが一九〇九年から一〇年にかけて、アメリカ・ツアーのために作曲し、各地で演奏したときは不評だった第三番も、二十年の歳月が過ぎ、ホロヴィッツという弾き手を得たことで、人気曲となっていた。

HMVへの録音

アメリカでは、演奏会の他に、一九三〇年三月四日にRCAへのレコーディングもした。この時は、リストのパガニーニの主題による超絶技巧練習曲第二番と自作の《変わり者の踊り》の二曲だった。

アメリカでRCAに録音するのと並行して、ホロヴィッツはイギリスでは英国グラモフォン社に録音することになった。

英国グラモフォンは、一八九七年にオーエンなる人物が、アメリカのベルリーナ・グラモフォン社の蓄音機「グラモフォン」の英国での販売権や特許を得て設立した会社だ。翌一八九八年にはドイツのハノーファーに工場を設立し、これが現在もあるクラシック・レーベル「ドイツ・グラモフォン」の起源となる。

一九〇七年に英国グラモフォンは犬が蓄音機を聞いているイラストをトレードマークとし、そこにある"His Master's Voice"の頭文字から「HMV」と呼ばれるようになった。以下、本書でも「HMV」とする。

RCAとHMVは当時は提携関係にあり、アメリカでRCAが録音したレコードはヨーロッパでは

Victor/ DM117(17199-17203)
(SP、5枚10面)
ラフマニノフ：協奏曲第3番
アルバート・コーツ指揮ロンドン交響楽団。
HMVへの初録音。5枚組なので豪華ケースに入っていた。

HMVから発売され、HMVが録音したレコードは、アメリカではRCAが発売した。しかし、お互いに相手の録音したもの全てを発売したわけではない。

ホロヴィッツのHMVへの初録音は一九三〇年十二月二十九日と三十日に、ロンドンのキングスウェイで、アルバート・コーツ（一八八二〜一九五三）指揮、ロンドン交響楽団とのラフマニノフの協奏曲第三番である。この曲はSP盤では五枚（十面）となるのだが、最後の盤の片面が余ったので、それではもったいないと、翌一九三一年六月に、急遽、ベルリンでラフマニノフの前奏曲第六番がレコーディングされる。

このレコードは、ホロヴィッツにとって最初の協奏曲録音であり、ラフマニノフのピアノ協奏曲第三番としては世界初録音となった。ラフマニノフ自身は第二番を一九二九年四月にレコーディングしていたが、第三番は一九三九年から四〇年にかけてが初録音となる。

以後、ホロヴィッツは一九三六年三月までHMVでレコードを作ることになり、その多くがロンドンで録音された。

アメリカのRCAへの録音は一九三九年三月になって再開し、戦争をはさんで一九五一年五月まで続く。そして五一年十月にHMVへ録音し、これが同社での最後のレコードとなる。

まとめると、このようになる。

ＲＣＡ　一九二八年三月～一九三〇年三月
ＨＭＶ　一九三〇年十二月～一九三六年三月
ＲＣＡ　一九三九年三月～一九五一年五月
ＨＭＶ　一九五一年十月

一九三六年三月から三九年三月までの録音空白期は、演奏活動そのものが激減した時期である。

ＳＰ盤の録音時間は四分から五分で、エチュードやプレリュードなどの小品なら一枚に納まるので、こういう曲の録音が多かった。現在ではＳＰで聴く人は稀であろうから、一枚ずつジャケットを示すことはせず、文中で、どの曲がいつ録音されたかを示すのみとする。

ＨＭＶへの録音は、七二頁にあるセットものにすべて収録されている。ＲＣＡへの録音は、同レーベルが出した何点ものＬＰに、録音順とは関係なく収録されていった。

第五章　ルービンシュタイン

ルービンシュタインの驚愕

ホロヴィッツがアメリカのビクターと契約し、ニュージャージー州キャムデンにあったスタジオで録音したのと同じ一九二八年三月、ルービンシュタインはビクターの英国での提携会社であるHMVに初めて録音した。

ルービンシュタインはHMVから、何度もレコードを作ろうと持ちかけられていた。最初は断っていたが、電気録音という新しい技術が導入されたという。録音してみて気に入らなければ出さなくてもいいとの条件で、ようやくスタジオで演奏する気になった。

試しに弾いたのは、ショパンの《舟歌》だった。再生された音を聴いて、ルービンシュタインは驚いた。涙が溢れてきた。ピアノの微妙な音色が完全に再生されていたのだ。ルービンシュタインはHMVと五年契約を結び、ここから彼の膨大なディスコグラフィーは始まる。レコードの量、コンサートの回数においては、ホロヴィッツはルービンシュタインにはとても敵わない。

ルービンシュタインは二十世紀を代表する「ショパン弾き」とされる。なにしろ、ポーランド出身なので、ショパンの伝道者として申し分がない。

一方、ホロヴィッツはソ連時代から、ショパンに面影が似ているので「ショパンの再来」と言われていた。二人のレパートリーの全体は異なるが、ともにショパンが重要な位置を占めていたのは間違いない。レコード会社もピアノ曲ではショパンが売れるので、二人のショパン録音は多い。

ホロヴィッツが最初に協奏曲をレコーディングしたのは一九三〇年十二月のラフマニノフだが、それに先立って、一九二九年十月に、ルービンシュタインはHMVと契約してロンドンで初めて協奏曲を録音した。ブラームスの第二番で、オーケストラはホロヴィッツのラフマニノフと同じ、コーツ指揮ロンドン交響楽団だった。

当時はレコード会社もオーケストラもまだ協奏曲の録音に慣れていなかった。この時は、ホールの端に指揮者がいて、オーケストラがあって、その金管と打楽器の隣にルービンシュタインが陣取るという配置での録音となった。そのため、指揮者との意思疎通が図れず、ルービンシュタインとしては満足のいくものにならなかった。それは指揮者コーツも同じだった。

そこでルービンシュタインは、担当者に「今回の録音は廃棄してくれ」と言った。契約書には、ルービンシュタインの承諾なくしてはレコードにしないという条項があった。担当者は「分かった」と言った。

しかしルービンシュタインが南米への演奏旅行に行くと、その間にブラームスの協奏曲が勝手に発売されてしまった。騙し合いの世界なのだ。それを知ったルービンシュタインは、契約を破棄しようとまで思ったが、なだめられて引き続きＨＭＶへの録音はもうしばらく続く。

一九三一年春のある日、パリにいたルービンシュタインは、女性の友人から「お茶に来ない？びっくりするようないいことがあるのよ」との電話をもらい、何事だろうと思いながら出向いた。そこにはアメリカの作曲家スタイナートとその妻もいた。みな興奮していた。

女主人は誇らしげに、「驚くべきレコードをお聴かせしましょう」と言って、ターンテーブルにかけた。

ラフマニノフの協奏曲第三番が流れ出した。

「私たちは世にも素晴らしい音楽を聴いた。これまで聴いた中で、間違いなく最高のレコードだった」とルービンシュタインは回想する。

彼女は、驚愕しているルービンシュタインにとどめを刺すように言った。

「演奏会ではもっと上手なのよ」。そして「もうすぐオペラ座で演奏会があるわよ」と誘ったが、その日ルービンシュタインはロンドンで演奏しなければならず、またも聴けなかった。

それよりもルービンシュタインがショックだったのは、自分の親しい友人たちまでもがこの若いピアニストに興奮していることだった。

「ホロヴィッツをめぐる大騒ぎと興奮ぶりには、いささか嫉妬で心がうずいたことを率直に認めなければならない」と彼は振り返る。

当時のパリでは音楽好きが会えば、誰も彼もがホロヴィッツの話をしていたのだ。ルービンシュタインの人気ナンバーワンの地位が脅かされようとしていた。

ルービンシュタインとしては、若きホロヴィッツがひたひたと迫ってくるのを感じながらも、日々の演奏会日程をこなしていくしかない。

二大ピアニストの出会い

一九三〇／三一シーズンのホロヴィッツも、秋はドイツやイギリス、あるいはイタリアで演奏し、年末の十二月二十九日と三十日にロンドンでHMVにレコーディングすると、大西洋を渡った。アメリカでの仕事を終えて、一九三一年春にパリに戻ると、ホロヴィッツはオペラ座でのリサイタルを成功させ、パリ社交界での話題の中心となった。

ルービンシュタインがロンドン公演を終えてパリへ戻ると、ホロヴィッツの話題でもちきりだった。ルービンシュタインとしては、そろそろ勝負をつけなければならない。友人からオペラ座の支配人に頼んでもらい、ホロヴィッツと同じ場所で五月にルービンシュタインもリサイタルを開くことにした。

いよいよ対決ムードが高まった。パリの音楽ファンの全てが望んでいる勝負だった。

ルービンシュタインのオペラ座でのリサイタルは、一九三一年五月で、当人の少し不確かな記憶によれば、ベートーヴェンの《熱情》で始まった。その後、ショパンを三曲か四曲、休憩の後はドビュッシーを二曲か三曲、そしてストラヴィンスキーの《ペトルーシュカ》で終え、アンコールを三曲弾くまで、満員の聴衆は帰ろうとしなかった。

興奮は終演後の楽屋でも続いた。祝福を言いに来た友人たちに混じって、見慣れない青年がいた。ホロヴィッツだった。若いピアニストはロシア語で自己紹介をした。

「七歳の時にキエフであなたの演奏を聴きました。あれが、私にとって初の演奏会でした」

ルービンシュタインの記録によれば、彼がキエフへ行ったのは一九一一年のロシア・ツアーのときだった。まだ帝政だった時期のことだ。ルービンシュタインはもちろん、客席にいた七歳の少年のことは知らない。

ホロヴィッツからの挨拶を受けて、ルービンシュタインはこう言った。

「僕は、残念なことに、君の演奏をまだ聴いてないんだ」

このあたり、ルービンシュタインの記憶に混乱があるようで、前述のように、すでにホロヴィッツとピアティゴルスキーのデュオ・コンサートを聴いている可能性も高いのだが、デュオ・コンサートのほうが、この後のことなのかもしれない。

ホロヴィッツが、数日後にシャンゼリゼ劇場でリサイタルがあると伝えると、ルービンシュタインは聴きに行くと約束した。

そして五月二十九日、シャンゼリゼ劇場でホロヴィッツのリサイタルが開かれた。

ルービンシュタインは約束通り聴きに行ったが、満席で補助席しかないと言われてしまった。

リサイタルのプログラムは、リストの「パガニーニによるエチュード」やショパンの《幻想ポロネーズ》、《舟歌》、そしてアンコールはホロヴィッツ自らが編曲した《カルメン変奏曲》だった。

ルービンシュタインはこう回想する。

「迸るような才気と技巧は完璧の域を遙かに超えて、流麗な気品に満ち、筆舌には尽くせない不思議な魅力があった」。そして、《カルメン変奏曲》では興奮のあまり椅子から立ち上がったとも告白している。

興奮したままルービンシュタインは楽屋へ行き、さらに驚いた。着替えを終えて出てきたホロヴィッツは、周囲にいる全てのひとが興奮状態にあるなか、ひとりだけ冷静だった。そして誰にも負けない大声で友人たちと感激を語っていたルービンシュタインの前にやって来て、

「いやあ、ルービンシュタインさん、来てくれましたか」と挨拶した。そして、ルービンシュタインが感動を口に出そうとする前に、

「僕は《幻想ポロネーズ》で間違った音を叩いてしまいました」と残念そうに言った。

ルービンシュタインはそのときの心の内を自伝にこう記している。

〈たった一音の間違いを演奏会の後で指摘できるとは、そんなことができるなら、私は喜んで十年分の命を差し出すだろう。〉

奇妙な友情の始まり

数日後、ルービンシュタインのもとに、友人スタイナートから夕食への招待状が届き、そこにはホロヴィッツも来ること、彼の家にはピアノが二台あるのを忘れるなとも書かれていた。

その夜、二人はピアノ・デュオとしてさまざまな曲を弾いた。それはあらゆる種類の曲だった。二人は演奏を通じて心が通い合い、真の友人になった。ヴォロージャ、アルトゥールとファースト・ネームで呼び合うようになり、以後、ホロヴィッツはルービンシュタインの家をよく訪れるようになった。二人とも独身だったので、食事はいつも外食だ。ルービンシュタインはそのたびに奢った。

ホロヴィッツは、リサイタルが近づくと、アンコールの曲目をルービンシュタインに相談した。これはルービンシュタインにとって意外だった。彼は事前にアンコールの曲を決めたり練習したりすることなどなかったのだ。いつもその時の気分で決めていた。天才ピアニストであることとユダヤ系であること以外、二人には何ひとつ共通点がなかった。

この友情を、しかしルービンシュタインは「王と家来の関係」だと感じるようになった。もちろん、ホロヴィッツが王である。「彼（ホロヴィッツ）は私に慈悲を垂れているのであり、ある点では私を利用していた。ようするに、彼は私を対等とみなしていなかった」とルービンシュタインは振り返る。

ルービンシュタインはホロヴィッツと出会うことで、自分の欠点を初めて自覚した。音楽的には自分のほうが優れているとの自信はあった。しかし自分の演奏にミスが多いことは自覚していた。細部を軽視し練習をあまりせず、演奏会を気分転換の場と考えることさえある――それというのも、彼がすぐに曲を覚えられ、気楽に演奏できるからだった。あまりに天才であるがゆえにルービンシュタインは努力とか研鑽とかいうものと無縁に生きてきた。それでも通用してしまった。

しかしホロヴィッツの技巧は、ルービンシュタインの遙か上だった。音楽家としては自分のほうが上でも、ピアノ演奏者としてはホロヴィッツのほうが上である――ルービンシュタインはこう認めざるをえなかった。

四十歳を過ぎて、ルービンシュタインは初めてしっかり練習しなければと決意するのである。ルービンシュタインが真の名ピアニストになれたのは、ホロヴィッツというライバルの存在があったからだった。

至福の時

ルービンシュタインとの友情が始まろうとも、ホロヴィッツの、ピアティゴルスキー、ミルシテインとの友情は変わらない。一九三一年の夏、三人はスイスの保養地で過ごした。マネージャーのメロヴィチは、次のシーズンには単独でのリサイタルに加え、三人での室内楽演奏会を増やそうと考え、

Living Stage/LS 4035177
1932年2月5日、6日のチャイコフスキー：協奏曲第1番（フリッツ・ライナー指揮フィラデルフィア管弦楽団）のベル研究所による試験録音で1分43秒のみがボーナス・トラックとして収録されている。これはライヴ録音としては最古。
1969年10月26日のボストンでのリサイタルのライヴ録音で、ハイドン：ソナタ第48番 / ショパン：バラード第4番、マズルカ Op.30-4、スケルツォ第1番 / スクリャービン：練習曲 / リスト：ハンガリー狂詩曲第13番 / ドビュッシー：《人形へのセレナーデ》 / シューマン：トロイメライ / ラフマニノフ：練習曲《音の絵》Op.39-9 ボーナス・トラックには1935年10月5日のコペンハーゲンでの《人形へのセレナーデ》もある。

練習するように伝えていた。

　とくに重要なのはカーネギー・ホールでのトリオのリサイタルだった。三人はブラームスの三重奏曲第二番、ベートーヴェンの《大公》トリオ、ラフマニノフの《悲しみの三重奏曲》を選び、練習を重ねた。

　秋に一九三一／三二シーズンが始まると、ホロヴィッツはベルリンでツアーを始め、ハンブルク、ケルンとドイツの各都市で演奏した後、十月一日の二十七歳の誕生日はウィーンで演奏し、ピアティゴルスキーとミルシテインも祝ってくれた。二人とはここからは別行動となり、三人は翌年三月にニューヨークで落ち合う計画だ。

　ピアティゴルスキーがワルシャワで演奏した時、客席にはたまたまこの都市を訪れていたルービンシュタインもいた。このチェリストがホロヴィッツの仲間だと知っていたので聴きに行ったのだ。

　ルービンシュタインはピアティゴルスキーの演奏を聴いて「私が聴いた、カザルス以来最大のチェリストだ」との結論に達した。終演後、楽屋を訪ねて対面し、「容貌も性格も魅力的な人物」との印象を持った。後にルービンシュタインとピアティゴルスキーは、ヤッシャ・ハイフェッツとレコード上でトリオを組み、ベートーヴェンの《大公トリオ》がベストセラーとなり、三人は「百万ドル・トリオ」と称される。

二人と別れた後、ホロヴィッツはブダペスト、プラハ、ロンドン、そしてアムステルダムとまわった。アムステルダムでは、メンゲルベルク指揮のコンセルトヘボウと三回の協奏曲のコンサートで弾いた。そして大西洋を渡るが、この年は南米へ向かった。

南米での仕事を終えると、合衆国へ北上した。このシーズンも多くのリサイタルとオーケストラとの共演があった。そのひとつ、ワシントンでのフリッツ・ライナー指揮フィラデルフィア管弦楽団とのチャイコフスキーの一番は、実験的にライヴ録音され、一分四三秒だけだが、CDで聴ける。

そして——一九三二年三月三十日にニューヨークのカーネギーホールで、ミルシテインとピアティゴルスキーとの演奏会となった。

演奏会は、個々の才能は讃えられたが、室内楽としてのまとまりに欠けると評された。もともとトリオとしてずっと一緒に活動しているわけではないので、仕方がなかった。独奏者としての才能と室内楽奏者としての才能は別のものだ。

ニューヨーク滞在中、三人はヴァイオリンの巨匠ヤッシャ・ハイフェッツ（一九〇一〜八七）の自宅を訪ね、朝まで演奏して楽しんだ。三人よりも少し年長のこのヴァイオリニストはすでに大成功しており、ニューヨークで宮殿のようなペントハウスで暮らしていた。

ハイフェッツを訪ねた数日後、三人はラフマニノフの住まいを訪ね、ロシアの大先輩との楽しい夜を過ごした。三人はカーネギー・ホールでのトリオの演奏会で弾いた曲を、ラフマニノフ家のサロンで演奏した。

三人の若い音楽家たちは当然、《悲しみの三重奏曲》も弾いた。それを聴いたラフマニノフの妻と娘は感銘を受けた様子で、「なんて美しい曲なの。誰が作ったのかしら」と言った。ラフマニノフはすまなそうに「私だよ」と答えた。

一九三一年十一月から三二年三月までアメリカで演奏した後、ホロヴィッツはヨーロッパへ帰り、アムステルダムでメンゲルベルク指揮コンセルトヘボウのコンサートに出て、ブリュッセル、パリなどで演奏した。イギリスではHMVのレコードが売れていてホロヴィッツ人気が沸騰していたので、ロンドンでのリサイタルのチケットはすぐに売れ、演奏会当日も爆発的な喝采を浴びた。

レコードや放送の黎明期には、こんなものが出回るとコンサートへ行く客がいなくなるという声もあったが、そんなことはなかった。レコードが演奏家の知名度と人気の向上に役立つのはもはや明白だった。レコードのない演奏家はどんなに実力があっても、この世に存在しないのと同じだった。

大量録音

ホロヴィッツの一九三二年秋からのシーズンは、パリで始まり、次がイギリス・ツアーだった。グラスゴー、マンチェスター、バーミンガム、リヴァプール、ベルファスト、ノッティンガム、レスターと各地をまわり、ロンドンでは、十一月十日にビーチャム指揮のロイヤル・フィルハーモニックとチャイコフスキーの協奏曲を共演した。

一九二八年にニューヨークにデビューした時のチャイコフスキーを、あの時の指揮者と再び共演したのだ。指揮者を無視してすさまじいスピードとパワーで演奏したために、ホロヴィッツはニューヨークを制覇した。このロンドンでの共演は、対立を煽るようなものではなく、洗練されたものだった。ビーチャムは高く評価したが、聴衆のなかには物足りなさを感じた者もいたほどだった。

ロンドン滞在中には、SP二十五枚分を一気にレコーディングした。十一月十一日にハイドンのソナタ第五十二番と、リムスキー＝コルサコフの《熊蜂の飛行》、プーランクの「パストラール」と「トッカータ」、ストラヴィンスキーの《ペトルーシュカ》の「ロシア舞曲」、十二日にリストのロ短調のソナタ、十五日にリストの《詩的で宗教的な調べ》第七曲「葬送曲」とショパンのマズルカ第七番とエチュード第八番、シューマンの《夢のもつれ》と「プレスト・パッショナート」である。

ロンドン滞在中、ホロヴィッツはニューヨーク・フィルハーモニックからの招聘状を受けた。トスカニーニの指揮でベートーヴェンの《皇帝》を演奏しないかという内容だった。これまでいくつものアメリカのオーケストラで何人もの巨匠指揮者と共演していたが、巨匠の中の巨匠であるトスカニーニとはまだ共演していなかった。

EMI/CHS7635382
「Vladimir Horowitz: Recordings 1930-1951」
HMV への録音はこの 3 枚組に全て収録されている。1930 年から 51 年とあるが、実質的には 1930 年から 36 年までの演奏が大半を占める。

Warner 2564625135
上と同じ内容。EMI がワーナーに買い取られた後、ワーナーから出た。
CD1 ●バッハ（ブゾーニ編）：コラールプレリュード《喜べ、愛する信者よ》（1934 年 5 月 6 日）/ スカルラッティ：ソナタ K.873（1935 年 6 月 4 日）、K.125（1935 年 6 月 2 日）、K.188（1951 年 10 月 11 日）、K.322（1951 年 10 月 11 日）/ ハイドン：ピアノ・ソナタ第 52 番（1932 年 11 月 11 日）/ ショパン：練習曲 Op.10-4（1935 年 6 月 2 日）、Op.10-5（1935 年 6 月 2 日）、Op.10-8（1932 年 11 月 15 日）、Op.25-3（1934 年 5 月 12 日）、即興曲 Op.29（1951 年 10 月 11 日）、夜想曲 Op.72-1（1951 年 10 月 11 日）、マズルカ Op.7-3（1932 年 11 月 15 日）、Op.41-2（1933 年 6 月 2 日）、同 Op.50-3（1935 年 6 月 2 日）、スケルツォ Op.54（1936 年 3 月 9 日）/ ドビュッシー：練習曲集第 2 集第 5 曲（1934 年 5 月 6 日）/ プーランク：トッカータ（1932 年 11 月 11 日）、パストラーレ（1932 年 11 月 11 日）
CD2 ●ベートーヴェン：創作主題による 32 の変奏曲 WoO.80（1934 年 5 月 6 日）/ シューマン：《アラベスク》Op.18（1934 年 5 月 6 日）、トッカータ Op.7（1934 年 5 月 12 日）、《夢のもつれ》Op.12-7（1932 年 11 月 15 日）、ピアノ・ソナタ第 2 番 Op.22 ～プレスト・パッショナート（1932 年 12 月 15 日）/ リスト：《詩的で宗教的な調べ》第 7 曲「葬送曲」（1932 年 12 月 15 日）、ピアノ・ソナタロ短調（1932 年 12 月 15 日）/ ショパン：ピアノ・ソナタ第 2 番 Op.35 第 3 楽章（1936 年 3 月 9 日）
CD3 ●ラフマニノフ：ピアノ協奏曲第 3 番 Op.30（1930 年 12 月 30 日）、前奏曲 Op.23-5（1931 年 06 月 12 日）/ リムスキー＝コルサコフ（ラフマニノフ編）：《熊ばちの飛行》（1932 年 11 月 11 日）/ ストラヴィンスキー：《ペトルーシュカ》から「ロシアの踊り」（1932 年 11 月 11 日）/ プロコフィエフ：トッカータ Op.11（1930 年 12 月 30 日）

アルトゥーロ・トスカニーニ（一八六七〜一九五七）はこの年、六十五歳。イタリアでオペラ上演に革命をもたらした後、ムッソリーニ政権と対立したこともありイタリアを去り、ニューヨークを拠点としていた。メトロポリタン歌劇場でも一時代を築いたが、一九二六年一月にニューヨーク・フィルハーモニックを初めて指揮してからは、シンフォニー・コンサートに比重を置くようになり、このオーケストラの実質的な音楽監督となる。「実質的」というのは、当時このオーケストラには「音楽監督」「首席指揮者」といった役職はなかったからである。

一九三二年秋からのニューヨーク・フィルハーモニックのシーズンは、トスカニーニに加えて、ブルーノ・ワルターも同格の指揮者として登場した。

トスカニーニはこのシーズン、ベートーヴェンの交響曲を第一番から第八番まで演奏することにしており、シーズン最後の演奏会となる一九三三年四月二十三日には《皇帝》を予定していた。そのソリストとしてホロヴィッツに白羽の矢が立ったのだ。

トスカニーニからの招聘状は、実質的には命令書だった。音楽界の皇帝からの招聘を断れる者など音楽界にはいない。ホロヴィッツはこれまで《皇帝》を一度も演奏したことがなかったし、そもそもまともに聴いたことすらなかった。

さらに業界の噂としてトスカニーニが暴君的指揮者であること、花形奏者はソリストとして必要としていないことなども耳にしていた。もうひとりの巨匠フルトヴェングラーと決裂しているので、この巨匠ともうまくいかないかもしれない。

しかし、断ることはできない。

ホロヴィッツは覚悟を決めた。

そうとなれば《皇帝》の勉強をしなければならない。ホロヴィッツはレコードで勉強することにした。

さて、どのレコードだったのだろう。一九三一年秋の時点で《皇帝》のレコードは三種類しかない。一九二二年にフレデリック・ラモンドが、ユージン・グーセンス指揮ロイヤル・アルバート・ホール管弦楽団とアコースティック録音したもの、次にバックハウスが一九二七年にランドン・ロナルド指揮ロイヤル・アルバート・ホール管弦楽団と録音したもの、そして一九三二年にシュナーベルがマルコム・サージェント指揮ロンドン交響楽団と録音したものだ。発売されたばかりだし、知り合いでもあるシュナーベル盤の可能性が高い。

ちょうどその頃、ドイツでは政局が混迷を極めていた。内閣が次々と短命に終わり、選挙も頻繁に行なわれていた。

この混迷のなか、擡頭していたのがナチスだった。

第六章　トスカニーニ

トスカニーニとの初共演

一九三三年一月三十日は世界史のひとつの転換点である。ドイツでヒトラーが首相になったのだ。この時点でドイツと世界の将来に不安を感じた者は多いが、それでも彼らがその時に予感した禍《わざわい》は、あれほどのものではなかったであろう。

ヒトラー政権誕生のとき、ホロヴィッツはアメリカ合衆国でのツアーの最中だった。

全米各地をまわるツアーで演奏会をこなしながら、来たる四月二十三日のトスカニーニとの共演に備えていた。

当初はアメリカ各地でのオーケストラとの共演では、《皇帝》は予定に入れていなかったが、いきなりトスカニーニとの共演に臨むのも不安だったので、シカゴ交響楽団とのコンサートでは、ラフマニノフの協奏曲第三番に加えて、《皇帝》も演奏した。ラフマニノフはすでに定番となっていたので、このときも拍手喝采を浴びたが、《皇帝》は「我々が考えているベートーヴェンでもなければ、ホロヴィッツでもない」と酷評された。

《皇帝》に限らず、ホロヴィッツのベートーヴェンは評判がいいとは言えない。ホロヴィッツ自身も、それほど多く弾いていない。

三月にニューヨークに着くと、トスカニーニが暮らしているアスター・ホテルでの豪華パーティーにホロヴィッツも招待され、初めて巨匠《マエストロ》と対面した。このときはいつになく、神妙にしていた。

カーネギー・ホールでの三月二十九日のリサイタルが成功すると、その数日後、ホロヴィッツはトスカニーニのマネージャーから、アスター・ホテルへ来るように言われ、トスカニーニの部屋を訪ねた。トスカニーニは《皇帝》の独奏部を弾くように命じた。

ホロヴィッツが弾き終えると、トスカニーニは「非常によろしい」と言った。「今日は忙しいので、これで帰ってくれ。次は最初のリハーサルで会おう」。

ホロヴィッツはとりあえず合格した。オーケストラとのリハーサルも音楽の解釈で意見を戦わせることもなく、スムーズに終わった。トスカニーニは「自由に弾きなさい」とまで言ってくれた。

いよいよ四月二十三日の本番となった。指揮者とオーケストラとソリストは何のトラブルもなく演奏した。批評では「オーケストラとソリストとの間の意図と、伴奏の完全なる調和」があったと書かれた。トスカニーニは「この青年は気に入った」とコメントした。

ホロヴィッツは演奏会後の夕食会で、トスカニーニの娘ワンダを紹介された。この年、彼女は二十六歳だった。ホロヴィッツがワンダと会うのは初めてだったが、彼女は二年前にミラノでホロヴィッツの演奏を聴き、その瞬間から一目惚れしていた。しかしそのことを父にもまだ言っていなかった。

ホロヴィッツは、ワンダの熱い視線をどう感じたのだろうか。何かを感じたようで、部屋の隅で二人だけで話している姿が目撃されている。二人はフランス語で話した。ホロヴィッツはイタリア語を話せず、ワンダはロシア語を話せず、二人の共通語はフランス語だったのだ。二人は恋に落ちた。

結婚

アメリカでの仕事を終えると、ホロヴィッツはヨーロッパへ戻った。大西洋を渡る船旅は、トスカニーニと娘ワンダも一緒だった。すでに家族ぐるみの交際が始まっていた。

五月から六月にかけて、ホロヴィッツはロンドン、パリ、ミラノなどでリサイタルを開いた。ロンドンでは「過去、現在を問わず、世界最大のピアニスト」と評された。五月二十九日にはこの年唯一の録音となる、ショパンのマズルカ第二十七番をロンドンでレコーディングした。

パリのシャンゼリゼ劇場での六月二日のリサイタルが、シーズン最後の演奏だった。

この年の夏休み、ホロヴィッツはトスカニーニ父娘と行動をともにした。トスカニーニはドイツのヒトラー政権に批判的立場を取り、それまで夏に出演していたバイロイト音楽祭をキャンセルした。すでにムッソリーニ政権と対立し、「反ファシズムの闘士」となっていたこの音楽家は「反ナチスの闘士」にもなった。ホロヴィッツはユダヤ系なので、もちろん彼も反ナチスである。

そしてもうひとりのユダヤ系ピアニスト、ルービンシュタインも、当然、反ナチスだった。というよりも、ルービンシュタインはポーランド人として第一次世界大戦でのドイツの行動が赦せなかったので、反ドイツを貫いている人でもあり、第一次世界大戦後はドイツでの演奏をしていない。

この年もルービンシュタインは南米ツアーに出かけたが、これまでと違うのは、結婚したばかりの妻ネラも同行したことで、八月にアルゼンチンのブエノスアイレスで長女エヴァが生まれた。

ルービンシュタインがパリへ帰ってしばらく経ったある日、ホロヴィッツがふらりとやって来た。独身時代は二人でよくレストランに繰り出していたが、その日はネラが手料理をふるまった。ホロヴィッツはこれに感激して「僕もワンダと結婚しようかな」と冗談めかして言った。

ルービンシュタインは、ホロヴィッツが結婚話を本気で言っているとは思わなかった。しかし、この青年は本気だった。すでにワンダには自分の気持ちを伝えていた。

ホロヴィッツとワンダの結婚にとって、最大の難関はトスカニーニの承諾だった。この大指揮者はホロヴィッツのことをピアニストとしては気に入っていたが、娘の結婚相手となると話は別だった。ホロヴィッツがユダヤ系なのも反対理由のひとつだったが、これはそう大きな問題ではないようだった。トスカニーニ家はカトリックだったが、それほど信仰心が強いわけではない。むしろホロヴィッツについての、ソ連時代から有名だった、同性愛者ではないかという噂の方が気になった。トスカニーニは、音楽家というものがいかに気難しい人種であり、ストレスを抱えて生きているかを熟知していただけに、娘にはそういう職業の男を夫に選んでほしくないとの思いもあった。

　ホロヴィッツの新しいシーズンはヨーロッパ・ツアーで始まり、パリを拠点に、ハンガリー、イタリア、デンマーク、スウェーデン、スイス、ベルギー、オランダ、オーストリアへの旅から旅の生活となった。ブリュッセル、アムステルダム、ウィーン、パリでは《皇帝》を弾いたが、ヨーロッパでも評判はよくなかった。

　十月初旬はコペンハーゲンで、五日にロシア人指揮者のニコライ・マルコ（一八八三～一九六一）が指揮するデンマーク国立放送管弦楽団と、ラフマニノフの第三番を共演した。マルコとはソ連時代に何度も共演しており、個人的にも親しかった。マルコがソ連を出たのは一九二九年だったので、ホロヴィッツの後である。

　ホロヴィッツは十月三日のリハーサルの初日に、結婚することにしたとマルコに打ち明けた。そのときは相手の女性については「まだ言えない」と写真を見せるだけだったが、二日後には「トスカニーニの娘」だと明かした。

　二人の結婚を最初に報じたのは、十月六日のパリの新聞だった。トスカニーニがパリで十二日から指揮することになっており、そのときに、ホロヴィッツがワンダとの結婚を申し込むはずだと報じた。

　すでにトスカニーニは了承していたようで、八日にトスカニーニ家から、ワンダとホロヴィッツの婚約が正式に発表された。さらにトスカニーニの発案で、二人はイギリスへ婚前旅行へ行くことにもなった。

発表のあった翌九日、ホロヴィッツはまだコペンハーゲンにいてリサイタルをしている。

十月二十四日、トスカニーニは初めてウィーン・フィルハーモニーを指揮した。当時のオーストリアはナチス・ドイツとは対立していた。トスカニーニがバイロイト音楽祭と決別したので、オーストリアでは翌年のザルツブルク音楽祭に招聘しようとの動きがあり、その顔合わせの意味を込めて、ウィーン・フィルハーモニーはトスカニーニに客演してもらったのだ。

十一月になると、ホロヴィッツとワンダは、彼女の姉ワリーの付き添いで、イギリスを旅行した。さすがにこの時代、挙式前の男女が二人だけで旅行することはできない。

ホロヴィッツはこのイギリス旅行中にも二回のリサイタルを開いた。

イギリスでの楽しい旅行が終わると、二人は別れ、ホロヴィッツはベルギー、フランス、ハンガリーへのツアーに向かい、ワンダはミラノへ帰り結婚式の準備をした。

ルービンシュタインは、ホロヴィッツが本当に結婚すると知って、驚いた。そしてすぐに、自分の真似をしたと思った。さらにこれは政略結婚だと思った。ホロヴィッツはワンダを愛しているのではなく、出世のために結婚するに違いないと思ったのだ。

たしかに、音楽界の超大物であるトスカニーニに逆らえる者はいない、その義理の息子になれば、興行師もレコード会社もオーケストラもみな、彼にひれ伏すであろう。だが、二人が愛し合っていたのも事実だったようだ。さらに、ホロヴィッツはこの時点でスターであり、別にトスカニーニという後ろ楯をどうしても必要としていたわけではなかった。それでも、男性と一緒にいるほうが楽しいと公言していたホロヴィッツが結婚する気になったのは、相手が「トスカニーニの娘」であったからなのも、事実だろう。

ホロヴィッツをよく知る者のなかには、結婚しても数週間で離婚するに違いないと、揶揄する者もいた。

そんな雑音はあったが、クリスマス直前の十二月二十一日、ホロヴィッツとワンダはミラノで結婚式を挙げた。ホロヴィッツ側の親戚は誰も出席しなかった。友人としてミルシテインとピアティゴルスキーが出席した。ルービンシュタインは花を贈った。

一週間後の二十八日、新婚の二人は船でニューヨークへ向かった。ホロヴィッツのアメリカ・ツアーが待っていたのだ。船には、トスカニーニ、ミルシテイン、ピアティゴルスキー、さらには十七歳にして大ヴァイオリニストとなっていたユーディ・メニューイン（一九一六〜九九）も一緒に乗っていた。史上最高の音楽家たちがこんなにも揃ったのである。しかしホロヴィッツとワンダにとっては、いったいこれのどこが新婚旅行なのだろうという気分だったろう。

一行を乗せた船は、一九三四年一月五日にニューヨークへ着いた。

親友との決別

若いホロヴィッツ夫妻とトスカニーニ、メニューイン、ピアティゴルスキー、ミルシテインらを乗せた船は一九三四年一月五日にニューヨーク港に着いた。一行は新聞記者たちに囲まれた。ピアノ界のプリンスが音楽界の皇帝の女婿になったことは、アメリカでも注目のニュースだった。

このシーズンもホロヴィッツは二月十一日にニューヨーク・フィルハーモニックの演奏会に客演し、ブラームスの協奏曲第二番を演奏したが、指揮者はトスカニーニではなくハンス・ランゲ（一八八四〜一九六〇）だった。しかし義父トスカニーニがつきっきりで指導していた。

これをきっかけにして、トスカニーニはホロヴィッツの演奏会にはなるべく顔を出すようにし、ホロヴィッツもそれを喜んだ。

指揮者とピアニストという違いはあったが、義理の父子の間には師弟関係が確立されていた。

一方で、ホロヴィッツの育ての親とも言うべきマネージャーのメロヴィチは、解任されてしまった。ホロヴィッツのマネージメントは妻ワンダが担うようになったのだ。

メロヴィチはホロヴィッツだけでなく、ピアティゴルスキーもミルシテインも喪ってしまう。三人がそれぞれメロヴィチとのマネージメント契約を解消したことで、トリオも実質的に解散となってしまった。それでも三人の友情はずっと続いていく。

このシーズンのアメリカでの仕事を終えると、ホロヴィッツは妻ワンダとトスカニーニとともにヨーロッパへ帰った。

三人は一か月ほどパリに滞在することになっていた。ホロヴィッツは五月九日にコルトーが指揮するパリ交響楽団のコンサートで、《皇帝》とリストの協奏曲第一番を弾くことになっており、十五日にはリサイタルも予定されていた。トスカニーニも二十五日と二十六日にパリでコンセール・ワルテル・ストララム管弦楽団を指揮する予定だった。

その合間にホロヴィッツはロンドンでレコーディングもしている。五月六日にベートーヴェンの三十二の変奏曲とシューマンの《アラベスク》、五月十二日にショパンのエチュード第五番《黒鍵》(発売後にホロヴィッツの要請で発売中止となる)と第十五番、シューマンの《トッカータ》である。

パリではルービンシュタインが新婚夫婦を待っていた。だがホロヴィッツは親友のもとに妻を連れていこうとしない。

九日のパリ交響楽団の演奏会が成功した数日後、ホロヴィッツ夫妻はトスカニーニと一緒にオペラ座へ観劇に行った。そこに、ルービンシュタイン夫妻も来ていた。幕間にルービンシュタインはロビーで、ホロヴィッツ一行を見かけた。ホロヴィッツと眼が合ったので声をかけようとしたが、視線を逸らされた。ルービンシュタインの解釈では、自分をトスカニーニに紹介したくないからに違いないという。ルービンシュタインはまだこの巨匠とは共演したことがなく、会ったこともなかったのだ。

次の幕間では、ホロヴィッツは義父とは別行動だったようで、ひとりだった。そしてルービンシュタインとネラのもとに、まるで初めて気がついたような態度でやって来て、「シャンペンをどうです」と声をかけてきた。ルービンシュタインは、やはり自分をトスカニーニと引き合わせたくないのだと確信した。

これが事件の伏線だった。五月十六日、ルービンシュタイン夫妻はホロヴィッツのリサイタルを聴きに行った。その翌日、ホロヴィッツはルービンシュタイン夫妻と一緒に夕食をとり、かなりご機嫌になったホロヴィッツは別れ際に「今度の日曜の昼、一緒に食事しませんか。ご馳走しますよ」と言った。

ルービンシュタインは驚いた。ホロヴィッツが奢ってくれるなど滅多にないことだった。しかし残念なことに、ルービンシュタインは土曜の夜にアムステルダムで、メンゲルベルク指揮のコンセルトヘボウ管弦楽団と、チャイコフスキーの協奏曲を弾くことになっていた。演奏会の後はオーケストラの関係者と夕食会だ。とても日曜の昼にパリへ戻るのは不可能だった。しかしネラが「夕食会に出なければ、朝七時にパリへ着く夜行列車に乗れるはずよ」と言って、ホロヴィッツの招待を受けることにした。

アムステルダムでの演奏会は大成功に終わり、ルービンシュタイン夫妻は夕食会には出ず、夜行列車に乗ってパリへ日曜の朝七時に着いた。自宅へ帰り朝食を簡単にとって、ホロヴィッツからの電話を待っていたが、なかなかかかってこない。十一時まで待ってもかかってこないので、ルービンシュタインはホロヴィッツの泊っているホテルへ電話をかけた。すると、彼は昼食に招待したことを忘れていた様子だった。

「これから競馬へ行くんですよ。そうですか。困りましたね。そうだ、僕の部屋でサンドイッチでもどうですか」とホロヴィッツは言った。

ルービンシュタインは呆れ果てた。彼とネラは着替えて、ホロヴィッツのホテルへ向かった。しかし彼の部屋へは行かず、フロントに手紙を預けた。

「親愛なるヴォロージャ（ヴラディミールの愛称）、君の競馬行きを邪魔しては申し訳ないので、僕はネラを上等なレストランでの昼食に招待し、彼女は承知してくれました」

皮肉がたっぷりとこもっていたが、ルービンシュタインとしてはあくまでユーモアのつもりだった。彼はネラとレストランで食事をして、映画を観て、夕方には自宅へ帰った。「きっと彼は後悔して、君に花束でも贈ってくるよ」とルービンシュタインは妻に言った。

しかし花束など届かなかった。そのかわり、ルービンシュタインのマネージャーから電話があった。

「ホロヴィッツ氏のマネージャーから、彼はあなたの手紙が気に入らなかったと言っていると伝えてほしいとのことです」

この言葉に、ついにルービンシュタインの堪忍袋の緒が切れた。彼は電話に向かって怒鳴った。

「『ホロヴィッツとは口もききたくない、手紙で謝ってくるまで、二度と会わない』と、君の同業者に、依頼人に伝えるように言っとけ」

こうして、ルービンシュタインとホロヴィッツはついに決裂するのであった。

音楽的な論争があったわけでも、何かをめぐり競い合ったのでもなければ、どちらかが相手を批判したのでもなかった。しかし最初にその噂を聞いた時から、ルービンシュタインにとって、ホロヴィッツは気に障る存在だった。それでも会えばヴォロージャと愛称で呼んで親しくしてきたが、ついに臨界点に達したのだった。ホロヴィッツとしても、ルービンシュタインを、テクニックで自分よりも劣ると思っていたので軽蔑していたが、年長でもあるので慕っていたが、それも限界に来ていた。

この年、ルービンシュタインは四十七歳、ホロヴィッツは三十一歳だった。

二人の決裂は、しかし音楽界全体にとっては何の損失もなかった。むしろプラスだった。指揮者とピアニストだったり、ヴァイオリニストとピアニストだったりしたら、二人の決裂により共演の機会がなくなり、あったかもしれない名演が喪われたところだが、二人はピアニスト同士だったので、もともと共演するわけではない。こうして公然と反目することで、二人はライバル意識に燃えたのである。

とくにルービンシュタインは燃えた。この一九三四年の夏、彼は妻と娘を連れて、フランスの、スイスとイタリアとの国境近くの村へ行った。そして小屋を借りて、村でただひとつという旧いピアノを持ち込み、猛特訓を始めたのだ。彼は徹底的にピアノと向き合うことにした。テンポの正確さの練習、楽句をどこで区切るかの研究、音符に忠実であることと美と感情の両立はどうしたら可能か――そんなことを何日も何日も繰り返した。始める前は退屈な作業なのではと思われたが、やり始めると面白かった。彼はその夏のすべてを「ピアノの稽古」という、今まで嫌いだったことに費やし、そのことで新たなピアニストとして生まれ変わったのだ。

ルービンシュタインは天性の才能に、完璧なテクニックが備わった。普通ならばこれからは加齢により技巧が衰える年齢だ。それを音楽性とか哲学性とかカリスマ性でカバーしていくのが、これまでのピアニストの人生のパターンだった。しかし、ルービンシュタインは中年期に技巧を磨くのである。レコードの時代となり、聴衆はミスタッチにうるさくなった。ミスタッチも藝のうちなどと言っていられなくなる。そんな時代の到来を、ルービンシュタインは予感していたのかもしれない。

当人は意識していなかったかもしれないが、ルービンシュタインが「やる気」になったのは、ホロヴィッツというライバルが、もはや友人ではなく明確な競争相手、倒すべき敵となったからだった。

父との再会、そして

一九三四年の夏、ホロヴィッツはワンダともに、パリからミラノ、ラゴ・マジョーレへと移動しながら休暇を過ごした。スイスのサン・モリッツではピアティゴルスキーとミルシテインと合流した。

そして義父トスカニーニが初めて出演するザルツブルク音楽祭に、ホロヴィッツも同行した。この年のトスカニーニは、ワーグナーの管弦楽曲、ブラームスの交響曲第三番、モーツァルトの《ハフナー》、ベートーヴェンの交響曲第七番など、ウィーン・フィルハーモニーの三つのコンサートを指揮しただけで、オペラには出なかった。それでもトスカニーニの登場で、ザルツブルク音楽祭はナチスの支配下に置かれてしまったバイロイトに対抗する「自由の砦」として世界にアピールできた。ホロヴィッツの出番はなく、結局、彼はこの音楽祭では一度も演奏しない。ワンダは十月に出産を予定していた。

この年の秋、ホロヴィッツの父シメオンがソ連から訪ねて来て、親子は九年ぶりの再会を果たした。妻、つまりホロヴィッツの母は四年前に亡くなっていた。虫垂炎になったが、貧しくて満足な治療が受けられず、腹膜炎を起こして死んだのだった。姉のレジーナはソ連でピアニストとして活躍していた。

シメオンは成功した息子に会うために出国を申請していたが、なかなか許可が下りなかった。ソ連政府は彼がそのまま帰国しないことを警戒したのである。シメオンが妻の死後、若い女性と結婚したことで、ようやく許可が下りた。その若い妻をソ連へ残すという条件で出国許可が下りたのだった。ようするに人質だ。

ホロヴィッツは再会を喜び、父を演奏旅行に同行させた。

十月二日、ワンダはミラノで娘を産んだ。ホロヴィッツの母の名ソフィにちなみ、「ソフィア」と名づけられた。

ホロヴィッツは父に孫娘の顔を見せることができた。ここにホロヴィッツ家の親子三代が、ほんの束の間だったが揃ったのだ。

Danacord/DACOCD303
デンマーク放送交響楽団の歴史的録音集。1934年10月18日の、チャイコフスキーの協奏曲第1番第3楽章とドビュッシーの《人形へのセレナーデ》が収録されている。他にブッシュ、ピアティゴルスキー、ランドフスカ、ゼルキン、ミルシテインらのデンマークでの演奏も。

危機

子供も生まれ、幸福の絶頂にいるはずのホロヴィッツに危機が近づいていた。

一九三四／三五シーズンもイギリス・ツアーで始まり、ロンドンをはじめ、いくつもの都市で演奏し、その後はヨーロッパ大陸各地での演奏会だった。

そのひとつ、十月五日のコペンハーゲンでのドビュッシーの《人形へのセレナーデ》と、十八日のマルコ指揮デンマーク放送交響楽団とのチャイコフスキーの協奏曲第一番の第三楽章の録音が遺っている。放送用に録音されたもので、これがホロヴィッツの演奏会のライヴ録音としては最も古いものとなる（厳密には、一九三二年二月のフィラデルフィアでのチャイコフスキーのテスト録音のほうが古いが、一分四三秒のみ）。この最も若い時期の演奏は、しかし、ホロヴィッツの状態があまりよくないときのものだったようだ。

ホロヴィッツがヨーロッパとアメリカの聴衆を熱狂させた最初の十年の演奏は、残念なことに、演奏会のライヴ録音は遺っていないのだ。この時期の演奏として聴くことができるのは、スタジオ録音のみである。

マルコによると、このときのホロヴィッツはかなり精神的に不安定だったという。出産直後なのでワンダは同行しなかったが、そのため、ホロヴィッツは時間を決めてワンダに電話をすることになっており、その時刻が近づくと、落ち着かなくなる。トスカニーニ家の一員となったこと、父親になったことなどが、ホロヴィッツの重圧となっているのではと、マルコは感じた。

やがて父シメオンの滞在許可期間の終わりがやってきた。延長を願い出ていたが、叶わなかったのだ。父子が一緒に暮らす方法は、ホロヴィッツがソ連へ帰ること以外はない。しかし、そんなことはできなかった。彼はすでにソ連の市民権を棄てていたし、ソ連からみれば市民権を剥奪された反国家的人物だった。たとえ帰国できたとしても、二度と国外へは出られないであろう。強制収容所送りかもしれないし、死刑かもしれない。ホロヴィッツはそんな危険を承知で帰るわけにはいかなかった。

シメオンはソ連へ帰った。それがこの父と息子の永遠の別れとなった。ホロヴィッツには知らされなかったが、シメオンは帰国するとすぐにスパイ容疑で逮捕され、強制収容所に送られた。姉のレジーナが面会に行った時は、精神を病み、娘のことも認識できなかった。

二十世紀最大のピアニストの父は、強制収容所で廃人となって死んだのだ。その正確な没年月日すら、分からない。

ヨーロッパでの仕事を終えると、ホロヴィッツは例年通り、アメリカへ渡った。

アメリカには六週間滞在し、三月十四、十五、十七日に、トスカニーニ指揮ニューヨーク・フィル

Memories Reverence/MR2211 ～ 2214
「ウラディミール・ホロヴィッツ 協奏曲ライヴ名演集」
主要な協奏曲のライヴはこの４枚組で聴ける。
ブラームス：協奏曲第１番 トスカニーニ指揮ニューヨーク・フィル(1935年３月17日)
チャイコフスキー：協奏曲第１番 セル指揮ニューヨーク・フィル（1953年１月12日）
チャイコフスキー：協奏曲第１番 スタインバーグ指揮ハリウッド・ボウル管（1949年８月２日）
ラフマニノフ：協奏曲第３番 クーセヴィツキー指揮ハリウッド・ボウル管（1950年８月31日）
チャイコフスキー：協奏曲第１番、バルビローリ指揮ニューヨーク・フィル（1940年３月31日）
ラフマニノフ：協奏曲第３番、バルビローリ指揮ニューヨーク・フィル（1941年５月４日）
チャイコフスキー：協奏曲第１番、ワルター指揮ニューヨークフィル（1948年４月11日）
ブラームス：協奏曲第１番 ワルター指揮コンセルトヘボウ管（1936年２月20日）

ハーモニックの演奏会ではブラームスの協奏曲第一番に初めて取り組んだ。この演奏ではホロヴィッツは完全に指揮者トスカニーニの支配下にあった。それが結果としていい演奏として評価された。

このブラームスは三月十七日の演奏の録音が遺っている。協奏曲の全曲の録音としては最も若いときの演奏だ。

これでブラームスの協奏曲は二曲ともレパートリーにすることができた。四月十三日のカーネギー・ホールでのリサイタルではショパンのソナタ第二番を披露した。

四月十九日にアメリカでの仕事を終えると、ヨーロッパへ戻り、五月にはミラノのスカラ座で、チャイコフスキーとブラームスの協奏曲を演奏した。

六月はロンドンでのレコーディングで、二日にショパンのマズルカ第三十二番とエチュード第四番と第五番《黒鍵》、四日にスカルラッティのソナタK八七と

Music & Arts 810
ワルターとの共演集（Memories Reverence/MR2211～2214にあるものと同じ）。
1936年2月20日のブラームス：協奏曲第1番　コンセルトヘボウ管
1948年4月11日のチャイコフスキー：協奏曲第1番　ニューヨーク・フィル

K一二を録音した。

このシーズンは七十五回の演奏会があり、ホロヴィッツは乗り切った。夏休みの後、十月から北欧を皮切りとしたツアーで、ホロヴィッツの新しいシーズンが始まった。

ソ連を出たのが一九二五年だったので、十年が過ぎたところだった。全力疾走してきたピアニストは、肉体よりも精神が疲労していた。さらにトスカニーニ家の一員となったことで、ストレスが蓄積していった。トスカニーニは音楽的には多くを与えてくれたが、妻の父にして師にして、音楽界の皇帝と同じ時を過ごすことは、重荷になっていた。

新しいシーズンが始まると、十月から十一月にスウェーデン、デンマークの北欧各国、十二月にはスイスで演奏した。続いて、チェコ、オーストリア、ポーランド、ハンガリーなどに行き、一九三六年一月にはイタリアをまわるはずだった。だが体調を崩し、イタリアでの演奏会はキャンセルされた。

ホロヴィッツは家族とスイスのサン・モリッツで静養し、二月に復帰した。復帰コンサートとなったのは、アムステルダム・コンセルトヘボウ管弦楽団への客演で、ワルターの指揮でブラームスの協奏曲第一番を弾いた。

二月二十日の演奏の録音が遺っている。

ヒトラー政権が誕生したため、ユダヤ系であるワルターは、ベルリン・フィルハーモニーやライプツィヒのゲヴァントハウス管弦楽団では演奏できなくなり、ウィーン・フィルハーモニーやコンセルトヘボウを中心に各地で客演していた。

ホロヴィッツは三月にはロンドンへ行き、二回のリサイタルと、オーケストラのコンサートに一回出て、さらに三月九日にはレコーディングもした。ショパンのソナタ第二番の第一楽章と、スケルツォ第四番で、ロンドンのHMVへの録音はこれでいったん、終わる。

ソナタ第二番は第一楽章だけだったので発売は見送られ、SPとしては出ていない。一九九七年にCDとして初めて世に出た。全曲を改めて録音するのは一九五〇年だ。ロンドンの後もスケジュールは詰まっていたが、キャンセルが相次いだ。ローマやパリで、どうにか弾いたこともあったが、五月二日にイタリアのトリエステで弾いたのが、このシーズンの最後だった。

このシーズン、ホロヴィッツはアメリカへは行かなかった。そして義父トスカニーニは三六年四月をもって、ニューヨーク・フィルハーモニックとの契約を終えた。トスカニーニはこの時、シンフォニー・オーケストラの常任指揮者の仕事から引退するつもりだった。もう七十歳だった。

最初の引退

ホロヴィッツの一九三六／三七シーズンの予定もぎっしりと詰まっていた。三六年秋にイギリス、スウェーデン、ノルウェー、デンマーク、フランス、イタリア、オランダ、ベルギーをまわり、年が明ければアメリカで四十回の演奏会、さらに、オーストラリアとニュージーランドへも行く予定だった。

しかし、九月になり、いよいよシーズンの始まりが近くなると、ホロヴィッツは腹部の激痛を訴え、パリで手術を受けた。どこも悪くはなかったのだが、母が盲腸で死んだことを思い出し、自分も盲腸で死ぬとの妄想に囚われ、絶対に手術をすると言い張ったため、医師が執刀したのだった。親友のミルシテインによれば、痙攣性大腸炎だったという。

しなくてもいい手術をしたためか、術後の経過が思わしくなく、静脈炎を発症した。演奏活動をしばらく休止すると発表された。

ホロヴィッツ、三十三歳。彼の長い演奏生活における「最初の引退」と呼ばれる時期の始まりだった。

あまりにも華麗な存在だったホロヴィッツの休養は、マスコミにとって格好の標的となった。新聞や雑誌は持ち上げるだけ持ち上げて、少しでも凋落の兆しがあれば、徹底的に叩く。今も昔も日本も欧米も同じだった。ホロヴィッツもその餌食となり、マスコミは「神経衰弱」になったと書き立てた。

パリの病院を退院した後、ホロヴィッツはワンダの姉ワリーのヴェネツィアの家で静養していたが、秋の終わりには、娘ソニアをワンダの母や姉に預け、ワンダと二人だけでスイスのルツェルン湖の近くに家を借りた。

ルツェルンにはラフマニノフの別荘もあり、ホロヴィッツは何度も出かけ、この大作曲家にして大ピアニストとの親交を深めた。

十二月二十六日、テルアヴィヴでパレスチナ管弦楽団（現・イスラエル・フィルハーモニック）の最初のコンサートが、トスカニーニの指揮で開かれた。ヴァイオリニスト、ブロニスラフ・フーベルマン（一八八二〜一九四七）の呼びかけで結成されたユダヤ人によるオーケストラだ。トスカニーニはユダヤ人ではなかったが、ファシズム、ナチズムと闘う音楽家の代表となっていたので、このオーケストラの立ち上げに協力を要請され、受けたのだ。

ニューヨーク・フィルハーモニックを退任し、引退するつもりだったトスカニーニは、こうして再び指揮台に立った。

一九三七年になっても、ホロヴィッツの静養は続き、公の場には姿を見せなくなった。しかし、ラフマニノフの別荘ではプライベートに演奏して楽しんでいた。ステージで客の前では弾けないが、ピアノを弾くことはできたのだ。マスコミが報じていたように、ようするに精神的な問題だった。ラフマニノフは、若いピアニストに、かつて自分も精神を病み、演奏も作曲もできなかったと語り、よき相談相手となった。

この時期にホロヴィッツが親しくなった同業者に、ルドルフ・ゼルキン（一九〇三～九一）がいる。ゼルキンはチェコのボヘミアの生まれだが、両親はロシア系ユダヤ人だった。同世代でユダヤ系、さらに偉大な義父がいるという点でも、二人は同じだった。ゼルキンは名ヴァイオリニスト、アドルフ・ブッシュ（一八九一～一九五二）の共演者に抜擢されて飛躍し、一九三六年にその娘イレーネと結婚したところだった。ゼルキンの回想では、この時期ホロヴィッツと毎日のように会っていたという。

ホロヴィッツはゼルキンと二台のピアノのための曲を弾くのを楽しみとしていた。同じように、ラフマニノフとも、二重奏を楽しんだ。ラフマニノフもゼルキンも、いまのホロヴィッツに必要なのは、ステージには出なくていいから、ピアノを弾き続けることだと考えていたので、疲れ果てているホロヴィッツの相手をしていたのだ。

ホロヴィッツはラフマニノフと一緒の時は心が落ち着いたが、復帰はとても無理だった。重病説、自殺未遂説、あるいは発狂説などが、音楽界には流れていた。

十月一日、ホロヴィッツは誕生日を義姉ワリーのヴェネツィアの家で迎え、親しい人を招いてプライベート・コンサートを開いた。

アメリカへ復帰した音楽家たち

一九三七年、ホロヴィッツが行かなかったアメリカでは、ルービンシュタインが絶賛を浴びていた。ルービンシュタインは南米では頻繁に演奏していたが、北米大陸では一九二一年を最後に演奏していなかった。ピアノメーカーのスタインウェイと契約していたのだが、ある演奏会場で同社が用意したピアノがひどい音だったため、そこにあった他社のピアノで演奏したことからトラブルとなり、二度とアメリカでは演奏しないと決めたからだった。

ルービンシュタインが来なくなったアメリカに、入れ替わるようにして登場したのがホロヴィッツだった。しかし今度は、そのホロヴィッツが来なくなったアメリカに、ルービンシュタインが復帰して、成功したのだ。

十六年間も演奏していないアメリカで、ルービンシュタインが忘れられていなかったのは、彼がロンドンのHMVで作ったレコードが、アメリカではRCAから発売されて、よく売れていたからだった。本人がいなくても、そのレコードがあれば、ピアニストは人気を保てる時代になっていた。

ホロヴィッツもまた、ステージには出なくても、レコードがあったので忘れられることはない。

一方、引退したはずのトスカニーニは、アメリカの放送局NBCから、放送専門のオーケストラを作るので、音楽監督になってくれとの打診を受け、最初は断ったが、ラジオを通じて何百万もの人に音楽を届けるという未知の仕事に興味を抱き、引き受けることにした。

その最初の演奏会は十二月二十五日のクリスマスに開かれ、全米に放送された。

これまでも演奏会が放送されることはあった。だが、NBC交響楽団は、放送する前提で演奏会を開くオーケストラという点で画期的だった。

レコードと並び、放送という新たなメディアがクラシック音楽を支えることになる。トスカニーニとNBC交響楽団はその象徴になった。

復帰

一九三八年になっても、ホロヴィッツは公の場では演奏しようとしない。重病説、再起不能説、精神衰弱説など、さまざまな憶測が相変わらず伝えられていた。

七月になって、ついにホロヴィッツが死んだと新聞やラジオが報じた。そのニュースに一番驚いたのは、ルツェルンで静養していたホロヴィッツ当人だった。パリではフィガロ紙が訃報を掲載し、スイスの新聞にも載った。妻ワンダは放送局や新聞社に訂正を求める電話をかけまくった。そのおかげで、訃報は訂正された。

健在を示すためにも、ホロヴィッツは復帰する必要があった。

ホロヴィッツが隠遁生活を送っている間に、ヨーロッパ情勢は緊迫していった。ヒトラー率いるナチス・ドイツは、三月にオーストリアを併合した。これによって、ウィーン・フィルハーモニーも、国立歌劇場も、そしてザルツブルク音楽祭もナチスのものとなり、ブルーノ・ワルターをはじめとするユダヤ系の音楽家たちは、出演できなくなった。それどころか、命すら危うくなる。

ユダヤ人ではなかったが、トスカニーニとしては、ナチスの音楽祭となってしまうザルツブルクに出演することはできなかった。

ザルツブルク音楽祭をトスカニーニがキャンセルしたのを受けて、スイスのルツェルンでは、音楽祭を開こうという気運が高まった。

ルツェルンでは以前は夏に音楽祭が開かれていたが、オーストリアのザルツブルク音楽祭が始まると、そちらに客を奪われてしまい、一九二〇年から開催されなくなっていた。それでもルツェルン市は一九三三年に新しいホールを建て、音楽祭復活を模索していた。そんな時期に、オーストリア併合となり、ザルツブルク音楽祭に出る予定の音楽家たちが行き場を喪ったのだ。

トスカニーニはルツェルンからの依頼を快諾し、新たな音楽祭の開催が決まった。トスカニーニが出ると決まると、ワルター、メンゲルベルク、アンセルメ、フォイアマン、アドルフ・ブッシュ、フリッツ・ブッシュたちも馳せ参じ、八月二十五日から二十九日まで、ルツェルン音楽祭が開催された。ホロヴィッツはまだステージに出られる状態ではなかった。

九月二十六日、ホロヴィッツはチューリヒで、二年半ぶりにステージに復帰した。難民の子供たちのための慈善演奏会で、アドルフ・ブッシュの四重奏団が出演することになっていたものに、特別出演し、一曲だけ弾くことにしたのだ。

ホロヴィッツはシューマンの幻想曲を弾くつもりだったが、直前になって気が変わり、ショパンのポロネーズ、幻想曲、舟歌、エチュードの何曲かを弾いた。

客席にはラフマニノフがいて、見守っていた。演奏は聴衆にも批評家にも好評だった。自信を得たホロヴィッツは演奏活動再開を決めた。十一月二十一日にオランダのハーグでショパンの曲だけのリサイタルを開き、うまくいった。そこで、十二月から一月にかけて、モンテカルロ、リヨンなど、フランスの地方都市をいくつかまわることになった。ラフマニノフの助言で何日も連続して開くのではなく、演奏会と演奏会の間に、三日くらいの休みをとるようにした。

一九三九年になると、ホロヴィッツは元気を取り戻していた。彼はロンドンとパリをはじめとするヨーロッパの各都市をまわっていた。もう二度とホロヴィッツの演奏を聴けないのではないかと思っていた音楽ファンは、復帰を喜び、絶賛した。

ヒトラーの動きは不気味だったが、まだ人びとは戦争を意識していない。

開戦前夜

前年に続いて一九三九年夏もルツェルンでは音楽祭が開かれた。

この年は前年以上の顔ぶれが揃った。トスカニーニ、ワルターはもちろん、パブロ・カザルス、エイドリアン・ボールト、ルドルフ・ゼルキン、メンゲルベルク、エマニュエル・フォイアマン、フーベルマン、そして、ラフマニノフとホロヴィッツも出ることにした。

ラフマニノフは八月十一日にエルネスト・アンセルメの指揮でベートーヴェンの協奏曲第一番と、

APR/APR6001
ホロヴィッツとトスカニーニのブラームスの共演集。
第1番　ニューヨーク・フィル（1935年3月17日）
第2番　ルツェルン祝祭管弦楽団（1939年8月29日）
第2番　NBC交響楽団（1948年10月23日）

自作の「パガニーニの主題によるラプソディ」を弾いた。これがラフマニノフのヨーロッパでの最後の演奏となることを、当人を含め誰も知らない。

ラフマニノフが演奏した後、ルツェルンには悲報が届いた。八月十九日、ワルターの娘グレーテルが夫に殺されてしまったのだ。彼女には愛人がいて、夫とは離婚協議中だったが、その話がもつれ、嫉妬に狂った夫が銃で彼女を射殺したのだ。ワルターはとてもステージには立てず、そのコンサートはトスカニーニが代理をつとめた。

八月二十三日、ラフマニノフはヨーロッパ大陸を去った。独ソ不可侵条約が結ばれた日でもあったが、この日が、セルゲイ・ラフマニノフがヨーロッパ大陸の地面を踏んだ最後の日となる。

八月二十四日、パリ放送はコルトーの解説付きの演奏会を放送していたが、突然、中断してイギリス外相ハリファックス卿の「イギリスとフランスは、ポーランドが侵略されれば、必ず介入する」とのメッセージが読み上げられた。

音楽祭でホロヴィッツはトスカニーニの指揮で、モーツァルトの協奏曲を弾くつもりだったが、直前になって、ブラームスの第二番に変更した。

ホロヴィッツとトスカニーニによるブラームスは八月二十九日で、この指揮者とピアニストにとって、第二次世界大戦前の最後の演奏となった。この演奏会は政治的理由での亡命者の生活を援助する資金集めのもので、入場料は高額だった。さらに放送もされたため、録音が遺っている。

ホロヴィッツとトスカニーニの演奏会の三日後の九月一日、ドイツはポーランドへ侵攻した。九月三日、ポーランドと相互援助条約を結んでいたイギリスとフランスは、ドイツに宣戦布告した。これをもって第二次世界大戦の開戦となるのだが、この時点ではまだポーランド以外では戦闘は展開されていないし、世界大戦へ発展するとは、ヒトラーも英仏の首脳たちも思っていない。

一方、ソ連は十七日にポーランドへ侵攻した。ドイツとの密約があったとされる。

その頃、ホロヴィッツとトスカニーニの一家は、ニューヨークに着いていた。

ホロヴィッツにとってアメリカは一九三五年三月以来だった。そして彼がヨーロッパで次に演奏するのは、一九五一年まで待たねばならない。

第七章　アメリカのピアニスト

協奏曲の録音、相次ぐ

ヨーロッパで戦争が始まったこともあり、ホロヴィッツとトスカニーニは当分はアメリカで暮らすことにした。

トスカニーニはニューヨーク市郊外に土地付きの家を買い、ホロヴィッツはそこから十分ほどのところに家を借りた。これまで彼らにとってアメリカは稼ぐための場でしかなかったが、ヨーロッパがナチスに蹂躙されて住めなくなったからには、新大陸で生きていくしかなかったのだ。

ホロヴィッツは五年ぶりとなるアメリカでの演奏活動を本格的に始める前に、試験的にカリフォルニアで演奏することにし、十二月に三回のリサイタルが開かれた。

一九四〇年が明けるとホロヴィッツは一月十七日にニュージャージー州ニューアークで演奏し、これを皮切りにして、クリーブランド、トロント、フィラデルフィアとまわり、一月三十一日、ようや

APR/APR5519
1940年3月31日のバルビローリとのチャイコフスキーの1番。
Memories ReverenceのMR2213にも収録されている。

くニューヨークのカーネギー・ホールでリサイタルを開いた。チケットは一カ月前には完売していた。聴衆は熱狂的に、この一度は死んだと報じられたピアニストを迎えた。この日はリサイタルで、メンデルスゾーン、シューマン、ショパン、ドビュッシーなどを弾いて、ビゼーの《カルメン》をホロヴィッツが編曲したおなじみの曲も弾いた。

二月七日にはカナダのトロントでリサイタルを開いた。この都市では、一九三八年十二月にひとりの天才少年がピアニストとしてデビューしていた。グレン・グールド（一九三二〜八二）である。グールドは一九四〇年代に、少なくとも二回、トロントでホロヴィッツのリサイタルを聴いたというから、このときに客席にいたのかもしれない。

バルビローリ指揮のニューヨーク・フィルハーモニックのコンサートにも客演し、二月十五日と十六日にラフマニノフの協奏曲第三番、三月三十日と三十一日にはチャイコフスキーの一番を弾いた。三十一日のはライヴ録音が遺されている。

トスカニーニがニューヨーク・フィルハーモニックを辞任した後、このオーケストラが招いたのが、イギリスの若い指揮者ジョン・バルビローリ（一八九九〜一九七〇）だった。

SONY/OJC-9［LCT-1025］
1940年5月9日、トスカニーニ指揮
NBC交響楽団とのブラームス2番
のセッション録音。

Bellaphon 689-24-002（CD）
654-24-002（LP）
1940年5月6日のトスカニーニ指揮
NBC交響楽団とのブラームスの2番
のライヴ録音。

一方、引退したトスカニーニは、放送局NBCが結成したオーケストラに復帰していたので、ニューヨーク・フィルハーモニックとNBC交響楽団は因縁のライバル関係になっていた。

ホロヴィッツはニューヨーク・フィルハーモニックとの共演の後、五月六日に、トスカニーニが指揮するNBC交響楽団のコンサートに客演した。ブラームスの二番で、その演奏はラジオで放送され、同時にRCAによって録音もされた。しかしこの日のライヴ録音はレコードとしての発売は見送られ（後に著作権が切れてから発売される）、三日後の九日に、聴衆のいないカーネギー・ホールでセッション録音されたものが発売された。ホロヴィッツにとって一九三六年以来四年ぶりの録音であり、アメリカでのRCAへの録音となると、実に十年ぶりだった。

このブラームスは翌一九四一年に発売されると、ベストセラーとなり、批評家からも絶賛された。それまでこの曲のレコードとしてルービンシュタインが一九二九年にロンドン交響楽団と録音した盤が名盤となっていたが、その地位を奪った。

こうしてホロヴィッツはリサイタルと協奏曲の両方で大成功

し、完全復活したかに思えた。しかし、数週間後、自宅のドアに指を挟まれるというピアニストらしからぬ不注意な事故で負傷し、以後の契約はキャンセルされた。

ルービンシュタインとの競争、激化

一九四一年一月、ホロヴィッツは指の怪我も治り、演奏会に復帰した。四月十九日にはトスカニーニ指揮NBC交響楽団とチャイコフスキーの一番をコンサートで演奏した。この演奏の放送用録音がCDとなっている。

放送用演奏会とは別に、五月六日と十四日にRCAが、このチャイコフスキーをセッション録音し、発売された。しかしトスカニーニは気に入らなかった。

ルービンシュタインもチャイコフスキーをHMVに録音し、アメリカではRCAから発売されていた。そこに同じRCAからホロヴィッツ盤が出たので、ルービンシュタインは気分を害した。

トスカニーニとのライヴとセッションの間にあたる五月四日、ホロヴィッツはニューヨーク・フィルハーモニックのコンサートに客演し、バルビローリの指揮でラフマニノフの協奏曲第三番を演奏した。このコンサートは放送されたため、録音が遺っている。

シーズンを終えると、ホロヴィッツはカリフォルニアのビヴァリーヒルズに十月まで滞在した。ルービンシュタインもこの年の夏からロサンゼルスに住んでいた。

Naxos Historical/ 8.110807
1941 年 4 月 19 日のトスカニーニ指揮 NBC 交響楽団のライヴ。
チャイコフスキーの《悲愴》と協奏曲第 1 番。

SONY/OJC-6［LCT-1012］
1941 年 5 月 6 日と 14 日、トスカニーニ指揮 NBC 交響楽団とのチャイコフスキーの 1 番のセッション録音。

URANIA/URN22.160
バルビローリ指揮ニューヨーク・フィルハーモニックとの共演集。
1941 年 5 月 4 日のラフマニノフの 3 番
1940 年 3 月 31 日のチャイコフスキーの第 1 番
APR/APR5519、Memories Reverence の MR2213 にも収録されている。

ルービンシュタインはメキシコ・シティで公演したときに、戦争のおかげでポーランド亡命者が、アメリカの市民権を得やすくなっていると知った。これまでは申請しても五年ほどかかっていたが、ドイツがポーランドを占領し亡命できなくしているために亡命者の数が減り、申請すればすぐに取得できるという。ただし、家族全員が揃って入国しなければならない。ルービンシュタインはニューヨークにいる妻子をメキシコ・シティに呼び、アメリカ領事館に申請して、全員でアメリカに入国した。これにより、ルービンシュタインはアメリカ人となっていた。

十二月二日、ホロヴィッツはロサンゼルスで同地のフィルハーモニックとの演奏会に出演した。

アメリカ人になったピアニストたち

ホロヴィッツもアメリカに市民権を申請しており、一九四二年一月十二日に取得した。

当分はヨーロッパへ帰るつもりはなく、アメリカで一シーズンに四十回程度の演奏会に出ていこうと決めた。この時期、ホロヴィッツはいったん決別していたメロヴィチとの関係を修復させ、興行師ジャドソンとの間に入ってもらうことにした。

一九四二年一月三十日、アメリカ人となったホロヴィッツは、セルゲイ・プロコフィエフ（一八九一〜一九五三）のピアノ・ソナタ第六番のアメリカ初演となる演奏を披露した。この曲は一九三九年から四〇年にかけて作曲され、プロコフィエフ自身によって四〇年四月八日にモスクワで初演された。アメリカ初演をホロヴィッツが弾いたのは、プロコフィエフの希望だった。

ホロヴィッツはプロコフィエフには気に入られており、第七番、第八番も、アメリカ初演を担うことになる。しかし、ホロヴィッツがレコーディングするのは第七番だけだった（一九四五年）。

三月六日、ホロヴィッツはカーネギー・ホールで、赤十字戦争資金と、ナチス・ドイツと戦っているロシア援助資金を集めるためのチャリティー演奏会を開いた。

このシーズンが終わり、夏になると、ホロヴィッツはカリフォルニアで静養した。

その近所にラフマニノフも引っ越してきた。二組の家族はとても親しくしていた。近所には他にルービンシュタインもいればシャリアピンの息子も住んでおり、亡命音楽家たちは、親しくしていた。なかでもホロヴィッツが親しくしていたのは、ラフマニノフだった。二人は二重奏を楽しみ、バッハの平均律クラヴィーア曲集を弾いた。六月十五日には、ラフマニノフが作曲したばかりの交響的舞曲のピアノ編曲版と、モーツァルトの二台のピアノのためのソナタ（K四四七）をプライベートな演奏会で一緒に弾き、八月にも再演した。

二人の大ピアニストが公の場で共演する機会が、近づいているような雰囲気だった。

ラフマニノフはルービンシュタインを招待したこともあった。その日はストラヴィンスキーが来ることになっており、二人だけだと場がもたないだろうと思い、陽気なルービンシュタインを呼んだのだ。ルービンシュタインは不仲で知られる二人の音楽家とのスリリングな時を過ごした。

ラフマニノフの家では、ルービンシュタインが弾いたグリーグの協奏曲のレコードを一緒に聴いたこともあった。ラフマニノフはずっと眼を閉じて聴いていた。ルービンシュタインは試験を受ける生徒のような気分で、黙って自分の演奏を聴いていた。終わると、ラフマニノフは言った。「ピアノの音程が狂っている」。それだけだった。

しかしルービンシュタインは、無愛想なのはラフマニノフの性格なのだと理解していた。

大ピアニストたちが休暇を過ごしているカリフォルニアには、二万人以上を収容できる野外演奏会場ハリウッド・ボウルがあった。七月十七日と十八日にラフマニノフが、つづいて八月七日と八日にはホロヴィッツがそれぞれ演奏した。

ホロヴィッツがラフマニノフの協奏曲第三番を弾いた夜は、実に二万三千人の聴衆が集まった。もちろんラフマニノフもこの場にいた。演奏が終わるとこの作曲家は舞台に上がり、二万三千人の聴衆に向かってスピーチした。これは珍しいことだった。

「この曲はこう弾いて欲しいと、かねがね望んでいた通りの演奏でした。この地上で、こんな演奏が聴けると思っていませんでした」

秋になると、ソ連の新聞にラフマニノフの音楽活動五十周年を祝う記念の記事が写真入りで掲載された。記念行事も本人は不在だったが行なわれた。ソ連から亡命した音楽家たちは、ソ連国内では「敵」だったが、この時期、米ソはドイツという共通の敵と戦っているので、いつの間にかラフマニノフは「アメリカにいる同志」となっていた。

ホロヴィッツもこの時期、ソ連で演奏しないかと誘われていた。行けば、姉と再会できるかもしれなかったが、断った。

八月から九月にかけて、ホロヴィッツはハリウッドのリパブリック・スタジオでレコーディングをした。戦争中の数少ないスタジオ録音となる。八月二十七日と九月二十九日にチャイコフスキーの《ドゥムカ》、九月十日にサン＝サーンスの《死の舞踏》のホロヴィッツ自身が編曲したものをレコーディングした。

戦争中の録音が少ないのは、ホロヴィッツの事情というよりも、戦時体制となり、レコード盤の原料となるシェラックが必要軍需品に指定され、民生用への供給が激減したためだった。

ラフマニノフとの別れ

一九四三年二月一日、ラフマニノフはついにアメリカ合衆国の市民権を得て、アメリカのパスポートを手にした。しかし彼がそれを港や空港で提示することは一度もなかった。

二月十二日のシカゴでのラフマニノフの演奏会は、異常なまでの興奮で始まり、ベートーヴェンの協奏曲第一番と《パガニーニの主題によるラプソディ》を弾き終わると、爆発的な大喝采を受けた。ラフマニノフとしても会心の出来の演奏だった。

満足していた大ピアニストを、しかし翌日になって脇腹の激痛が襲う。医師は軽い肋膜炎と診断し、ドクターストップはかけなかった。ラフマニノフは痛みに堪えながらツアーを続ける。シカゴでの喝采が彼を元気づけていた。

ホロヴィッツはその頃、ラフマニノフのソナタ第二番を弾いていた。この曲は一九一三年に書かれたものを、少し冗長だと感じたラフマニノフが一九三一年に書き換え第二稿とした。以後彼はこの第二稿で演奏していたが、ホロヴィッツはその削除部分を復活させ、といって第一稿そのままでもない独自の版にして弾いた。これについてはラフマニノフも了解していた。

作曲家になりたかったホロヴィッツは、ビゼーの《カルメン》の変奏曲を作っているし、ムソルグスキーの《展覧会の絵》も編曲して弾いていた。この《展覧会の絵》については批評家からは「ムソルグスキーの絵の上に落書きをした」と貶されたが、ホロヴィッツは「原曲のよさを強くアピールしたものだ」と平然としていた。

二月十七日、テネシー州ノックスビルで、ラフマニノフのリサイタルが開かれた。苦しそうな様子に、関係者は中止するように言ったが彼は決行した。プログラムにはバッハ、シューマン、リスト、ショパン、そして彼自身の作品が予定されていたが、ショパンのソナタ第二番ロ短調を弾いたところで力尽きた。

残りの演奏会はすべて中止となり、とにかく暖かい所へ行こうと、ラフマニノフはニューオリンズへ向かった。そこに数日滞在することになったが、翌日にはロサンゼルスの家へ帰ることになった。彼はロシア人以外の医者を信用しないという民族主義者だった。彼が信用する医師はロサンゼルスにいるのだ。しかしすぐには出発できない。体調が安定するまで三日待ち、それから汽車に乗った。戦争中だったので軍用車が優先され、ロサンゼルスまでは六十時間もかかる旅となった。

駅には救急車とシャリアピンの息子が待っていた。当人は家に帰りたがったが、病院へ直行した。三日間入院した。

音楽家に限らず芸術家は臨終の際に名台詞を遺す。ラフマニノフの「最後の言葉」として知られているのは亡くなる時のものではなく、この三日間の入院中のものだ。シャリアピンの息子がいる前で、ラフマニノフは自分の大きな手を見て言った。

「私の愛しい手よ。私の哀れな手よ、もう、さよならだ」

本人の希望でラフマニノフはビヴァリーヒルズの自宅に戻った。

三月十日、診断の結果が家族に伝えられた。全身がすでに癌に冒されていた。ホロヴィッツが駆けつけたのは、三月下旬だった。二十一日にサン・ディエゴで演奏しているのでその足で向かったのだろう。どうにか間に合ったのだ。ラフマニノフは若い友人に言った。

「さよなら、もう会えないな」

そして、「私の第一番を弾いてくれ、友よ。他の誰も弾いてはならない」と言った。

ラフマニノフはホロヴィッツが協奏曲の第三番しか弾かないことが不満だったのだ。ホロヴィッツは頷いた。しかし、結局、彼は三番以外は演奏しない。

セルゲイ・ラフマニノフは一九四三年三月二十八日に亡くなった。七十歳の誕生日の五日前だった。

ロシア貴族の家に生まれた音楽家の亡骸は、アメリカ合衆国ニューヨーク州のヴァルハラという小さな町の墓地に葬られた。革命後に祖国を去ってから二十五年と三カ月——ラフマニノフは、ついに一度もロシアの土を踏むことはなかった。ソ連はラフマニノフを反ソ的音楽家と決めつけ、国内で彼の曲が演奏されなくなっていたが、亡くなった時点ではロシアの偉大な作曲家として讃えた。皮肉にも、ナチスという共通の敵が生まれたための米ソ関係の良好化が、ラフマニノフとソ連との関係も修復していたのだ。

ホロヴィッツは、ラフマニノフの死に大きなショックを受けた。

「私にとって父のような人でした」とコメントするのが精一杯で、以後一カ月にわたり演奏会をキャンセルした。

ホロヴィッツの復帰は、四月二十五日だった。ニューヨークのカーネギー・ホールで開かれたチャイコフスキーの演奏会である。これは戦時国債を売るための演奏会で、トスカニーニ指揮NBC交響楽団とホロヴィッツが無償で出演した。プログラムはすべてチャイコフスキーで、《悲愴》交響曲と、《くるみ割り人形》組曲、そしてホロヴィッツをソリストにしてのピアノ協奏曲一番だった。ナチスと死闘しているソ連を支援する意味もあって、ロシアのチャイコフスキーが選ばれたのだ。

この演奏会は全米に放送され録音が遺っていたため、トスカニーニの死後、一九五九年にホロヴィッツの了承を得て、RCAから発売された。

一九四四年、ホロヴィッツはニューヨークのセントラル・パークの近く、九十四丁目の五番街を少

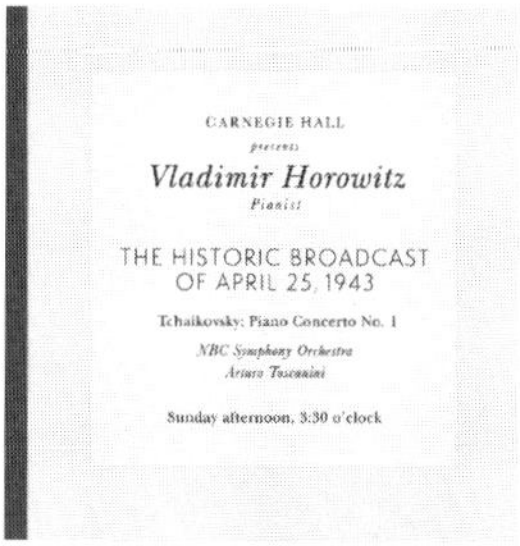

SONY/CH-1
1943年4月25日、トスカニーニ指揮NBC交響楽団とのチャイコフスキーの1番のライヴ。165頁のOJC-22と同じ。

し外れたところに引っ越した。それまではニューヨークではホテルで暮らし、夏はカリフォルニア、秋はトスカニーニ邸で過ごしていたが、ようやくアメリカで「我が家」を得たのだ。劇作家ジョージ・S・カウフマンが住んでいた五階建ての白い石造りの立派な家を買ったのだ。この屋敷にホロヴィッツは絵画のコレクションを飾るようになる。

ホロヴィッツはラフマニノフの死を受けて設立されたラフマニノフ記念基金の会長となり、この音楽家との繋がりをさらに深くした。

ホロヴィッツのレパートリーではラフマニノフの曲はそれほど増えないが、演奏会では、プロコフィエフ、メトネル、カバレフスキー、スクリャービンなどのロシアの音楽家の曲を取り上げるようになっていく。

プロコフィエフのソナタ第七番は一九四三年一月十八日にソ連で、スヴャトスラフ・リヒテル（一九一五〜九七）によって初演されていた。プロコフィエフは第六番に続いて第七番のアメリカ初演もホロヴィッツに託し、春には楽譜が届いた。ホロヴィッツが第七番をカーネギー・ホールで初演するのは翌一九四四年三月十四日だが、その二カ月前の一月十三日にはソ連領事館で、トスカニーニ、ワルターをはじめとする音楽家、評論家など著名人二百名を招待した演奏会で披露した。客席には、親友ミルシテインもいれば、若きレナード・バーンスタイン（一九一八〜九〇）もいた。

一九四三年にホロヴィッツが出た演奏会は十四回で戦争中では最も多い。

一九四四年六月六日、アメリカとイギリスを中心とした連合国軍のノルマンディー上陸作戦が成功したことで戦況は大きく変わり、ドイツの敗色が濃くなっていく。八月二十四日にはパリが解放され、連合国軍は西と東からドイツへ攻め入っていく。

連合国軍がドイツ占領地域を解放していくにつれ、ホロコーストの実態が明らかになっていった。ルービンシュタインは、ポーランドにいる親戚が強制収容所で殺されたことを知った。

絶望に打ちひしがれるピアニストを元気づけたのは、トスカニーニとの共演だった。娘がホロヴィッツと結婚したことが影響したのかもしれないが、トスカニーニはこれまでルービンシュタインとは一度も共演していなかったが、NBC交響楽団の一九四四／四五シーズンの目玉として、ベートーヴェン・フェスティバルを企画し、ピアノ協奏曲もプログラムに入れ、ルービンシュタインを第三番のソリストに指名したのだ。

十月二十九日がトスカニーニとルービンシュタインの共演の日だった。夕方五時半にカーネギー・ホールでNBC交響楽団のコンサートは始まり、全米に放送され、後にレコードにもなった。ルービンシュタインはその興奮がさめやらぬなか、ホテルに帰ると着替えて、八時半からは同じカーネギー・ホールでリサイタルを開いた。先にリサイタルが決まっていたため、一日に二回、演奏するこ

Pristine/PASC171
1945年2月19日、トスカニーニ指揮NBC交響楽団とのブラームス2番のライヴ。

とになったのだ。
ホロヴィッツとしては、義父とライバルとが共演したのは穏やかではなかったかもしれない。

少ない弟子

名ピアニストが名教師になるとは限らない。ホロヴィッツが後進のピアニストに与えた影響は大きいとしても、彼が直接、教えたピアニストは少ない。

そのひとりが、バイロン・ジャニス（一九二八〜）だった。一九四四年二月、当時十六歳だったジャニスはピッツバーグでラフマニノフの協奏曲第二番を弾いた。その客席にホロヴィッツがいた。若いピアニストの演奏に感銘を受けたホロヴィッツは楽屋を訪ね、「ニューヨークへ来たら、連絡をくれるかい。いろいろ話したいし、レッスンもしたい」と電話番号を教えた。

ジャニスは、ブラームスの協奏曲第二番をホロヴィッツのレコードで聴いて、「それまで聴いたなかで最高のひとつだ」と思ったばかりだったの

SONY/CH38
「THE PRAIVATE COLLECTION　1945-1946」
1945年3月28日と1946年4月6日のカーネギー・ホールのリサイタルの一部。
ショパン：マズルカ第19番ロ短調Op.30-2/バーバー：《遠足Op.20》より第1，2，4番/ベートーヴェン：ピアノ・ソナタ第21番ハ長調Op.53《ワルトシュタイン》/ラフマニノフ：練習曲《音の絵》ハ短調Op.39-7（1945年3月28日）
シューマン：幻想曲ハ長調Op.17（1946年4月6日）

で、その当人から声をかけられて感動した。

　こうして、一九四四年の夏から四年間、ジャニスはホロヴィッツの弟子となる。その師弟関係についてジャニスがインタビューで語ったものが、焦元溥『作曲家の意図は、すべて楽譜に！』（森岡葉訳、アルファベータブックス）に収載されている。

　冬になり、ホロヴィッツは十二月二十三日にチェルニーの《思い出》変奏曲を、RCAでレコーディングした。

　ホロヴィッツとトスカニーニの戦争中の慈善演奏会としては、一九四五年二月十九日の幼児性麻痺基金のためのコンサートでの、ブラームスの協奏曲第二番があり、これも録音が遺っている。

　また、三月二十八日のカーネギー・ホールでのリサイタルのうち、ショパンのマズルカ第十九番と、バーバーの《遠足》の第一、二、四番、ラフマニノフの練習曲《音の絵》第七曲の録音が遺っている。

　戦争はしていたが、アメリカ本土は戦場にはなっていないので、演奏会は戦前と変わりなく、行なわれていた。

第八章　演奏会とレコードの両立時代

終戦

一九四五年四月三十日、アドルフ・ヒトラーが自殺した。すでにイタリアでは二十七日にムッソリーニが逮捕され、翌日に処刑されていた。

その直前の四月二十三日には、カーネギー・ホールでホロヴィッツによってプロコフィエフのソナタ第八番がアメリカ初演された。これがホロヴィッツの戦中最後のリサイタルのようだ。

五月七日にドイツは降伏し、ヨーロッパでの戦争は終わった。まだ日本との闘いが残っていたが、五月九日、ニューヨークでは戦争終結を祝う演奏会がセントラル・パークで開かれ、九万人が集まった。ホロヴィッツは自身が編曲したスーザの《星条旗よ永遠なれ》を弾いて、聴衆を熱狂させた。

トスカニーニとNBC交響楽団は五月十八日に戦勝記念演奏会を開き、ベートーヴェンの交響曲第五番を演奏した。Victory のVとローマ数字のVとをひっかけた選曲だった。

日本は八月十五日に昭和天皇がポツダム宣言を受諾するとラジオで全国民と世界へ伝え、九月二日

●1945年から1953年までのセッション録音は、一曲あるいは数曲ずつが1枚のSPで出たが、後にLPにまとめられた。LPは約10年分の音源を作曲家ごとにまとめて出されていくので、録音順と発売順とが一致しない。ここではなるべく録音順に掲載する。

ソニーが出した、RCAとコロムビア（CBS、ソニー）のすべての初出LPとCDをオリジナルジャケットでCDにした60点（70枚）のボックス。本書でOJCとしたのはこのセット内の番号。

に降伏文書に調印した。これで、第二次世界大戦は終わった。

戦争が終わったことで、レコード業界も息を吹き返し、ホロヴィッツも九月からRCAへのレコーディングを再開した。

ホロヴィッツは演奏活動の基本方針として、演奏会を減らし、レコードへ時間を割くことにした。この時代はまだ一面四分程度の七十八回転盤（SP）で、RCAとは年間二十面を録音する契約を結んだ。印税は十二・五パーセントで、一面につき千二百五十ドルが保証された。この金額までは売れても売れなくても支払われる。協奏曲の場合は、ホロヴィッツの取り分は七・五パーセントだが、トスカニーニと共演する場合のみ、五パーセントという条件だった。

演奏会でも、協奏曲は自分だけの練習に加え、オーケストラとのリハーサルが必要となるし、指揮者との相性も関係してくるなど、ホロヴィッツにとってのマイナスが多い割に、報酬もリサイタルより少ない。リサイタルではひとつの会場で二回の契約で一万二千ドルを得られたが、協奏曲の場合は二回か三回弾いて、四千ドルにしかならなかった。そのため、ホロヴィッツが協奏曲

SONY//OJC-7［LM-1137］
「FROM A VLADIMIR HOROWITZ PROGRAM」
RCA7枚目のLP。1945年から47年にのセッション録音のショパンを集めた。
ショパン：アンダンテ・スピアナートと華麗なる大ポロネーズ（1945年9月23日）、ポロネーズ第6番《英雄》（1945年10月6日）、マズルカ第7番（1947年12月22日）、ワルツ第3番（1945年9月23日）、ワルツ第7番（1946年11月29日）

を演奏する機会は、実演でも録音でも少なくなっていく。

ホロヴィッツの戦後最初のレコーディングは九月二十二日、二十三日、十月六日で、プロコフィエフのソナタ第七番、ショパンの「アンダンテ・スピアナートと華麗なる大ポロネーズ」とワルツ第三番、《英雄ポロネーズ》を録音した。ホロヴィッツはプロコフィエフのソナタを三曲、アメリカ初演したが、レコードにしたのは第七番のみだった。

レコーディングを終えると、リサイタルである。確認できるところでは、十一月十六日にロサンゼルスで開いており、一九四六年になると、一月十日にシカゴ、そして三月四日と四月六日、四月二十四日にニューヨークのカーネギー・ホールで演奏し、四月六日の一部の録音が遺っている（二一八頁）その間にはワシントンやフィラデルフィア、ボストンでもリサイタルを開いた。

レコーディングも前回から約一年ぶりの十月二十四日にスカルラッティのソナタを二曲、二十五日にメンデルスゾーンの《厳格な変奏曲》ニ短調、モーツァルトのトルコ行進曲を弾いた。二十九日はメンデルスゾーンの《無言歌》の「五月のそよかぜ」「春の歌」「羊飼いの訴え」「エレジー」で、モーツァルトとメンデルスゾーンのほとんどは、これが唯一の録音と

SONY/OJC-10［LM1171］
「HOROWITZ ENCORES」
RCAの10枚目のLP。1946年と47年のセッション録音から。
モーツァルト：トルコ行進曲K331-III（1946年10月25日）/メンデルスゾーン：無言歌第30番《春の歌》、第40番ニ長調Op.85-4《エレジー》（1946年10月29日）/ドビュッシー：《人形へのセレナーデ》（1947年5月16日）/バッハ（ブゾーニ編）：コラールプレリュード《いざ来たれ、異教徒の救い主よ》（1947年9月6日）/シューマン：《トロイメライ》/プロコフィエフ：トッカータ（1947年11月21日）/ムソルグスキー（ホロヴィッツ編）：《水辺にて》/ホロヴィッツ：ビゼーの《カルメン》の主題による変奏曲（1947年12月22日）

なる。

この時期、ホロヴィッツはレコード会社の依頼もあり、いわゆる名曲を網羅すべく、それまで弾いていない曲にも取り組み、レパートリーの拡大を図るのだが、結局、それは頓挫する。それなりの数の録音があるが、何度も録音している曲が大半なので、曲数としては少なく、ルービンシュタインが、たとえばショパンの大半の曲を録音しているのとは対照的だ。

一カ月後の十一月二十一日にはベートーヴェンの《月光》ソナタをレコーディングした。この時期、リサイタルでも、ベートーヴェンを弾いていたので、それと連動している。四七年二月から四月にかけてカーネギー・ホールでのリサイタルで弾いた《月光》の録音があるので、それとこのセッション録音とを聴きくらべることができる。

翌二十二日はメンデルスゾーンの「結婚行進曲と変奏曲」で、これはリストが編曲したものを、さらにホロヴィッツが編曲したものだ。ホロヴィッツは作曲家を志したこともあり、この時期のリサイタルでは自ら編曲した曲を多く演奏し、聴衆も

SONY//OJC-3［LM1027］
RCAの3枚目のLP。
ベートーヴェン：ピアノ・ソナタ第14番《月光》（1946年11月21日、26日）
モーツァルト：ピアノ・ソナタ第12番ヘ長調K.332（1947年11月6日）

SONY/OJC-15［LM9021］
「VLADIMIR HOROWITZ PIANO MUSIC OF MENDELSSOHN AND LIST」
RCAの15枚目のLP。1946年から51年までに録音されたメンデルスゾーンとリストを集めた。
メンデルスゾーン：厳格な変奏曲ニ短調Op.54（1946年10月25日）、（リスト、ホロヴィッツ編）結婚行進曲と変奏曲（1946年11月22日）/リスト：ラコッツィ行進曲（1949年5月9日）、《詩的で宗教的な調べ》より第7番（1950年12月19日）、《忘れられたワルツ》第1番嬰ヘ長調、巡礼の年「第2年イタリア」より《ペトラルカのソネット第104番》（1951年4月28日）
このジャケットはアンディ・ウォーホルがデザインした。

それを期待していた。だがやがて、クラシック音楽界全体が、演奏者による編曲を忌避するようになってしまう。

　この時期は十一月二十七日にスカルラッティのソナタを二曲、二十九日にショパンのワルツ第七番も録音している。

　演奏会への出演は一九四五年は確認できたものが九回、四六年は七回だった。予定していたのにキャンセルすることが増えてくるのだ。

■コラム　録音の歴史3　ライヴ録音

「レコード」を録音するには、それなりの設備が必要であり、それはレコード会社しか持っていなかった。演奏家たちはオーケストラを含め、レコード会社のスタジオへ行って演奏していた。ホロヴィッツも例外ではない。

現在、CDとして聴ける演奏には、もうひとつ、放送用に録音された音源がある。コンサートの中継のほとんどは生放送だったが、他の国や地域で別の時間帯に放送するために録音されたものもあり、それが後にレコード（LPやCD）となった。

しかし戦後になると、録音機材の進化のおかげで、レコード会社が演奏会場へスタッフを派遣し、機材を持ち込んで録音することが可能となった。その多くはホロヴィッツの存命中に、ホロヴィッツ自身のチェックを経てレコード化されたが、なかには、発売されなかった音源もある。

さらに、ホロヴィッツ自身がカーネギー・ホールのレコーディング・サービス会社に依頼し、一九四五年から五〇年にかけて同ホールで行なったリサイタルを録音させていた。この録音は存命中は発売されることはなかったが、一九八六年にホロヴィッツ自身がイェール大学へ寄贈した。録音されたのは十五回分のリサイタルだが、十四回、あるいは十七回という説もある。

この時にイェール大学に寄贈されたのは、録音だけでなく、書簡、写真、楽譜、プログラム、ロ

SONY/ CARNEGIE HALL BOX
「VLADIMIR HOROWITZ live at CARNEGIE HALL」
カーネギー・ホールでのコンサートのライヴ録音を集めたボックス。CD41 枚と DVD1 枚。1949 年から 1978 年までの 21 のリサイタルの全曲と、1943 年のトスカニーニとのチャイコフスキー、1947 年から 50 年までのリサイタルの一部が収録されている。DVD は 1968 年のテレビコンサート。

イヤリティも記載された契約書など、百六十四箱に及ぶという。ホロヴィッツはイェール大学の講堂で何度もリサイタルをしており、学生との交流会も持ち、一九七〇年には大学からフェローの称号を受け、この大学と深い信頼関係があったので、寄贈したものと思われる。

ホロヴィッツ没後の一九九二年に、妻ワンダからイェール・コレクションをコピーする許可がRCAに出て、一九九四年にCD二枚が発売された。その後も、このコレクションの音源からCD化されているが、全てではない。

戦後のホロヴィッツの「演奏の記録」は、したがって、レコード会社へのセッション録音、演奏会の放送用録音、リサイタルのプライベート録音、リサイタルのレコード会社による録音の四種類が存在する。

二〇一三年にカーネギー・ホールで一九四三年から七八年にかけて行った演奏会のライヴ録音を集大成した『Vladimir Horowitz: Live At Carnegie Hall』(CD四十一枚、DVD一枚)が発売された。

SONY/CH39
「THE PRAIVATE COLLECTION　1947」
1947年2月3日、3月28日、4月28日のカーネギー・ホールのリサイタルの一部。
カバレフスキー：ピアノ・ソナタ第2番／リスト（ホロヴィッツ編）：《水の上を歩くパオラの聖フランチェスコ》（1947年2月3日）／プーランク：間奏曲第2番変ニ長調（1947年3月28日）／カバレフスキー：前奏曲Op.38-1, 3, 8, 10, 16, 17, 22, 24番／ショパン：舟歌／ベートーヴェン：ピアノ・ソナタ第14番《月光》（1947年4月28日）

アメリカ・デビュー二十周年

一九四七年は、カーネギー・ホールでの二月三日、三月二十八日、四月二十八日のリサイタルが録音され、その一部がCDになっている。

二月三日の録音はカバレフスキーのピアノ・ソナタ第二番をアメリカ初演したものだ。この日は他にリストの《水の上を歩くパオラの聖フランチェスコ》のホロヴィッツ編曲版もCDになっている。

三月二十八日のリサイタルでは、プーランクの間奏曲第二番、四月二十八日のリサイタルでは、カバレフスキーの前奏曲から八曲、ショパンの《舟歌》、ベートーヴェンの《月光》ソナタがCDで聴ける。

リサイタルに続き、RCAとの契約に基づくセッション録音もかなり行なっている。

五月十六日と十九日に、ドビュッシー《人形へのセレナーデ》、プーランクのプレスト、リストのハンガリー狂詩曲第六番《ペストの謝肉祭》、ショパンのバラード第一番、夜想曲第五番、リストの《巡礼の年》第一年「スイス」より「泉のほとりで」。

SONY/OJC-1 [LM-1014]
RCA の最初の LP。
ムソルグスキー (ホロヴィッツ版) :《展覧会の絵》
(1947 年 11 月 7 日、12 月 22 日)

夏が終わり、次のシーズンになってからの九月六日に、バッハ（ブゾーニ編）《いざ来たれ、異教徒の救い主よ》、十一月六日にモーツァルトのピアノ・ソナタ 第十二番、七日と二十一日はスカルラッティのソナタK五三一とK八七。

十一月七日と十二月二十二日には、ムソルグスキーの《展覧会の絵》のホロヴィッツ編曲版を録音した。その間の十一月二十一日にはシューマンの《トロイメライ》とプロコフィエフのトッカータ、ムソルグスキーの《水辺にて》のホロヴィッツ版を録音した。《水辺にて》はこれが唯一の録音、《展覧会の絵》は翌一九四八年四月二日のライヴ演奏との聴き比べができる。

そして十二月二十二日、カバレフスキーのソナタ第三番とショパンのマズルカ第七番、ホロヴィッツ編曲の《カルメン変奏曲》を弾いて、この年のレコーディングは終る。

一九四七年にホロヴィッツが出た演奏会は八回だった。

一九四八年はホロヴィッツのアメリカ・デビュー二十周年にあたる。

カーネギー・ホールでのリサイタルの、二月二日と四月二日が、それぞれ一部だがプライベート録音され、CDとなっている。二月二日は

SONY/OJC-12［LM-1235］
「CHOPIN-LISZT ALUBUM」
RCA の 12 枚目の LP として出た、1947 年と 50 年録音のショパンとリストをまとめたアルバム。リスト：ハンガリー狂詩曲第 6 番（1947 年 5 月 16 日、19 日）/ ショパン：バラード第 1 番、夜想曲第 5 番 / リスト：巡礼の年「第 1 年スイス」より《泉のほとりで》（1947 年 5 月 19 日）/ ショパン：ピアノ・ソナタ第 2 番《葬送》(1950 年 5 月 13 日)

ショパンの幻想曲とハイドンのピアノ・ソナタ第六十二番、四月二日のはドビュッシーの練習曲集第一巻第六番《八本の指のために》とムソルグスキーの《展覧会の絵》である。CDにはなっていないが、二月二日のリサイタルではカバレフスキーのソナタ第三番のアメリカ初演もしている。

四月十一日には、アメリカ・デビュー二十周年記念演奏会として、ワルター指揮ニューヨーク・フィルハーモニックとチャイコフスキーの一番を共演した。二十五歳の青年は四十五歳になっていたが、このチャイコフスキーは、二十年前の演奏もこのような感じだったのではないかと思わせる、凄まじい演奏となった。ワルターもホロヴィッツに煽られた。

半年後の十月二十三日はトスカニーニ指揮NBC交響楽団と、ブラームスの二番を演奏し、録音が遺っている。

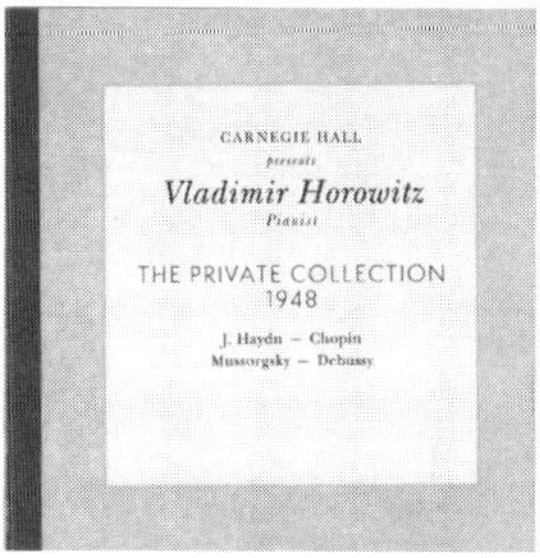

SONY/CH40
「THE PRAIVATE COLLECTION　1948」
1948年2月2日と4月2日のカーネギーホールでのリサイタルの一部。
ショパン：幻想曲Op.49/ハイドン：ピアノ・ソナタ第62番(1948年2月2日)
ドビュッシー：練習曲集第1巻第6曲《8本の指のために》/ムソルグスキー(ホロヴィッツ版):《展覧会の絵》(1948年4月2日)

Archiper/ARPCD0488
1948年4月11日のワルター指揮ニューヨーク・フィルとのチャイコフスキーの1番
1936年2月20日のワルター指揮コンセルトヘボウとのブラームスの1番も。
MA810、MR2214にも収録。

Pistine/PASC092
1948年10月23日のトスカニーニ指揮NBC交響楽団とのブラームス：協奏曲第2番

ドイツ人演奏家の訪米阻止

一九四八年から四九年にかけて、アメリカ音楽界はひとつの問題を抱えた。ナチス時代にドイツに留まって、ハーケンクロイツの旗の下で演奏していた音楽家たちを、アメリカに迎えるかどうかという問題だ。

このシーズン、ピアニストのヴァルター・ギーゼキングと、指揮者フルトヴェングラーがアメリカで演奏すると決まると、たちまち反対の声が上がった。ホロヴィッツはギーゼキングが出演する演奏会シリーズへの出演を拒否すると声明を出した。ギーゼキングはナチス党員だと言われていたからだ。フルトヴェングラーは党員ではなかったが、ドイツで最も有名な音楽家であり、ヒトラーの誕生日を祝賀する演奏会を指揮していた。

フルトヴェングラーのナチス政権下での行動の評価は難しい。彼がナチスの政策をすべて支持していたわけではないし、ユダヤ人音楽家を助けたのも事実だが、政権の庇護のもと、ドイツ藝術が優れていることを世界へアピールしたことが、ナチスの宣伝になったのも事実だった。連合国による非ナチ化審理を経て、フルトヴェングラーは復権していたので、法的にはもう決着はついていた。

しかしユダヤ系の人びとにとっては、親戚や友人、知人の多くがナチスによって殺されており、積極的・消極的であったに問わず、戦中もドイツで演奏していた音楽家を赦すことはできなかった。

フルトヴェングラーがシカゴ交響楽団の首席指揮者になると発表されると、ギーゼキング以上の反響を呼んだ。ルービンシュタイン、ミルシテイン、ピアティゴルスキー、ハイフェッツ、そしてホロヴィッツたちユダヤ系の音楽家は、フルトヴェングラーが正式に首席指揮者として着任したら、以後、シカゴ交響楽団との共演をボイコットするとの声明を出した。シカゴ交響楽団は、フルトヴェングラーの就任を断念した。

ホロヴィッツはこの二人の音楽家について、こう語った。

「もしナチスが戦争に勝ったとして、私がベルリンに招かれて演奏することなど、ありえないだろう。生活のためにドイツで演奏するしかなかった音楽家たちについては理解もするし、同情もするが、この二人はそうではない。彼らは自分でその道を選んだのだ」

ナチスに反対していたのなら、ギーゼキングもフルトヴェングラーも著名な音楽家だったのだから、外国へ出て、いくらでも活躍できた。そうしないでドイツに留まっていたのだから、その責任を取るべきだという考えであろう。

ナチスは戦争中に世界中の音楽家を敵と味方とに二分したが、戦後も別の形で、音楽家たちの反目は続いていた。とくにユダヤ系の音楽家たちのなかには、アイザック・スターンやルービンシュタインのようにドイツでの演奏を生涯にわたり拒んだ者もいるし、フルトヴェングラーやカラヤンとの共演を拒んだ者も多い。

政治的な発言、行動をめったにしないホロヴィッツだったが、この件については、彼も黙ってはいなかったのだ。

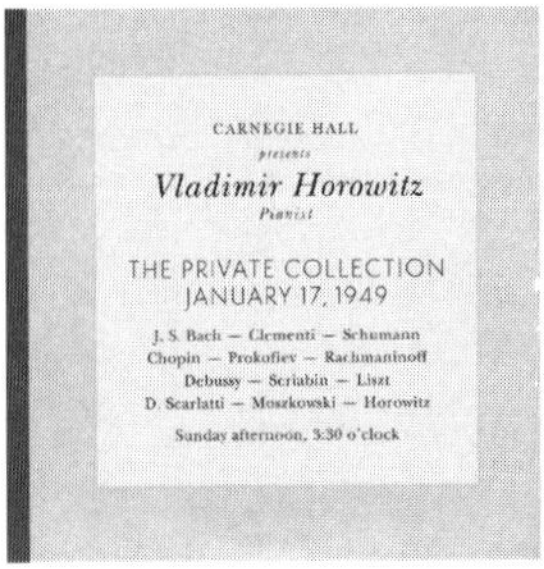

SONY/CH2-3
1949年1月17日、カーネギー・ホールでのリサイタル全曲。演奏(収録)順。
バッハ：トッカータBWV.911/クレメンティ：ソナタイ長調Op.36/シューマン：《アラベスク》/ショパン：ピアノ・ソナタ第2番
プロコフィエフ：バレエ《シンデレラ》からの3つの小品Op.95より《間奏曲（パヴァーヌ）》《ゆるやかなワルツ》/ラフマニノフ：練習曲《音の絵》Op.39-5、Op.39-9/ドビュッシー：練習曲集第1集第4曲《6度のために》、第1曲《5本の指のために》/スクリャービン：練習曲嬰ハ短調Op.2-1/リスト（ホロヴィッツ編）：ハンガリー狂詩曲第15番/(以下アンコール)スカルラッティ：ソナタK.380(L.23)/モシュコフスキ：練習曲変イ長調Op.72-11/ショパン：ワルツ第3番Op.34-2/ホロヴィッツ：ビゼーの《カルメン》の主題による変奏曲

このフルトヴェングラー騒動の渦中、一月二十日、二十一日、二十八日に、ホロヴィッツはシカゴでリサイタルを開いている。

EP盤

一九四九年のホロヴィッツの録音された演奏としては、一月十七日と二月二十一日のカーネギー・ホールでのリサイタルが、いずれもプライベート録音され、アンコールも含めた全曲がCDになっている。三月二十一日も録音されているが、CDで聴けるのは一部で、そのなかにはリストのロ短調ソナタがある。

五月にはニューヨークのタウンホールでセッション録音がなされ、九日にショパンのバラード第三番とリストの《ラコッツィ行進曲》、十一日にショパンのマズルカ第二十七番をレコーディングした。

この五月の録音から、EP盤も発売されるようになった。

SONY/CH4-5
1949年2月21日、カーネギー・ホールでのリサイタル全曲。演奏(収録)順。
メンデルスゾーン：無言歌第33番《巡礼の歌》、第35番《羊飼いの訴え》、第40番ニ長調Op.85-4《エレジー》/ベートーヴェン：ピアノ・ソナタ第7番/スクリャービン：詩曲Op.32-1、詩曲《焔に向かって》Op.72/カバレフスキー：前奏曲Op.38-1, 8, 16, 17, 22, 24
ショパン：マズルカ第7番Op.7-3、第21番Op.30-4、第27番Op.41-2、バラード第3番Op.47/リスト巡礼の年「第2年イタリア」より《ペトラルカのソネット第104番》、《忘れられたワルツ》第1番、(ホロヴィッツ編) ハンガリー狂詩曲第15番/(以下アンコール)スクリャービン：練習曲Op.2-1/クレメンティ：ソナタOp.24-2第3楽章/ブラームス：ワルツ第15番Op.39-15/モシュコフスキ：練習曲Op.72-11/スーザ (ホロヴィッツ編)：星条旗よ永遠なれ

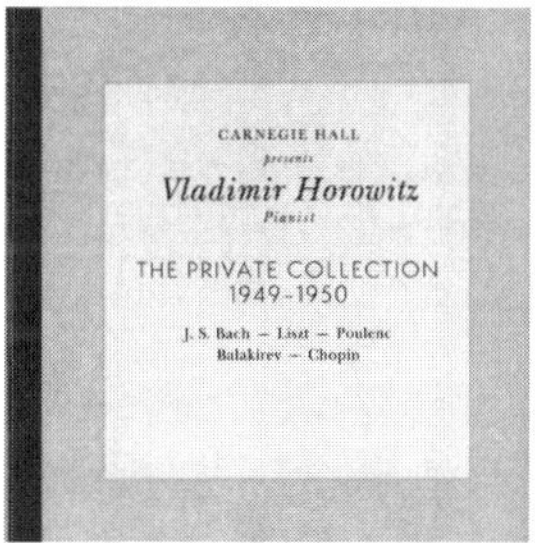

SONY/CH41
「THE PRAIVATE COLLECTION　1949-1950」
1949年3月21日、1950年1月23日、4月24日のカーネギーホールでのリサイタルの一部。
バッハ：トッカータ/プーランク：ノヴェレッテ第1番/リスト：ピアノ・ソナタロ短調(1949年3月21日)/バラキレフ：イスラメイ(1950年1月23日)/ショパン：ポロネーズ第1番/リスト：コンソレーション第4番、第5番(1950年4月24日)

■コラム　録音の歴史4　EP

EP（Extended Play）は、いわゆる「ドーナツ盤」のことで、CDに代わるまで、LPと並ぶ「レコード」として長く存在した。

SPと比べて、小さくて薄くて軽く、なおかつ割れない素材で作られ、真ん中の穴が大きいため「ドーナツ盤」と呼ばれた。一分間に四十五回転する録音方式によるレコードのことで、「四十五回転盤」ともいう。RCAが発明したこの方式でのカッティングは一九四九年二月から行なわれ、ホロヴィッツの録音では一九四九年五月の録音からEP盤として発売され、さらにこれまでSP盤として発売されていたものもEP盤として出し直された。SPとEPとは一面あたりの収録時間がほぼ同じだったので、そのままEPにできたのである。

したがって、ホロヴィッツのEP盤には新録音とSP盤の再発売盤とがあり、再発売盤のジャケットはSPのジャケットをそのまま使っているケースが多い。

だが、同時期にコロムビアがLP方式を発明し、RCAがこれを受け入れた結果、ホロヴィッツの録音は翌一九五〇年五月十日の録音から一分間に三十三と三分の一回転によるカッティングも始められた。

このため、ホロヴィッツの新録音は、EP盤とLP盤とが同時に発売されるようになるが、アメリカでは一九五〇年代中頃にEP盤は終了した。それでも、既発売のものはしばらくの間、EPでの販売も続いた。

LP登場後、クラシックのレコードは大半がLPで、EP盤は日本でいう歌謡曲、欧米でのポップスの「シングル盤」として存在したので、クラシックでのEP盤時代は短い。

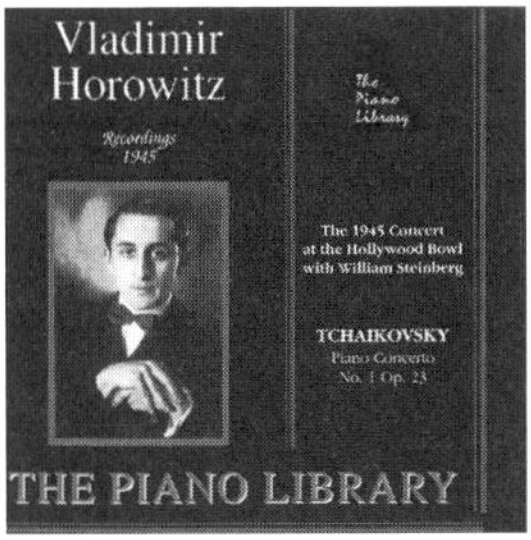

The Piano Library/PL332
1949年8月2日、スタインバーグ指揮ハリウッドボウル管弦楽団とのチャイコフスキーの1番を収録。ジャケットには「1945」とあるが「1949」が正しい。

夏はカリフォルニアにいたようで、八月二日のスタインバーグ指揮ハリウッド・ボウル管弦楽団とのチャイコフスキーの協奏曲第一番の録音がある。

十二月の二十八日と三十日には、RCAへのセッション録音で、ショパンを演奏した。バラード第四番、マズルカ第二十、二十一、三十二、四十、四十一番である。

一九五〇年は一月二十三日、三月二十日、四月二十四日にカーネギー・ホールでリサイタルがあり、プライベート録音され、三月二十日は全曲が聴ける。ショパン、クレメンティ、リスト、スカルラッティ、スクリャービンといった、おなじみの作曲家のおなじみの作品が並ぶ。

セッション録音は五月で、十日、十三日、十五日、十七日にシューマンの《トロイメライ》と《子供の情景》とショパンのマズルカ第三十八番、リストのハンガリー狂詩曲第十五番、ショパンのソナタ第二番、バーバーのソナタ作品二六、スクリャービンの練習曲作品二の一と、《トロイメライ》をもう一度録音した。

六月二十二日と二十九日、ホロヴィッツは、ナタン・ミルシテインとブラームスのヴァイオリンソナタ第三番を録音した。この親友との数少ないレコードでの共演であり、この曲の唯一の録音となる。ライヴ音源ではこの年も夏のハリウッド・ボウル管弦楽団との共演があり、クーセヴィツキーとラフマニノフの協奏曲第三番を共演した。

新しいシーズンのセッション録音は十月十日で、ブラームスのワルツ第十五番、モシュコフスキの練習曲作品七二の六と一一を演奏した。

続いて、十二月十九日にはリストの《詩的で宗教的な調べ》第七番を録音している（「二十九日」説もある）。

十二月二十九日にニューヨークのハンター・カレッジ・オーディトリアムで演奏したスーザの《星条旗よ永遠なれ》のホロヴィッツ編曲版も録音がある。

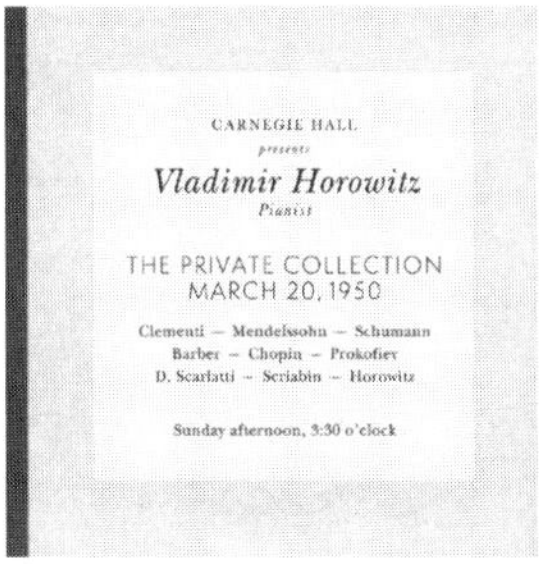

SONY/CH6-7
1950年3月20日、カーネギー・ホールでのリサイタル全曲。演奏(収録)順。
クレメンティ：ソナタOp24-2第1楽章、34-1第2楽章、24-2第3楽章/メンデルスゾーン：厳格な変奏曲Op.54/シューマン：《花の曲》/バーバー：ピアノ・ソナタ変ホ短調Op.26
ショパン：バラード第3番、練習曲第19番、アンダンテ・スピアナートと華麗なる大ポロネーズ、夜想曲第15番/プロコフィエフ：トッカータ/（以下アンコール）スカルラッティ：ソナタK.380（L.23）/スクリャービン：練習曲嬰ハ短調Op.2-1/ショパン：ワルツ第7番/ホロヴィッツ：ビゼーの《カルメン》の主題による変奏曲

SONY/OJC-8［LM-106］
RCAの8枚目のLP。ナタン・ミルシテインとのレコードでの唯一の共演
ブラームス：ヴァイオリン・ソナタ第3番ニ短調Op.108（1950年6月22日、29日）

AS Disc/AS550
1950年8月31日のクーセヴィツキー指揮ハリウッドボウル管弦楽団とのラフマニノフの3番が収録されている。
MR 2212にも収録されている。

SONY/OJC-14［LM-1707］
「Vladimir HOROWITZ　PIANO MUSIC OF CHOPIN」
RCA の 14 枚目の LP。1949 年と 51 年録音のショパンを集めた。
バラード第 4 番 (1949 年 12 月 28 日)、バラード第 3 番 (1949 年 5 月 9 日)、即興曲第 1 番 (1951 年 10 月 11 日)、夜想曲第 15 番 (1951 年 4 月 28 日)、スケルツォ第 1 番 (1951 年 4 月 29 日)、練習曲第 3 番 (1951 年 4 月 29 日)

SONY/OJC-4［LM-1109「シューマン《子供の情景》とショパン：マズルカ」
RCA の 4 枚目のアルバム。
シューマン：《子供の情景》Op.15（1950 年 5 月 10 日）
ショパン：マズルカ第 20 番、第 21 番（1949 年 12 月 28 日）、第 32 番、第 40 番、第 41 番（1949 年 12 月 30 日 ）、第 26 番（1949 年 5 月 11 日）、第 38 番（1950 年 5 月 10 日）

SONY/OJC-5［LM-1113］
RCA の 5 枚目の LP。
ショパン：ピアノ・ソナタ第 2 番変ロ短調 Op.35《葬送》（1950 年 5 月 13 日）
バーバー：ピアノ・ソナタ変ホ短調 Op.26（1950 年 5 月 15 日）

SONY/OJC-59
1951年3月5日、カーネギー・ホールでのリサイタル全曲。演奏(収録)順。2点は同内容。
シューマン:ピアノ・ソナタ第3番第3楽章クララ・ヴィークの主題による変奏曲/モーツァルト:ピアノ・ソナタ第13番変K.333/プロコフィエフ:ピアノ・ソナタ第7番
ショパン:マズルカ第17番、ポロネーズ第1番、第3番《軍隊》、練習曲第4番、第6番、ワルツ第3番/リスト:《忘れられたワルツ》第1番、ハンガリー狂詩曲第6番/(以下アンコール)スカルラッティ:ソナタイ長調K.322(L.483)/メンデルスゾーン:無言歌第25番《5月のそよ風》Op.26-1/スクリャービン:練習曲Op.2-1/モシュコフスキ:《花火》Op.36-6

SONY/CH8-9

戦後初のヨーロッパ

一九五一年もカーネギー・ホールでの三月五日と四月二十三日のリサイタルが録音され、全曲がCDになっている。ショパンの《軍隊ポロネーズ》、《幻想ポロネーズ》、プロコフィエフのソナタ第七番、モーツァルトのソナタ第十三番、ムソルグスキーの《展覧会の絵》、モシュコフスキーの《花火》、ハイドンの変ホ長調のソナタ、メンデルスゾーンの《無言歌》、ブラームスの間奏曲の他、スカルラッティ、スクリャービン、リストなどの曲が並んでいる。

五月八日には、カーネギー・ホールで、ラフマニノフの協奏曲第三番のセッション録音が行なわれた。オーケストラは録音のために編成されたRCAビクター交響楽団で、指揮はフリッツ・ライナーだった。

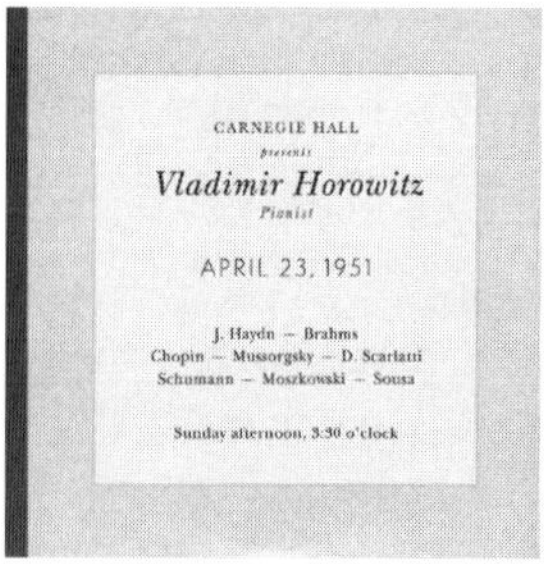

SONY/CH10-11
1951年4月23日、カーネギー・ホールでのリサイタル全曲。演奏(収録)順。
ハイドン：ピアノ・ソナタ第52番/ブラームス：間奏曲Op.117-2/ショパン：ポロネーズ第7番《幻想》、舟歌、夜想曲第15番、スケルツォ第1番
ムソルグスキー（ホロヴィッツ版）：《展覧会の絵》/（以下アンコール）スカルラッティ：ソナタ（K.380, L.23）/シューマン：《トロイメライ》/モシュコフスキ：《花火》/スーザ（ホロヴィッツ編曲）：星条旗よ永遠なれ

秋になって、ホロヴィッツは戦後初めてヨーロッパを訪問した。一九三九年以来十二年ぶりで、十月から十一月にかけてロンドンとパリで演奏し、ロンドンでは一九三六年三月以来となるレコーディングをした。ホロヴィッツの最初期の多くの録音をしたHMV、つまり英国グラモフォンは、一九三一年に英国コロムビアと合併し、EMI（Electric and Musical Industries）となっていた。そのため、ホロヴィッツのHMV録音はEMIからLPあるいはCDとして再発売されることになる。

結果として、最後のEMIへの録音となるのは一九五一年十月十一日で、ショパンの即興曲第一番と夜想曲第十九番、スカルラッティのソナタK一八八とK三二二だった。

EMIはこの後、ホロヴィッツとは録音契約を結ばなかったのだ。

一九五一年のホロヴィッツは十回の演奏会に出たが、五二年、その数は激減して、わずか三回となってしまう。

セッション録音も二回である。一月五日に、ロンドンでも録音したショパンの夜想曲第十九番と、練習曲第四番を演奏しただけだった。この一九五二年一月の夜想曲はLPとしては発売されず、CD時代が来るまで世に出なかった。

SONY/OJC-11［LM-1178］
RCAの11枚目のLP。カーネギー・ホールでのセッション録音。
ラフマニノフ：ピアノ協奏曲第3番ニ短調Op.30(1951年5月8日、10日)
フリッツ・ライナー（指揮）RCAビクター交響楽団

SONY/OJC-13［LM-1718］
RCAの13枚目のLP。カーネギー・ホールでのセッション録音。
ベートーヴェン：ピアノ協奏曲第5番変ホ長調Op.73《皇帝》(1952年4月26日)
フリッツ・ライナー（指揮）RCAビクター交響楽団

前年に続いてライナー指揮RCAビクター交響楽団とのセッション録音が四月二十六日にカーネギー・ホールであり、ベートーヴェンのピアノ協奏曲第五番《皇帝》を弾いた。かつてトスカニーニと初共演した曲だが、その録音はなく、ホロヴィッツの《皇帝》の唯一の録音となる。

翳りの二十五周年

一九五三年はホロヴィッツにとって、アメリカ・デビュー二十五周年、ラフマニノフ没後十年、さらにスタインウェイ創立百年という記念イヤーとなり、各地で記念演奏会が開かれることになっていた。

まずセッション録音だが、一月四日にシューベルトの即興曲変ト長調、二月二十三日にショパンの夜想曲第十九番を録音した。ショパンは前年十

SONY/CH12
チャイコフスキー：ピアノ協奏曲第１番
ジョージ・セル指揮ニューヨーク・フィルハーモニック（1953年1月12日、カーネギー・ホール）

月にも録音し、その音源は発売されなかったので、この二月の再録音が発売される。

レコーディングの間の一月十二日、カーネギー・ホールではジョージ・セル指揮ニューヨーク・フィルハーモニックとチャイコフスキーの協奏曲第一番を共演した。これは録音され、聴くことのできるホロヴィッツ最後のチャイコフスキーとなった。

二月二十五日、カーネギー・ホールでは「シルヴァー・ジュビリー・コンサート」と銘打たれて、ホロヴィッツのアメリカ・デビュー二十五周年記念演奏会が開かれた。

シューベルトのソナタ第二十一番、ショパンの夜想曲第十九番とスケルツォ第一番、ワルツ第三番、スクリャービンのソナタ第九番《黒ミサ》と練習曲、ドビュッシーの《人形へのセレナーデ》、リストのハンガリー狂詩曲第二番、プロコフィエフのソナタ第七番の第三楽章などが演奏され、ライヴ録音もされた。

シューベルトのソナタとスクリャービンの《黒ミサ》は初めてリサイタルで演奏するもので、ホロヴィッツとしては新境地を開こうと意気込んだものだった。しかし、新聞では酷評されてしまった。

SONY/CH13-14
1953年2月25日、カーネギー・ホールでの「アメリカ・デビュー25周年記念ソロ・リサイタル」全曲。演奏(収録)順。
ブラームス：ラプソディー Op.119-4/ シューベルト：ピアノ・ソナタ第21番 / ショパン：夜想曲第19番、スケルツォ第1番
スクリャービン：ピアノ・ソナタ第9番 Op.68《黒ミサ》、練習曲 Op.8-7、Op.42-5/ ドビュッシー：《小さな羊飼い》、《人形へのセレナーデ》/ リスト（ホロヴィッツ編）：ハンガリー狂詩曲第2番 /(以下アンコール)ショパン：ワルツ第3番 / クレメンティ：ソナタ変ロ長調 Op.24-2 第3楽章 / プロコフィエフ：ピアノ・ソナタ第7番 Op.83 第3楽章

SONY/OJC-16［LM-6014］
RCAの16枚目のLP。1953年2月25日の25周年記念リサイタルのライヴ盤。ただし、CH13-14にあるブラームス、ドビュッシーの《小さな羊飼い》、クレメンティは収録されていない。

三月十一日、ホロヴィッツはミネアポリスでのリサイタルを予定していたが、直前になって、体調を崩し、中止になった。

最初はインフルエンザと発表された。しかし、ホロヴィッツの症状は重く、妻ワンダは、飛行機をチャーターしてニューヨークへ戻った。

三月二十三日にはカーネギー・ホールで《月光》ソナタやラフマニノフのソナタ第二番を演奏することになっていたが、これもキャンセルされた。

復帰してから十三年間が過ぎ、彼は再び精神を病むようになっていたのだ。

この次に、ホロヴィッツがステージに現れ、聴衆の前で弾くのは、実に一九六五年まで待たねばならないと、この時、誰が知ろう。

●1945年から50年にかけてのカーネギー・ホールでのプライベート録音（SP盤）の一部が、ホロヴィッツ没後の1994年と95年にBGMから発売になった。カーネギー・ホール・ボックスが出る前は、この盤でしか聴けないものだった。LPではないが、オリジナル・ジャケット・コレクションに収録されているので、ここに掲げる。これらはイェール・コレクションにあるもので、ワンダ夫人の許可が出てSPの原盤からCD化された。

SONY/OJC54［1994年BGMからCD 09026-62643で初出］
「THE PRAIVATE COLLECTION　LIVE PERFORMANCES FROM CARNEGIE HALL 1945-50」
ショパン：マズルカ第19番/ラフマニノフ：練習曲《音の絵》Op.39-7(1945年3月28日)/ショパン：幻想曲Op.49(1948年2月2日)/メンデルスゾーン：無言歌第33番《巡礼の歌》(1949年2月21日)/バッハ：トッカータBWV.911(1949年3月21日)/クレメンティ：ソナタOp.47-2第1楽章、Op.34-1第2楽章、Op.24-2第3楽章(1950年3月20日)/リスト：コンソレーション第4番、第5番(1950年4月24日)

SONY/OJC-55［1995年BGMからCD 09026-62644で初出］
「THE PRAIVATE COLLECTION　LIVE PERFORMANCES FROM CARNEGIE HALL 1945-49」
バーバー：《遠足Op.20》より第1, 2, 4番(1945年3月28日)/カバレフスキー：ピアノ・ソナタ第2番（1947年2月3日）、前奏曲Op.38-1, 3, 8, 10, 16, 17, 22, 24番（1947年4月28日）/ドビュッシー：練習曲集第1巻第6曲《8本の指のために》(1948年4月2日)、練習曲集第1集第1曲《5本の指のために》、第4曲《6度のために》(1949年1月17日)/プーランク：ノヴェレット第1番(1949年3月21日)、間奏曲第2番(1947年3月28日)/プロコフィエフ：バレエ《シンデレラ》からの3つの小品Op.95より《間奏曲(パヴァーヌ)》《ゆるやかなワルツ》(1949年1月17日)

第九章　レコードのピアニスト

■コラム　録音の歴史5　LP①RCA

RCAはSPに代わるものとして、当初はEPに力を入れていたが、LPが登場すると、すぐにLPも出し始めた。LPは当初、七インチ、十インチ、十二インチの三種類があったが、十二インチが主流となる。

ホロヴィッツはRCAとの契約を一九五九年まで続けるが、その後コロムビア（CBS、ソニー）へ移籍する。

SP時代から一九五九年までにRCAに録音した音源は、二十八点（三十枚）の十二インチLPとして発売された。当初はSPで出たもののLP化であり、EP盤も並行して発売されていた時期もある。

新録音がSPとしては発売されず、LP、EPでのみ発売されるのは、LPとしては八枚目になる一九五〇年のナタン・ミルシテインとのブラームスのヴァイオリン・ソナタからと思われる。その後も新録音はEPとLPの両方で同時発売されていたが、十七枚目のLPとなる一九五四年録音のクレメンティからはEPは発売されず、LPのみとなった。この時期からが、真のLP時代と言えるだろう。

一方、イギリスのEMIもLP時代を迎えると、SPとして出していた音源をLPにしていった。ホロヴィッツは一九五一年を最後にEMIとは録音契約をしなかったので、新録音のLPはない。

トスカニーニ引退

一九五三年二月二十五日のアメリカ・デビュー二十五周年記念コンサートを最後に、ホロヴィッツは人前に現われなくなった。

一九三六年五月から三八年九月までの「最初の引退」に次ぐ、「第二の引退」の始まりだった。ホロヴィッツは自宅に閉じこもり、スカルラッティやクレメンティといった作曲家の作品を研究したり、レコードを聴いたりといった日々を過ごすのだ。

引退期とLP時代到来とが重なったのは、ホロヴィッツにとって運がよかった。この新しいメディアの誕生でクラシック音楽の「レコード」市場は飛躍的に拡大し、ホロヴィッツはたとえステージに出なくても知名度と人気を維持できるようになる。むしろ、その演奏は伝説となり、神話化されていく。

ステージから姿を消したのはホロヴィッツだけではなかった。

一九五四年四月四日がトスカニーニの最後のステージとなった。この大指揮者が一度は引退を決めたのは一九三六年のことで、ニューヨーク・フィルハーモニックとの契約を打ち切った。しかし、全米ネットワークのひとつNBCが放送専門のオーケストラを作ることになり、その音楽監督にと口説かれ、トスカニーニは復帰した。それから十七年が過ぎ、いったんは引退を決意した指揮者は八十七歳になろうとしていた。一九五一年には五十四年間連れ添った妻カルラが亡くなり、以後、気力も体力も衰えていった。

それでもトスカニーニはステージに立ち続けた。しかし、それも限界に近づいていた。

体力はまだあった。だが、指揮者にとって致命的な記憶力の衰えを感じるようになっていた。トスカニーニは暗譜、つまりスコアを見ないで指揮をすることで知られていた。そんな指揮者はそれまでにはいなかったが、彼には抜群の記憶力があったので、オペラでもシンフォニーでもスコアを見ずに指揮ができた。

その記憶力が怪しくなってきたのである。記憶障害は、人の名前が思い出せないといった日常生活レベルのことから、オペラの歌詞が思い出せないといったことにまで及んだ。トスカニーニは引退を考えるようになった。

八十七歳の誕生日を迎えた一九五四年三月二十五日、トスカニーニはついに引退を正式にNBCに申し入れた。NBCも覚悟していたので慰留はせず、四月四日を最後の演奏会とすることが内密に決まった。そのことは発表されないまま、当日を迎えた。

演奏会では、トスカニーニの動きが止まるハプニングもあったが、オーケストラがフォローして乗り切った。

トスカニーニの引退を受けて、ＮＢＣは交響楽団の解散を決定した。トスカニーニという看板スターのいないオーケストラに商品価値はないという、企業の冷徹な判断が下された。オーケストラ解散まで、少しだけ時間が稼げた。やりかけのレコーディングの仕事が残っていたのだ。セッション録音していた《仮面舞踏会》と《アイーダ》が、部分的に録り直しを必要としていたため、六月三日に《仮面舞踏会》、五日に《アイーダ》が録音され、それがトスカニーニが指揮棒を振った本当の最後となった。

この一九五四年は二人の大指揮者が退場した年だった。九月二十日、ヴィルヘルム・フルトヴェングラーはベルリン・フィルハーモニーの演奏会を指揮し、二十八日から十月六日まではウィーンでフィルハーモニーと《ワルキューレ》をレコーディングしたが、その後に肺炎となり、十一月三十日に六十八歳で亡くなった。

ブルーノ・ワルターも一九五六年に引退を宣言し、前世紀生まれの指揮者たちは退場し、カラヤンやバーンスタインたちが最前線に躍り出ようとしていた。

交代するのは、指揮者だけではなかった。

ホロヴィッツの子はソニアひとりで、彼女は音楽家にはならなかったが、ホロヴィッツ・チルドレンとでも呼べる、彼から直接・間接に影響を受けたピアニストは多い。ホロヴィッツが直接教え、「弟子」と呼べるピアニストとしては、バイロン・ジャニスをはじめ数人しかいないが、憧れ、私淑していたピアニストは無数にいる。そんなホロヴィッツ・チルドレンのひとりが、グレン・グールド（一九三二～八二）だった。

グレン・グールド登場

グールドはカナダのトロントに生まれ育った。彼の少年時代にあたる一九四〇年代、ホロヴィッツは少なくとも四回トロントで演奏しており、そのうちの二回をグールドは聴いている。さらに、グールドはホロヴィッツのレコードも聴いていたことが分かっている。

大ピアニストになってからのグールドは、ホロヴィッツを否定的に語ることが多いが、それは自分がホロヴィッツの影響を受けたことを隠すためかもしれない。ケヴィン・バザーナによるグールドの評伝『神秘の探訪』によると、公にはならなかったインタビューで「私の人生のある一時期に――ごく短期間でしたが――ホロヴィッツに影響されたことがありました。十五歳頃の、短い、気の動転している時期でした。私の生涯で、不思議な、気まぐれな、まったくおかしなある年で、気が狂ったようにホロヴィッツの真似をしていたのです。その後は止めましたけど――私の覚えている限りでは」

と語っているらしい。

グールドとホロヴィッツはレパートリーがほとんど重ならない。ホロヴィッツはグールドのディスコグラフィの半分近くを占めるバッハをほとんど弾かないし、グールドはショパン、リスト、シューマン、ラフマニノフを弾かない。

しかし《ゴルトベルク変奏曲》のレコードでブレイクする以前のグールドは、ホロヴィッツがコンサートで弾いていた曲をけっこう弾いている。たとえば、スカルラッティのソナタ、リストの《泉のほとりで》、メンデルスゾーンの《厳格な変奏曲》、クレメンティのソナタ、そしてプロコフィエフのソナタ第七番だ。このうち、プロコフィエフはレパートリーに残るが、他は初期にしか弾いていない。まるでホロヴィッツの影響をかき消すかのようだ。

ホロヴィッツがキエフでの少年時代の師、セルゲイ・タルノフスキーに習った過去を消そうとしたように、グールドも少年時代の師からの影響を否定している。しかしホロヴィッツはラフマニノフに憧れ、知り合ってからは親子のような関係を持ったが、グールドはホロヴィッツと会うことはなく、この大ピアニストに憧れた過去を消去してしまう。

天才グールドには「恩師」も「影響を受けた同業者」も存在してはならないのだ。

グールドが頭角を現すのは、戦争末期の一九四四年二月十六日、トロントで開催されたキワニス音楽祭の「ピアノ・トロフィ・コンペティション」での優勝だ。翌一九四五年二月十六日、トロント音楽院で初めてコンサートを開き、オルガンで、バッハの「幻想曲とフーガ」ハ短調などを弾き、トロント・テレグラム紙に絶賛された。以後、カナダでは天才少年ピアニストとしてそれなりに有名になり、一九四六年にはトロント音楽院交響楽団の演奏会で、ベートーヴェンの協奏曲第四番を弾いた。この時はアルトゥール・シュナーベルのレコードを参考にしたという。

グールドはホロヴィッツの影響は否定するが、シュナーベルについては「大きな影響を受けた演奏家」と称えている。シュナーベルはホロヴィッツを西側に出してくれた恩人だが、グールドにも影響を与えているのだ。

一九四八年からグールドは音楽院で学びながら、プロとして年に数回の演奏会に出て、ラジオ番組でも演奏するようになる。一九五三年にはグールドの初のレコードがカナダの小さなレコード会社ホールマーク・レーベルから発売された。一九五一年に録音されたもので、ベルクのソナタ、プロコフィエフのバレエ《シンデレラ》からの〈冬の妖精〉、ショスタコーヴィチの「三つの幻想的舞曲」、タネーエフの歌曲集「十のロマンス」の〈ハープの誕生〉を弾いた。

しかしこのレコードがアメリカの音楽関係者に注目されることはなかった。グールドはまだ「カナダのピアニスト」でしかない。

一九五四年十月にトロント大学内で行なわれたバッハの曲だけの演奏会でグールドは《ゴルトベルク変奏曲》を弾き、それをたまたまアメリカから来ていた音楽ジャーナリストが聴いて衝撃を受け、雑誌に記事を書いた。それをきっかけにグールドは一九五五年一月にワシントンとニューヨークで演奏会を開くことになった。そのリサイタルの客席に、コロムビア・レコード（社名としてはＣＢＳレコード）のマスターワーク部長、デイヴィッド・オッペンハイムがいた。

コロムビアはイギリスのＥＭＩと提携関係にあり、その音源をアメリカで販売していた。ＥＭＩのスター・ピアニストとしてはディヌ・リパッティがいたが、一九五〇年に三十三歳の若さで亡くなっていた。コロムビアは「次のピアニスト」を探している時期だった。

コロムビアはグールドと専属契約を結んだ。グールドが《ゴルトベルク変奏曲》をレコーディングするのは六月で、半年おいて一九五六年一月に発売される。この間、コロムビアはメディアを使って「スター誕生」のストーリーを流布させていた。

かくして、ホロヴィッツが引きこもっている間に、ピアノ界に二十三歳の新しいスターが誕生した。グールドの登場は、ホロヴィッツにも少なからず影響を与える。

ピアニストたちの一九五五年

一九五五年に現役で活躍しているピアニストで、ホロヴィッツよりも年長で、まだまだ活躍しているのは次の人びとだ。ヴィルヘルム・バックハウスが七十一歳、アルトゥール・ルービンシュタインが六十八歳、ヴィルヘルム・ケンプとクララ・ハスキルが六十歳、ロベール・カサドシュが五十六歳。ホロヴィッツと同年のクラウディオ・アラウとルドルフ・ゼルキンが五十二歳。

彼らの次に、ソ連のスヴャトスラフ・リヒテル（四十歳）とエミール・ギレリス（三十九歳）がいるが、リヒテルはまだ西側では知られていない。その下にアルトゥーロ・ベネデッティ・ミケランジェリ（三十五歳）、サンソン・フランソワ（三十一歳）がいる。

グールドは二十三歳で、彼と同世代の一九三〇年代生まれのピアニストたちも、すでに脚光を浴びつつあった。フリードリヒ・グルダは二十五歳で、すでに一九四六年に十六歳でジュネーヴ国際音楽コンクールで一位となっている。アルフレート・ブレンデルは二十四歳で、十八歳でブゾーニ国際コンクールで入賞していた。

ヴラディーミル・アシュケナージは十八歳でまだ音楽院の学生だったが、五五年のショパン・コンクールで二位になり、五六年にはエリーザベト王妃国際コンクールで第一位になる。ダニエル・バレンボイムはまだ十三歳だが、一九五五年にイギリスでコンサート・デビューしている。

マルタ・アルゲリッチは十四歳で、彼女は八歳でデビューしており、五五年にアルゼンチンからウィーンへ渡ったところだ。五七年にブゾーニ国際コンクールとジュネーヴ国際コンクールで一位になるも、一時演奏できなくなり、ホロヴィッツのもとへ向かう。

マウリツィオ・ポリーニは十三歳だ。彼が有名になるのは五七年のジュネーヴのコンクールで二位になった時なので、一九五五年はまだ世界的には知られていない。

二十世紀の半ばにあたる一九五五年は、この半世紀前から活躍している大ピアニストと、この後の半世紀にわたり活躍する若きピアニストたちの双方が活躍する、ピアニスト群雄割拠時代だった。いくらでもスター・ピアニストはいた。

この状況下、ホロヴィッツは「ステージに出ないピアニスト」となってしまった。

幻のピアニスト

トスカニーニがステージとオーケストラと別れようとしていた一九五四年前半、ホロヴィッツは自分自身と格闘していた。体力的にも衰えていたが、気力のほうが問題のようだった。

当初は予定していたリサイタルは延期と発表されたが、やがて中止となり、次の契約を結ぼうとしなくなる。「引退宣言」をしたわけではなく、ただ単に、ホロヴィッツは姿を見せなくなった。

それでも音楽から離れたわけではなかった。ピアノを弾かなくなったわけでもない。このピアニストは、亡くなる直前までピアニストではなかった時間が一秒もない人なのだ。

戦争前の「最初の引退」の時と同じだった。しかし、あの時はラフマニノフがいて、プライベートで一緒に弾いてくれ、相談相手にもなってくれたが、彼はもういない。

ホロヴィッツは孤独だった。実の父はとうに亡くなり、父のようだったラフマニノフもいない。まだ義父トスカニーニがいるがこのマエストロは、長い音楽家人生でスランプとか鬱になったことのないひとだった。病気や怪我で弾けなくなったのなら分かるが、精神的な理由で人前で演奏できなくなることが、トスカニーニには理解できなかったであろう。義父は、ホロヴィッツには何のアドバイスもしないし、むしろ、無言の圧力をかけ、ますますホロヴィッツを追い詰めたとも言える。

SONY/OJC-17［LM-1902］
「HOROWITZ PLAYS CLEMENTI SONATAS」
RCAの17枚目のLP。ここからLPの前提で選曲・録音していく。
クレメンティ：ソナタト短調Op.34-2、ソナタヘ短調Op.14-3、ソナタ嬰ヘ短調Op.26-2(1954年10月16日、21日、ホロヴィッツ邸での録音)

ホロヴィッツはニューヨークの自宅に引きこもった。自宅で弾くのは平気だった。そこで自宅でレコーディングをすることを思いついた。かくして、「レコードのピアニスト」としてのホロヴィッツの生活が始まる。

一九五四年十月十六日と二十一日、ホロヴィッツは自宅にRCAの録音チームを呼び、クレメンティのソナタ三曲をセッション録音した。この録音から、EP盤とLP盤との同時発売はなくなり、LP盤のみが発売された。

次の自宅でのセッション録音は一九五五年一月で、スクリャービンのピアノ・ソナタ第三番と十六の前奏曲を弾いた（録音日については「一九五六年五月十四日」としてある史料もあるが、石井氏によると、実際は一九五五年一月にホロヴィッツ邸で録音したものを、録音エンジニアが記入ミスをして「一九五六年五月九日、十四日」となってしまったという。この件は一九五七年にジャック・ファイファーが雑誌「ハイフィデリティ」で指摘している）。

クレメンティもスクリャービンも、ショパンやリスト、あるいはベートーヴェンに比べれば、知名度と人気の点でかなり劣る。しかし、RCAはホロヴィッツを腫れ物に触るように扱っていたので、これを受け入れた。弾いてくれるのならなんでもいい、という状態だったのだ。

SONY/OJC-18［LM-2005］
RCAの18枚目のLP。
スクリャービン：ピアノ・ソナタ第3番嬰へ短調Op.23、前奏曲Op.11-1, 3, 9, 10, 13, 14, 16, Op.13-6, Op.15-2, Op.16-1, Op.16-4, Op.27-1, Op.48-3, Op.51-2, Op.56-20, p.67-1［1955年1月、ホロヴィッツ邸］

たしかにそうだった。次のレコーディングは一年半近く後になってしまうのだ。

寒い国から来たピアニスト

第二次世界大戦ではナチス・ドイツという共通の敵がいたため蜜月だった米ソ関係は、戦後は「冷戦」と呼ばれる緊張関係にあり、ソ連は国境を閉ざし、音楽家たちの相互訪問も途絶えていた。しかし一九五三年に最高指導者スターリンが亡くなると、後継のフルシチョフ政権は大きく政策転換し、国内的には「雪解け」と呼ばれる自由化が進み、外交ではアメリカとの緊張緩和路線を取った。

一九五五年七月、スイスのジュネーヴで、戦後初の米英仏ソ四か国の首脳会談が開かれ、その際に、フルシチョフとアメリカのアイゼンハワー大統領の会談があり、二国間の文化交流を始めることで合意し、まずは、ソ連の音楽家がアメリカを訪問することになった。

世界に誇るべきロシア音楽の伝統は社会主義下でも健在であり、むしろ、商業主義に毒されることのない純粋な藝術は社会主義国でこそ生まれることを全世界へ示す使命を帯びて、最初にアメリカへ行ったのが、ピアニストではエミール・ギレリス、ヴァイオリニストではダヴィッド・オイストラフだった。

ギレリスのアメリカ公演は一九五五年十月三日、ユージン・オーマンディ指揮フィラデルフィア管弦楽団とのチャイコフスキーの協奏曲で始まった。

ギレリスは欧州では知られていたが、アメリカでは無名だった。だいたいアメリカ人は外国について疎い。音楽家たちはアメリカに来て演奏して初めて、アメリカ人に認識される。この時も、開演前は聴衆にとってギレリスは「無名のロシア人」だった。しかしチャイコフスキーが終わると彼は「世界一のピアニスト」になっていた。

翌日、ギレリスとオーマンディとフィラデルフィアの一行はニューヨークのカーネギー・ホールへ乗り込み、前日以上の興奮を呼び起こした。一行はフィラデルフィアへ帰り、六日にラフマニノフの協奏曲第三番を弾いた。ホロヴィッツに対抗するかのような選曲だ。

その後ギレリスは再びニューヨークへ行って、今度はリサイタルでモーツァルト、ショパン、ショスタコーヴィチ、プロコフィエフなどを弾いた。

アメリカ公演の間、ギレリスはトスカニーニとホロヴィッツ夫妻と面談した。それはホロヴィッツにとっても楽しいひと時となった。このとき、彼らはトスカニーニが指揮したショスタコーヴィチの《レニングラード》のレコードを聴いた。それを聴き終えると、トスカニーニは涙を流した。

旧友との再会

ギレリスとの出会いが、ロシア時代の思い出を呼び起こしたのか、一九五六年になるとホロヴィッツは、ミルシテイン、ピアティゴルスキーといったロシア時代からの仲間たちとも会えるようになった。人と会い、話すことで体調も快復したのか、レコーディングも再開した。休む前に録音したクレメンティとスクリャービンのレコードは、それほどは売れなかった。ホロヴィッツはRCAが望んでいるベートーヴェンの「売れるソナタ」の録音を決断し、一九五六年五月、自宅に録音チームを呼んだ。こうして三枚目の自宅でのレコーディングが始まり、九日、十日、十一日、六月五日と行なわれ、《ワルトシュタイン》と《月光》が録音された。

ホロヴィッツは録音を聴いてみて、その音響に満足できず、自宅でのレコーディングに限界を感じ、今後は別の場所で録音しようと決める。そして次はショパンのレコードを作ることでもRCAと同意した。

さらにRCAはラフマニノフの四曲のピアノ協奏曲の録音も提案した。とくに人気のある第二番を希望したが、ホロヴィッツはなかなか同意しない。共演相手としてユージン・オーマンディのフィラデルフィア管弦楽団の名が上がり、打診してみると、オーマンディは「もしホロヴィッツが自宅に百人の楽団員が入るのなら、共演してもいい」と返事を寄越した。ホロヴィッツが自宅でレコーディングしていることは音楽界では有名だったので、皮肉を込めての断り方だろう。

SONY/OJC-19［LM-2009］
RCAの19枚目のLP。
ベートーヴェン：ピアノ・ソナタ第21番ハ長調Op.53《ワルトシュタイン》（1956年5月10日、11日、6月5日、ホロヴィッツ邸）
ベートーヴェン：ピアノ・ソナタ第14番嬰ハ短調Op.27-2《月光》（1956年6月5日）

SONY/OJC-20［LM-1957］
「Horowirz in Recital」RCAの20枚目のLP。
1951年と56年のカーネギー・ホールでのリサイタルのライヴ録音。リサイタルをしていない時期に発売された。
シューマン：クララ・ヴィークの主題の変奏曲（ピアノ・ソナタ第3番第3楽章）/ショパン：マズルカ第17番（1951年3月5日）/ハイドン：ピアノ・ソナタ第52番/ショパン：ポロネーズ第7番《幻想》/スカルラッティ：ソナタホ長調K.380（L.23）/ブラームス：間奏曲変ロ短調Op.117-2/モシュコフスキ（ホロヴィッツ編）：《花火》/スーザ（ホロヴィッツ編）：星条旗よ永遠なれ（1951年4月23日）/スクリャービン：前奏曲Op.11-5、前奏曲Op.22-1（1956年5月14日とあるが、1955年1月が正しい）

フィラデルフィア管弦楽団は当時コロムビアと契約していたので、オーマンディが了解しても実現は困難だった。だいたいホロヴィッツ自身に、第三番以外を演奏する気がないし、気苦労の多いオーケストラと共演したいとは思わない。

結局、ラフマニノフ協奏曲全集は幻の企画となり、ホロヴィッツのディスコグラフィには第三番がいくつもあるだけで、他の曲は一回も録音しなかったしコンサートでも演奏しなかった。

この頃、ホロヴィッツとルービンシュタインは二十年ぶりに和解した。

仲介したのはホロヴィッツの妻ワンダだった。ホロヴィッツ夫妻の娘ソニアは、偉大な祖父と偉大な父を持ったせいか、思春期を迎えると精神が不安定になり、ワンダを悩ませていた。最初はピアノを、次にはヴァイオリンを習ったが、続かない。彼女は次第に絵に夢中になった。ソニアは一族では伯母ワリー以外とは口もきこうとしなくなった。

ルービンシュタインはホロヴィッツとは決して会おうとしなかったが、ワンダとは音楽関係のパーティーなどで顔を合わせれば、言葉を交わす仲だった。そこでワンダは、ルービンシュタインの娘にソニアの友だちになってくれないかと頼んだのだ。ルービンシュタインは了解した。そこでさらにワンダはホロヴィッツとも会って欲しいと頼んだ。ワンダは、娘と夫のそれぞれの友だちを求めていたのである。

ルービンシュタインは、ホロヴィッツが二十年前の昼食の約束を破った件で正式に文書で謝罪することを求め、ホロヴィッツがそれに応じたため、ようやく二人は再会した。

いったん会えば二人の関係は二十年前に戻った。それは、常にホロヴィッツが何かを求め、ルービンシュタインがそれを与えるという関係だった。ルービンシュタインにとっては何もいいことはない関係だ。夜中に電話で叩き起されるなど、ルービンシュタインはこの旧友に、またも振りまわされることになった。

二つの悲劇

復帰に向けて、少しずつ進んでいたホロヴィッツだったが、一九五七年に二つの悲劇が彼を襲った。

引退したトスカニーニは一九五六年の大晦日、ヨーロッパにいる子供たちも集め、盛大な年越しのパーティーをした。トスカニーニとワンダ、娘ソニアももちろん同席した。トスカニーニは子供や孫に囲まれて嬉しそうで、元気だった。いつになくよく喋っていた。

興奮したのがいけなかったのか、翌日――つまり一九五七年一月一日朝、トスカニーニは脳血栓で倒れた。しかし午後には意識が戻り、数日後には歩けるようになるまで快復した。

一月十五日、ホロヴィッツは七カ月ぶりにレコーディングをした。自宅ではなく、ハンター・カレッジのオーディトリアムを試しに使ってみることにして、ショパンのスケルツォ第三番を録音した。

その翌日の朝、トスカニーニが亡くなった。九十歳の誕生日の三週間前だった。聖パトリック教会での葬儀は三日後の一月十九日だった。ホロヴィッツが到着したのは開始時刻の直前で、「私が茶を飲み、クラッカーを食べ終わるまで式を始めるな」と言って、周囲を驚かせた。

二月二十三日、ホロヴィッツは一九五三年二月二十五日のアメリカ・デビュー二十五周年リサイタル以来、ちょうど四年ぶりにカーネギー・ホールに現われた。

しかし、リサイタルを開くためではなく、この名門ホールをレコーディング・スタジオとして使おうという大胆な試みのためだった。周囲は、ホロヴィッツが自宅から出て、たとえ録音のためでもカーネギー・ホールで演奏することに、コンサート活動への復帰の前兆だと期待した。実際、ホロヴィッツもかなりその気になっていた。

ショパンのレコーディングは二月二十三日と五月十四日に行なわれ、スケルツォ第二番、舟歌、夜

SONY/OJC-21［LM-2137］
「HOROWITZ PLAYS CHOPIN」
RCA の 21 枚目の LP。ショパン・アルバム。
カーネギー・ホールでのセッション録音。
スケルツォ第 2 番（1957 年 2 月 23 日）、夜想曲第 3 番 Op.9-3（1957 年 5 月 14 日）、第 4 番 Op.15-1、第 7 番 Op.27-1、第 2 番 Op.9-2（1957 年 2 月 23 日）、舟歌（1957 年 2 月 23 日）、スケルツォ第 3 番（1957 年 1 月 15 日）
この写真は娘ソニアが撮った。

想曲第二、三、四、七番、そしてホロヴィッツが新しく編曲した《カルメン幻想曲》が録音された。

《カルメン幻想曲》はホロヴィッツのリサイタルでのアンコール曲の定番である。いままで演奏していたものに手を加え、規模の大きな曲に作り直したのは、演奏活動再開の準備のひとつでもあった。ホロヴィッツが望めばすぐに復帰リサイタルができるよう、カーネギー・ホールの空いている日から、何日かが選ばれ、仮予約が入れられた。

機は熟した――かのように思われた。

しかし、六月三十日、ホロヴィッツ家をこの年二つ目の悲劇が襲った。ソニアが交通事故で瀕死の重傷を負ったのだ。トスカニーニの死は九十歳になろうとする老人の、いわば大往生だった。ホロヴィッツとしても予期していたことであり、哀しみはあったが、衝撃はそれほどではない。しかし、まだ二十四歳のソニアが生死をさまよう事態になったことはホロヴィッツにとって衝撃だった。

事故はイタリアで起きた。ソニアはホロヴィッツとワンダと暮らすことを拒絶し、イタリアにいる伯母ワリーのもとで暮らしていたのだ。リヴィエラの海岸でモータースクーターに乗っていて電柱に激突し、頭蓋骨骨折という大事故だった。警察からの報せでワリーが現場に到着した時は、警官から「もう亡くなっている」と言われた。しかしワリーはそれを認めず、通りかかった自動車にソニアを乗せ、米軍のヘリコプターを手配して、ミラノの病院へ運ばせた。ソニアは緊急手術をして、一命はとりとめたものの、意識は戻らない。

ワンダはすぐにイタリアへ向かったが、ホロヴィッツはニューヨークに留まった。そして再び、人前に出なくなってしまう。リサイタルの再開は無期延期となり、レコーディングも中断した。

ホロヴィッツがカーネギー・ホールを録音のために訪れるまでには、二年の歳月が必要だった。

RCAとの決別

ホロヴィッツが隠遁生活をしている間に、ピアノ界には何人もの新星が現われていた。

一九五七年のジュネーヴ国際音楽コンクール・ピアノ部門ではマルタ・アルゲリッチが一位、マウリツィオ・ポリーニが二位となった。アルゲリッチはブゾーニ国際ピアノ・コンクールでも優勝した。アメリカではカナダのグレン・グールドが精力的にレコーディングとコンサート活動を続けている。

さらに一九五八年、ソ連のモスクワで第一回チャイコフスキー国際コンクールが開催され、ソ連のピアニストを優勝させようという政府と共産党の思惑が外れ、アメリカ人のヴァン・クライバーンが優勝し、一躍、アメリカの国民的英雄となって凱旋した。

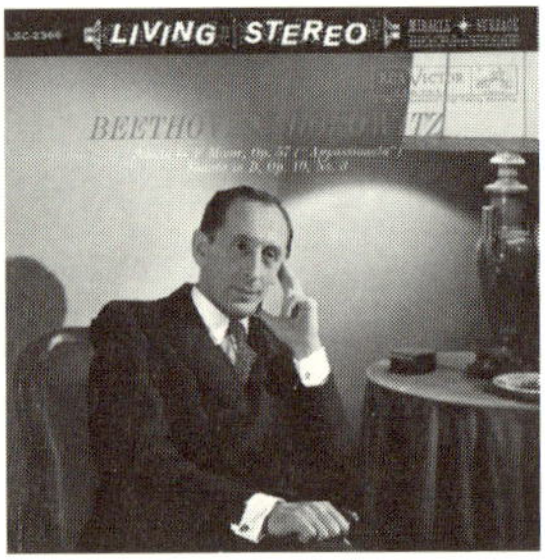

SONY/OJC-24［LSC-2366］
RCA の 24 枚目の LP。カーネギー・ホールでのセッション録音。
ベートーヴェン：ピアノ・ソナタ第 23 番ヘ短調 Op.57《熱情》（1959 年 5 月 14 日、18 日、25 日）ベートーヴェン：ピアノ・ソナタ第 7 番ニ長調 Op.10-3（1959 年 5 月 29 日、6 月 10 日）

一九五九年五月、ようやくホロヴィッツはレコーディングを再開した。再びベートーヴェンに集中することにし、《熱情》ソナタを五月十四日、十八日、二十五日に、ソナタ第七番を五月二十九日と六月十日に録音した。これはホロヴィッツの初めてのステレオ録音となり、翌六〇年に発売される。

だが後が続かない。この二曲も録音日のデータが示すように何日もかけてレコーディングされており、それはホロヴィッツが気に入らなくて、何度もやりなおすためだった。RCAはなかなか弾こうとしない、我が儘なピアニストに手を焼くようになった。ホロヴィッツは、自分のことも音楽のことも理解しないレコード会社に嫌気がさしてきた。RCAは相変わらずラフマニノフの四つの協奏曲を録音しろと言ってくる。それが嫌ならば、ベートーヴェンの五曲はどうかと言う。あるいは、ガーシュウィンの《ラプソディー・イン・ブルー》のような人気曲も提案した。そのすべてが、ホロヴィッツには気に入らない。

RCAの販売部にしてみれば、ホロヴィッツは売れないのに我が儘な演奏家だった。レコード会社にとってはコンサート活動は販売促進の機会なのに、ホロヴィッツはそれをしないし、マスコミに出て宣伝することもし

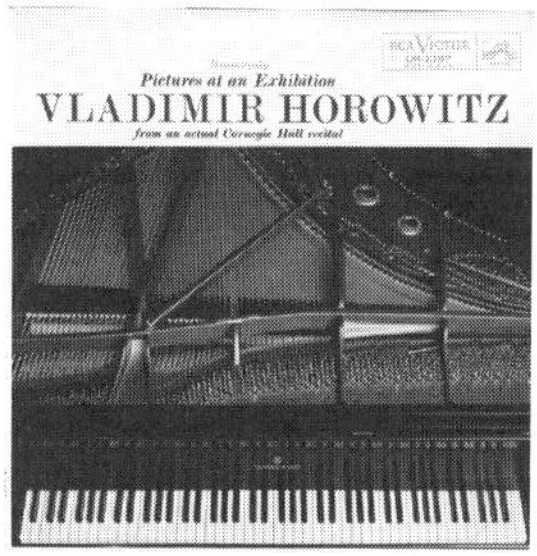

SONY/OJC-23［LM-2357］
RCAの23枚目のLP。1951年4月23日のカーネギーホールのリサイタルから、この曲だけが発売された。
ムソルグスキー（ホロヴィッツ版）：《展覧会の絵》（1951年4月23日）

SONY/OJC-22［LM-2319］
1943年4月25日、トスカニーニ指揮NBC交響楽団とのチャイコフスキーの1番のライヴ。CH-1にも収録。

ない。RCAの社内では、ホロヴィッツをめぐり制作部門と販売部門との間で軋轢も生じていた。

RCAは新録音をしないのならと、一九四三年四月のトスカニーニとのチャイコフスキーの協奏曲、一九五一年録音の《展覧会の絵》を出すことにした。

ホロヴィッツがステージにも出ず新録音もしていない間の一九六〇年三月、第五回ショパン国際ピアノ・コンクールでイタリアのポリーニが優勝した。これまではソ連かポーランドからしか優勝者が出ていなかったので、両国以外では初の受賞だった。ショパン生誕百五十年でもあることから、コンクールの名誉審査委員長にルービンシュタインが就任し、故国ポーランドに凱旋した。これも東西の緊張緩和の一端だった。

米ソ友好の象徴として、一九六〇年秋にはソ連のリヒテルがアメリカ・ツアーを行ない、その迫力と深淵さで音楽ファンの度肝を抜いた。

ホロヴィッツのライバルたちが、さまざまな形で登場していた。

しかし一九五九年から二年にわたり、ホロヴィッツとＲＣＡとの確執は続き、結局、その後一曲も録音しないまま一九六一年の契約期間満了を迎えた。ホロヴィッツとＲＣＡとの契約更新交渉は金銭面を含めた諸条件で合意できなかった。ホロヴィッツに代わってワンダが交渉の場に臨むが、ＲＣＡがホロヴィッツのレコードに宣伝費を使おうとしないと激怒し、交渉は決裂してしまった。

かくして、一九二八年三月二十六日に初録音して以来、途中で中断した期間があったにしても、ずっと続いていたホロヴィッツとＲＣＡとの関係に、いったん終止符が打たれた。

第十章　新天地

新天地

ホロヴィッツがＲＣＡと決別しそうだと知ったコロムビアは、さっそく、ホロヴィッツに専属契約を打診した。

ホロヴィッツのもとにはロンドンのＥＭＩからも打診があった。かつてのＨＭＶである。このロンドンのレコード会社との関係を復活させることに、ホロヴィッツの気持ちは動いた。

しかしコロムビアは、クラシック音楽のレコードで急成長というか拡大戦略を取り、破竹の勢いにあった。ワルター、ストラヴィンスキー、バーンスタイン、オーマンディ、セル、アイザック・スターンらが専属契約を結んでいた。ホロヴィッツが望めば彼らとのレコードでの共演も可能だ。

ホロヴィッツはコロムビアへ移籍することを決断した。このレーベルにグレン・グールドがいることを彼が意識したかどうかは分からない。

グールドは一九五六年に《ゴルトベルク変奏曲》のレコードがアメリカで評判になると、同年秋からのシーズンは四十四回の演奏会に出た（オーケストラとの共演を含む）。前年がカナダを中心に十五回だったので飛躍的に増えた。次の五七／五八シーズンはソ連・ヨーロッパを含めて三十四回、五八／五九シーズンはヨーロッパを含め五十八回だった。しかしこれが最高で以後グールドの演奏会出演回数は減っていく。

ピアニストたちはナイーヴだった。求められるままに引き受けた仕事がいつしか苦痛になっていく。旅の疲れもあり、身体へのストレスの蓄積が心理にも影響していく。グールドは早くも一九五八年暮れに、インタビューで「三十五歳までに引退したい」と発言している。この年、二十五歳である。

コロムビアとホロヴィッツは三年契約を結び、年に二枚、合計六枚のLPを出すことになった。RCAと収録曲でもめることが多かったので、ホロヴィッツはどんな曲を録音してもいいとの保証を求め、コロムビアは受け入れた。さらに広告宣伝も積極的にすることを約束した。

三月にホロヴィッツのコロムビアへの移籍が発表されると大ニュースとして報じられた。ホロヴィッツも取材に応じた。

■コラム　録音の歴史6　LP②コロムビア（CBS）

コロムビア・レコードはRCAよりも長い歴史を持つ。起源は一八八八年に設立されたノース・アメリカン・フォノグラフの子会社「コロムビア・フォノグラフ」だった。一八九四年に同社はアメリカ・グラモフォンを買収し、一八九七年にはイギリスにイギリス・コロムビアを設立、これが後にEMIになる。

アメリカのコロムビアは、一九〇六年に社名をコロムビア・グラフォフォンとした。

一九二七年、アメリカの興行師アーサー・ジャドソンは新メディアのラジオに参入すべく、放送会社ユナイテッド・インディペンデント・ブロードキャスターを設立するも、資金が足りなくなり、出資者を求め、それに応じたのがコロムビアだった。こうして、ユナイテッド社は、CBS（Columbia Broadcasting System）として本格的に放送事業を始めた。

初期の放送は興行会社とレコード会社によって作られたのだ。両者とも放送によって自社の事業が脅威にさらされそうなので、先手を打ったつもりだったのだろう。その不安は的中し、放送事業は飛躍的に伸び、レコード産業は一時、斜陽化する。その結果、コロムビアは一九三八年には子会社のはずのCBSに買収されてしまった。しかし、レーベルとしてのコロムビア・レコードはその後も続くので、本書では、放送局のCBSと区別するためにも、「コロムビア」と記す。

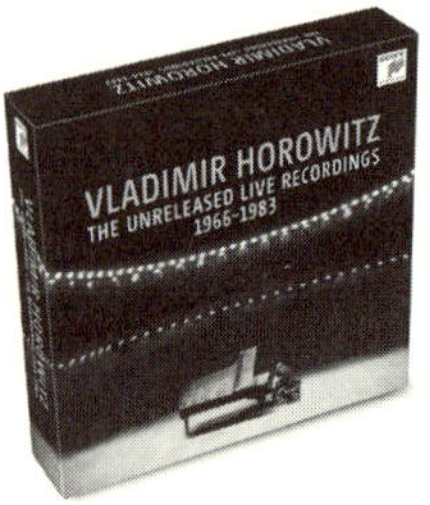

SONY LIVE REORDINGS BOX
「VLADIMIR HOROWITZ　THE UNRELEASED LIVE REORDINGS 1966-1983」
コロムビアとRCAが1966年から83年にかけて録音した、各地のリサイタル合計25回分を全曲収録したもの。50枚。

ホロヴィッツとコロムビアの契約は一九六二年から一九七四年までで、この間に、新録音のLPを十四点（十六枚）発売した。

セッション録音が六点で、八点は一九六五年の「ヒストリック・リターン」を含め、演奏会をライヴ録音し、編集する方式で作られた。

六五年の「ヒストリック・リターン」以後、コロムビアは米国内のコンサートの大半に録音チームを派遣し、七五年からはRCAが引き継ぎ、両社はそうして得られた音源から、ホロヴィッツがレコードにしていいと認めたものだけを、さまざまなLPに収めていた。

二〇一五年、一九六六年から八三年にかけて、二社が保有していた全米主要都市とロンドンでの二十五回分のリサイタルと協奏曲のコンサート一回のライヴ録音がCD五十枚のボックス「VLADIMIR HOROWITZ THE UNRELEASED LIVE REORDINGS 1966-1983」（「リサイタル・ライヴ・ボックス」とする）として発売された。これにより、一九六五年以降のホロヴィッツのリサイタルの多くを聴くことができる。

レコード作りにおいての最重要課題は録音場所だった。ホロヴィッツは自宅でもカーネギー・ホールでもない場所でのレコーディングを望み、コロムビアのスタッフは、ニューヨークの三十丁目にあった教会堂を改造して作ったスタジオを提案した。ホロヴィッツは試しに弾いてみて気に入ったので、ここでの録音に合意した。

そうなると次は何を録音するかだった。RCA時代は、レコードとリサイタルとは別のものと割り切り、ひとりの作曲家の作品で一枚のLPを作ることを原則としていたが、コロムビアの最初のレコードでは、実際のリサイタルと同じように、さまざまな作曲家の曲で一枚のLPを構成しようと考えた。

ベートーヴェンのソナタだけとか、ショパンのバラードだけの演奏会といった、ひとりの作曲家の同じジャンルの曲だけのリサイタルなど、当時は考えられなかったが、レコードではそういうものが求められていた。

ホロヴィッツはそれに不満を感じ、実際のリサイタルのように、何人もの作曲家の曲で構成される一枚のLPを作ってみたかったのだ。選曲の決定権はホロヴィッツにあったので、この意見が通った。

SP時代は一曲で一枚だったので、盤の構成を考える必要はなかったが、LPになり、片面二十数

SONY/OJC-38［KS-6371］
「Vladimir Horowitz」
コロムビアの最初のLP。
3年ぶりのセッション録音。
シューマン：《アラベスク》ハ長調 Op.18
ショパン：ピアノ・ソナタ第2番変ロ短調 Op.35《葬送》
ラフマニノフ：練習曲《音の絵》ハ長調 Op.33-2、変ホ短調 Op.33-5
リスト：ハンガリー狂詩曲第19番ニ短調
（1962年4月18日、24日、5月9日、14日）

分の録音が可能となると、どの曲をどの順番に収録するかが問われることになった。オーケストラの場合は交響曲がちょうど両面になることが多いので、一曲一枚になるが、ピアノ曲はそうはいかない。レコード会社は、「ショパン名曲集」や「ベートーヴェン三大ソナタ」といったLPを作りたがるが、ホロヴィッツはそうではなかったわけで、これは画期的と言えた。

こうして一九六二年三月三十一日に最初のレコーディングが予定されたが、当日になってホロヴィッツはキャンセルし、コロムビアの関係者を動揺させた。気分の問題ではなく風邪だとホロヴィッツは言い張り、五日後の四月四日を指定した。

四月四日は無事にレコーディングができた。以後、四月十八日、二十四日、五月九日、十四日の四回のセッションで、シューマンの《アラベスク》、ショパンのピアノ・ソナタ第二番、ラフマニノフの練習曲《音の絵》の第二曲と第五曲、リストの《ハンガリー狂詩曲》第十九番とコンソレーション第三番が録音された。

コロムビアは、コンソレーションを除く曲を九月にLP「ヴラディーミル・ホロヴィッツ」として発売した。充分な宣伝もしたので、最初の一週間で十二万枚が売れるというベストセラーになり、一九六三年度のグラミー賞の「クラシック・アルバム」部門を受賞した。音楽の質としても、売上としても大成功だった。

交差するピアニスト

ホロヴィッツのコロムビアでのレコーディングが始まった一九六二年四月、カーネギー・ホールでのニューヨーク・フィルハーモニックの定期演奏会でひとつの事件が起きていた。ソリストにグールドを招いて、バーンスタインの指揮でブラームスの協奏曲第一番が演奏されたのだが、そのテンポについてグールドとバーンスタインの考えが異なった。結果的にバーンスタインが譲ったが、演奏する前にこの指揮者は聴衆に向かって、自分たちは意見が一致しなかったが、今回はピアニストの指定するテンポで弾くと説明したのだ。この演奏会は放送もされ、ライヴ盤としてコロムビアから発売される。

協奏曲において指揮者と考え方が異なることはホロヴィッツにもよくあった。グールドも同じ問題にぶつかっていたのだ。そしてこれが直接の原因、唯一の原因ではないだろうが、グールドはこの頃から真剣にコンサートからの引退を考えるようになっていく。

ホロヴィッツのレコーディングが一九六二年五月に終わり、六月になると同じ三十丁目のスタジオにはグールドがやって来て、バッハの平均律クラヴィーア曲集第一巻第一集を録音した。

グールドの次のセッションは十月十八日と十九日でバッハのパルティータ第三番を録音した。

SONY/OJC-39［MS-6411］
「THE SOUND OF HOROWITZ」
コロムビアの２枚目のLP。
シューベルト：即興曲D.899-3、Op.90-3
シューマン：《子供の情景》Op.15、トッカータ
スカルラッティ：ソナタK.322（L.483）、K.455（L.209）、K.531（L.430）
スクリャービン：詩曲Op.32-1、練習曲Op.8-12《悲愴》、練習曲Op.2-1
（1962年11月6日、13日、29日、12月18日）

ホロヴィッツの次のレコーディングは十一月からだった。二枚目のレコードについてコロムビアはラフマニノフの協奏曲第三番を希望した。協奏曲は人気があったのだ。コロムビアとしてはベートーヴェンでもチャイコフスキーでもいいのだが、ホロヴィッツが同意しそうなのはラフマニノフだったので、それを見越して提案したのだ。オーケストラは、コロムビアが契約しているなかから、オーマンディとフィラデルフィア管弦楽団か、バーンスタインとニューヨーク・フィルハーモニックが候補に挙がった。ホロヴィッツはオーマンディとの共演に乗り気になり、自ら電話をして日程調整までしたが、結局、気が変わり、実現しない。

結局、二枚目もリサイタルを模したアルバムにすることにした。かくして十一月六日、十三日、二十九日、十二月十八日と四回のセッションで、ホロヴィッツはスカルラッティのソナタを三曲と、シューベルトの即興曲作品九〇の三、シューマンのトッカータと《子供の情景》、スクリャービンの詩曲と練習曲を二曲、録音した。一枚目と同じように、リサイタルを模したレコードとなり、「ホロヴィッツの響き」というタイトルで翌六三年四月に発売される。

スカルラッティのソナタだけでは売れない可能性が高いが、こうやっ

て、シューベルトやシューマンと一緒にすれば、その心配はなさそうだった。ホロヴィッツとしては好きなスカルラッティが弾け、コロムビアとしてはシューマンで売上は確保できる。このリサイタル方式は双方にとって利点があった。

ホロヴィッツのセッションの合間を縫って十二月十一日と十二日には、グールドが同じスタジオでバッハのパルティータ第四番を録音した。だが、この曲は満足がいくまでに時間がかかり、翌六三年三月と四月にも録音している。このセッションの最後となる四月九日には、トッカータも録音した。

この一九六二／六三シーズンのグールドは演奏会のキャンセルが多く、十七回しかステージでは演奏しなかった。六二年九月に三十歳になったピアニストは、「三十五歳までに引退」という目標に向かって、計画的に演奏会への出演を減らしているようでもある。

グールドはレコードと放送こそが、これからの演奏家の活動の場だと考えていた。グールドにとって聴衆は、咳をしたりプログラムをガサガサと動かすなどノイズの発生源でしかない。多くの演奏家は聴衆のいる前で、その気配や熱気を感じることで霊感を得て、よりよい演奏ができると信じているが、グールドは聴衆の前で演奏するのが苦痛になっていく。コンサート・ツアーに出るのは、レコードのプロモーション以外の意味はなかった。

ところが、グールドのすぐ近くに、何年もコンサートに出ないのに、ベストセラー・レコードを出すピアニストがいる。ホロヴィッツにできることが、自分にもできないはずがない。すでに充分に名と顔は売った。プロモーションのために演奏してまわる必要などない――グールドがそう考えて不思議ではなかった。

ホロヴィッツは二枚のリサイタル風レコードを作ったことで、演奏会復帰への手応えを摑んでいた。

押しかけてきたピアニスト

そんな時期、ホロヴィッツに「弟子入りしたい」とヨーロッパからやって来たピアニストがいた。マルタ・アルゲリッチ（一九四一〜）である。

アルゲリッチは一九五七年にブゾーニ国際ピアノ・コンクールで優勝し、その名と才能を知られるようになった。六〇年にはドイツ・グラモフォンからレコード・デビューもしたが、その後、まるでホロヴィッツを真似したかのように演奏活動をやめてしまった。ハードな日程での演奏活動に心身ともに疲れてしまったのだ。そんなある日、アルゲリッチのもとに、彼女のレコードを聴いたホロヴィッツから賞賛の手紙が届いた。ホロヴィッツはアルゲリッチとは一面識もなかったのに、レコードに感銘して手紙を書いたのだった。

スランプに陥ったアルゲリッチは一九六一年にイタリアのアルトゥーロ・ベネデッティ・ミケランジェリのもとへ行き、一年半にわたり師事するのだが、その間に受けたレッスンは四回だけだった。同時期には一九六〇年にショパン・コンクールで優勝したポリーニもミケランジェリに師事している。

アルゲリッチは一九六三年初頭、ミケランジェリのもとを去り、かつて手紙をくれたことだけを頼りに、ホロヴィッツに弟子入りするため、ニューヨークへ向った。

しかし、ホロヴィッツはアルゲリッチが面会を求めても、なかなか会おうとしなかった。ようやくアポイントメントが取れたのだが、いざ会えるとなると、アルゲリッチのほうが怖気づいてキャンセルしたという。この件については、アルゲリッチに言わせると、「会える」という確約は取れなかったそうだし、怖気づいたのでもないらしい。また、ホロヴィッツのほうが、自分と似たタイプのピアニストに会うのを避けたという説もあれば、ホロヴィッツの妻ワンダが若いアルゲリッチに嫉妬して会わせなかったという噂もある。

このように諸説あるが、ともあれ、ホロヴィッツに弟子入りしようというアルゲリッチの望みは断たれ、彼女はヨーロッパへ帰った。

そしてアルゲリッチは、改めてピアノと向き合い、一九六五年のショパン・コンクールを目指すのだった。

グールドの決断

ホロヴィッツのコロムビアでの三枚目は当初の計画では初録音となる曲が多く、ベートーヴェンの《悲愴》、ショパンの《革命》エチュードとスケルツォ第一番、ドビュッシーの前奏曲集第二巻の《妖精たちはあでやかな踊り子》《ヒースの荒野》《風変わりなラヴィーヌ将軍》、モーツァルトのアダー

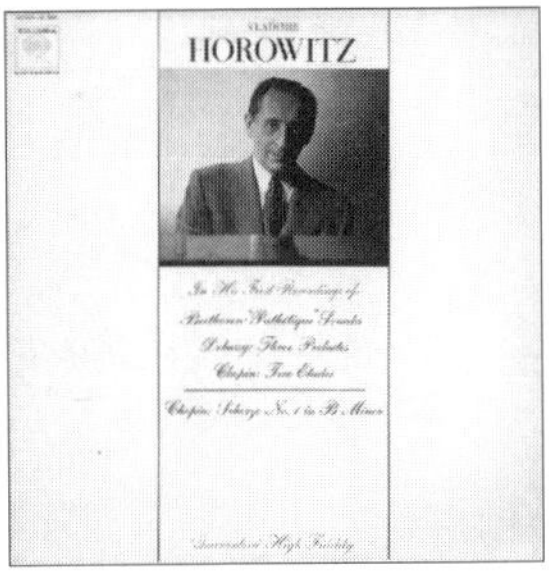

SONY/OJC-40［MS-6541］
コロムビアの3枚目のLP。
ベートーヴェン：ピアノ・ソナタ第8番ハ短調Op.13《悲愴》
ドビュッシー：前奏曲集第2集第4曲《ヒースの荒野》、第5曲《妖精たちはあでやかな踊り子》、第6曲《風変わりなラヴィーヌ将軍》
ショパン：練習曲第12番《革命》、第19番、スケルツォ第1番
（1963年11月4日）

ジョK五四〇、クレメンティのソナタ作品五〇の一、ベートーヴェンの三十二の変奏曲などが計画され、一九六三年六月から十一月までに何度もセッションが組まれ、演奏・録音した。

しかしなかなか満足のいく出来に仕上がらず、結局、クレメンティのソナタやモーツァルトは発売されず、ショパンのスケルツォ第一番、《革命》、練習曲第十九番、ドビュッシーの前奏曲三曲と、ベートーヴェンの《悲愴》だけが発売された。有名曲の《革命》と《悲愴》が入っていたこともあり、このレコードもたちまちベストセラーとなり、またもグラミー賞を受賞した。

一方、グールドは演奏会のキャンセルが続いていた。とくに協奏曲をキャンセルすることが多く、二月二日のニューヨーク・フィルハーモニックとの共演は、直前のキャンセルだったので代役の都合がつかず、バーンスタインがピアノも弾くことになった。

三月五日にデンヴァー交響楽団とブラームスを共演したのが、最後の協奏曲演奏となり、その後、三月十九日と二十日、四月九日にニューヨークのスタジオでバッハを録音し、十六日にロチェスターでリサイタルをしてこのシーズンを終えた。ステージに出たのは十七回に過ぎない。彼はもう決断しているはずだ。あとは、いつ宣言するかだった。

コロムビアのホロヴィッツのレコードが好調なのを見て、RCAは逃した魚が大きかったことに気づいた。彼らはホロヴィッツの新録音は得られないが、過去に録音したもののレコード化は可能だった。そこで、旧録音を再編成して新たなアルバムを、あたかも「新しいレコード」であるかのようにして売り出すことを考えた。

最初がホロヴィッツの絵画コレクションのピカソやドガ、マネ、ルオーをジャケットの表紙や内面に用いた「ホロヴィッツ・コレクション」と題する二枚組のアルバムで、収録されているのは、一九四二年から五一年までに録音したさまざまな曲だ。付随のブックレットも豪華なもので、ホロヴィッツも協力している。

これが好評だったので、RCAは七二年までに、「ヤング・ホロヴィッツ」のタイトルで若い頃の録音を集めたもの、ショパン作品を集めた「グレイト・ホロヴィッツ・プレイズ・フェイバリット・ショパン」、メンデルスゾーンやブラームスを中心とした「ホロヴィッツ・偉大なるロマン派ピアノ名曲集」の三点を発売した。

RCAの旧録音の再編成盤は、ホロヴィッツにとって単に収入になるだけでなく、コロムビアへの牽制にもなった。

ホロヴィッツとコロムビアは四枚目のアルバムについて協議した。リサイタル風に複数の作曲家の作品を集めたものが三枚続いており、これ以上同じようなものを作っても飽きられるだろう。何か新

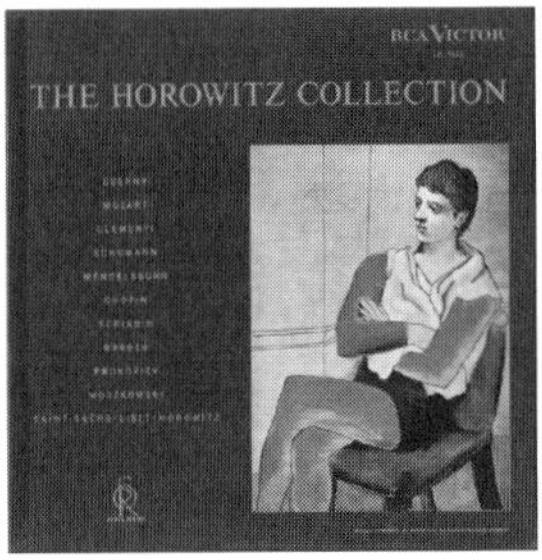

SONY/OJC-25［LD-7021］
「THE HOROWITZ COLLECTION」
RCAの25枚目のLP。2枚組で旧録音を再編成したもの。
ツェルニー：ロードの《思い出》による変奏曲Op.33（1944年12月23日）/ モーツァルト：ピアノ・ソナタ第12番ヘ長調K.332（1947年11月6日）/ クレメンティ：ソナタ変ロ長調Op.24-2よりロンド（1950年3月20日）/ シューマン：クララ・ヴィークの主題の変奏曲（ピアノ・ソナタ第3番より）（1951年3月5日）、《トロイメライ》（1950年5月17日）/ メンデルスゾーン：無言歌第30番《春の歌》、第35番《羊飼いの訴え》、第40番《エレジー》（1946年10月29日）/ ショパン：アンダンテ・スピアナートと華麗なる大ポロネーズ（1945年9月22日）/ スクリャービン：ピアノ・ソナタ第9番《黒ミサ》（1953年2月25日）/ バーバー：ピアノ・ソナタOp.26（1950年5月15日）/ プロコフィエフ：ピアノ・ソナタ第7番《戦争ソナタ》（1945年9月22日）/ モシュコフスキ：練習曲Op.72-11（1950年10月10日）/ サン=サーンス（リスト編）：死の舞踏（1942年9月10日）

SONY/OJC-26［LM-2993］
「THE YOUNG HOROWITZ」
RCAの26枚目のLP。旧録音の再編成版。タイトルにあるように若き日のものが大半。
カバレフスキー：ピアノ・ソナタ第3番（1947年12月22日）/ チャイコフスキー：《ドゥムカ》（1942年8月27日、9月29日）/ スカルラッティ：ソナタK.20（L375）よりカプリッチョ（1928年4月2日）/ ショパン：マズルカ第21番（1928年3月26日）/ リスト（ブゾーニ編）：パガニーニによる超絶技巧大練習曲第2番（1930年3月4日）/ ドビュッシー：《人形へのセレナーデ》（1928年3月26日）/ ホロヴィッツ：《変わり者の踊り》（1930年3月4日）/ ショパン：ワルツ第7番（1946年11月29日）/ ドホナーニ：カプリッチョOp.28-6（1928年12月4日）

SONY/OJC-27［VIC-1605］
「The Great Horowitz plays Favorite Chopin」
RCAの27枚目のLP。旧録音のショパン作品の再編成版。
バラード第1番（1947年5月19日）/ワルツ第7番（1946年11月29日）/即興曲第1番（1951年10月11日）/夜想曲第2番（1957年5月14日）/練習曲第4番（1952年1月5日）/スケルツォ第1番（1953年2月25日）/マズルカ第32番（1949年12月30日）/ショパン：アンダンテ・スピアナートと華麗なる大ポロネーズ（1945年10月6日）

SONY/OJC-28［VICS-1649］
「HOROWITZ Great Romantic Piano Favorites」
RCAの28枚目のLP。これでRCAのオリジナルLPはいったん終わる。
シューベルト：即興曲D.899-3（Op.90-3）（1953年1月4日）/リスト：《忘れられたワルツ》第1番（1951年4月28日）/メンデルスゾーン：無言歌第40番《エレジー》、第30番《春の歌》（1946年10月29日）/ショパン：夜想曲第5番（1947年5月19日）/ブラームス：間奏曲Op.117-2（1951年4月23日）/シューマン：《トロイメライ》（1950年5月10日）/ブラームス：ワルツ第15番（1950年10月10日）/ショパン：マズルカ第7番（1947年12月22日）/メンデルスゾーン：無言歌第35番《羊飼いの訴え》（1946年10月29日）/ショパン：夜想曲第19番（1953年2月23日）/リスト：《詩的で宗教的な調べ》第7曲「葬送曲」（1950年12月19日）

SONY/OJC-41［MS-6658］
コロムビアの４枚目のLP。
スカルラッティ：ニ長調K.33（L.424）、イ短調K.54（L.241）、ヘ長調K.525（L.188）、ヘ短調K.466（L.118）、長調K.146（L.349）、ニ長調K.96（L.465）、ホ長調K.162（L.21）、変ホ長調K.474（L.203）、ホ短調K.198（L.22）、ニ長調K.491（L.164）、ト へ 短 調 K.481（L.187）、イ長調K.39（L.391）
（1964年4月23日、5月4日、18日、6月4日、9月24日、28日）

機軸が必要だった。ホロヴィッツはスカルラッティのソナタ集にしようと提案した。コロムビアの販売部門は難色を示したが、ホロヴィッツに選曲権があるので認めるしかなかった。五百以上あるスカルラッティのソナタから、ホロヴィッツは十八曲を選び、一九六四年四月二十三日、五月四日、十八日、六月四日、九月二十四日と二十八日に演奏・録音した。このなかからさらに十二曲が選ばれ、発売された。

ホロヴィッツがスカルラッティと格闘している頃、グレン・グールドは最後の演奏会に臨んでいた。

一九六四年のグールドは、一月二日と九日にニューヨークの三十丁目のスタジオでシェーンベルクの組曲、三月十八日と十九日にはバッハのインヴェンションとシンフォニア全三十曲を録音した。

それらを終えて三月二十九日にシカゴでリサイタルをし、四月十日にはロサンゼルスのウィルシャー・イーベル劇場で、バッハの《フーガの技法》から四曲、パルティータ第四番、ベートーヴェンのソナタ第三十番、ヒンデミットのソナタ第三番を弾いた。

この四月十日がグレン・グールドの最後の演奏会となった。といっても事前に「四月十日を最後に引退する」と宣言していたわけではないので、聴衆の誰ひとり、自分がグールドのラスト・コンサートを聴いているとは思っていない。もしかしたら、グールドにもこれが最後だとは分かっていなかったのかもしれない。まだいくつかリサイタルの予定があったのだ。

シカゴのリサイタルの前日の四月九日から、グールドはバッハの平均律クラヴィーア曲集第一巻の第二集のレコーディングを開始した。四月はこの日だけだが、六月十八日から二十日、八月二十九日と三十日、九月十八日と二十五日にスタジオにいた。ニューヨークの三十丁目スタジオの六月は、四日・九日はホロヴィッツ、十八日から二十日はグールド、二十四日と二十八日はホロヴィッツが使っていたのである。

グールドは予定していたリサイタルを次々とキャンセルしていく一方、レコーディングは続けた。七月十日にはシェーンベルクの幻想曲、九月十五日にはベートーヴェンのソナタ第五番、十七日にシェーンベルクの六つの歌、十一月二日にはベートーヴェンのソナタ第七番といった具合である。

十一月十二日、カナダのトロント・デイリー・スター紙は、グールドに取材した記事として、彼が「まだ残っているいくつかの義務を終えたら、コンサートはきっぱりやめるつもりだと述べた」と報じている。結局、「残っている義務」は全てキャンセルされた。グールドのマネージャーは「次の仕事」を入れようとするが、そのたびにグールドから断られ、いつしか打診もしなくなる。グールドはいつの間にか引退していたのだ。

スカルラッティの録音が九月に終わり、一息ついて十一月になると、ホロヴィッツは演奏会へ復帰すると決めた。

この間、親身になって相談に乗っていたのは、最大のライバルであるルービンシュタインだった。このひとのいいピアニストは何度もホロヴィッツに呼び出されていた。ルービンシュタインは《カルメン幻想曲》のような曲をアンコールで弾くのは悪趣味だと言った。ホロヴィッツは悲しそうに、「私の客はああいうのを聴きたがっているんだ」と答えた。

すでにアンコールをどうするかまでホロヴィッツは考えていたのだった。

問題は復帰コンサートの場所だった。周囲にいる関係者のなかには、久しぶりの演奏会なんだから、小さな街、遠い街から始めたらどうかと言う者が多かった。なかにはスカンジナビアと具体的に提案する人もいた。

だがホロヴィッツは決めていた。ワンダにこう宣言したのだ。

「コペンハーゲンでもモンテカルロでもなく、カーネギー・ホールで始めよう。カーネギー・ホールしかない。それが一番楽じゃないか。旅の必要もない。ベッドから直行できる」

第十一章　歴史的復帰

復帰発表

復帰を決めたホロヴィッツはカーネギー・ホールの理事、ジュリアス・ブルームに相談した。ブルームは、復帰リサイタルの全てを請け負うと約束した。そしてチケット代、宣伝方法などもすべてホロヴィッツの了承のもとで行なうとも約束した。

一九六五年一月になると、ホロヴィッツはスタインウェイ社の地下へ行き、ピアノを選んだ。そのピアノはカーネギー・ホールへ運ばれ、ホロヴィッツは週に数回の練習を始めるようになる。このアメリカで最も有名なホール、世界中のピアニストがそこで演奏することを夢見るホールを練習場に使うのだ。贅沢な話である。二十世紀最大のピアニストはスケールが違う。

「ホロヴィッツがカーネギー・ホールで練習をしている」という噂は、たちまち広がった。マスコミもかぎつけ、憶測記事が出た。

後に一月七日の演奏の録音から、ショパンの練習曲第二十七番とドビュッシーの練習曲「組み合わされたアルペジォのための」はレコード化される。

三月十七日、ニューヨーク・タイムズは第一面で「ホロヴィッツ、演奏会再開を準備」と報じた。三月十九日にホロヴィッツは記者会見で復帰を発表した。この時点で発表されたのは、カーネギー・ホールでリサイタルをするというだけで、日時や曲目は未定だった。

その直前の三月十三日、はるかワルシャワではショパン・コンクールが開催され、ホロヴィッツの弟子になりそこなったアルゲリッチが優勝した。

四月二十二日、「五月九日にホロヴィッツがリサイタル、前売り開始は四月二十六日」と公表された。発売日前日の四月二十五日は日曜日だった。午前十一時半の時点ですでに行列ができていた。ホロヴィッツの演奏をこれまでに聴いたことのない若い世代がほとんどだった。深夜には行列の数は二百七十人になっていた。時代はビートルズの全盛期だった。コンサートに集まる若者たちによる暴動を当局は警戒し、警官隊が派遣された。しかし、ホロヴィッツのファンは整然としていた。何の混乱もなかった。

そんな状況を知ったホロヴィッツは、妻ワンダに「並んでいる人たちが快適に過ごせるようにしてやってくれ」と頼んだ。ワンダはタクシーで駆けつけた。数百人が本当に並んでいた。彼らは寝袋や毛布を持参していたものの、雨でぐしょ濡れだった。雨はワンダにもどうしようもない。しかし彼らを温めることはできる。そこで近所の店をまわり、百杯のコーヒーを買ってきて、並んでいる人々に配った。みな、その女性が偉大なるホロヴィッツの妻であることは知っていた。なにしろ彼女は偉大なるトスカニーニの娘でもあるのだ。アメリカの音楽ファンの間には顔が知られていた。

雨と風が強くなってきたので番号札が配られ、人々は屋根のある所で待てばいいことになった。

ワンダが自宅へ帰り、しばらく経った午前四時、電報が届いた。並んでいる徹夜組からだった。「私たちは心温まるコーヒーに感謝し、全員が喜びと期待を持って、愛と賛美を持って、あなたの復帰を心待ちにしています」とあった。ピアニストと音楽ファンとの、理想的な関係だった。それはグールドがついに得られなかったもの、いや、得ようとしなかったものだった。

二十六日午前十時、切符は予定の時刻に発売となった。この時点で千五百人が並んでいた。切符は二時間で売り切れた。ひとり四枚までで、三百人が買ったところで売り切れたのだ。千二百枚である。ホールの定数は二千七百六十。残り千五百枚はどこへ消えたのか。買えなかった千人以上の人々は「関係者」を恨んだ。

ホロヴィッツの家には抗議の電話と手紙が殺到した。ワンダが千枚も独り占めして、自分の知り合いに配ったという噂が流れていたのだ。実際は、彼女が買ったのは二百九十六枚だった。コロムビアが百八枚、カーネギー・ホールが百七十五枚、スタインウェイが三十六枚、ＲＣＡが五十六枚、報道関係が百枚だと、ワンダは報道陣に明細を明かした。彼女が手にした二百九十六枚のうち、無償だったのは八枚であとはすべて払ったとまで公開した。しかし、それでもまだ約八百枚の買い手が分からない。興行というものは、どこの国でも不透明なものらしい。

一九六五年五月九日、日曜日のホロヴィッツのリサイタルは、「ヒストリック・リターン」と呼ばれるようになる。なにしろ、十二年ぶりなのだ。

当日券として用意された百枚のチケットのために、またも前夜から徹夜組が出た。それはあっという間に売り切れた。コンサートは三時からだった。カーネギー・ホールの周辺はチケットを買えなかった人々が、ひと目ホロヴィッツを見ようと集まり、ダフ屋も何年に一度の大儲けのチャンスとばかりに集まったので騒然となっていた。三ドルのチケットには三十ドルの値がつき、五ドルのチケットには五十ドルの値がついた。そうした騒動を取材しようと、テレビ局、新聞社などのマスコミも集まったので、ホール周辺は大渋滞となった。

その渋滞に巻き込まれ、動けなくなったのが、当のホロヴィッツだった。彼がカーネギー・ホールに着いたのは、三時二十五分だった。

客席にはひとつも空席がなかった。どんなコンサートでも何人か遅刻して来る者がいるが、この日は誰ひとり遅れなかった。たったひとり、出演者のみが遅刻したのだ。

客席にはバーンスタイン、ストコフスキー、ストラヴィンスキー、バランシン、クライバーンをはじめ各界の著名人も数多くいた。当時ジュリアード音楽院の学生だった中村紘子もいた。ルービンシュタインはこの日はヴェネチアにいたので「心から声援を送る。カムバックおめでとう。しかるべ

SONY/CH15-16
「AN HISTORIC RETURN HOROWITZ AT CARNEGIE HALL」
1965年5月9日の復帰リサイタルの全曲。
（曲目は次頁）

き大成功を収められんことを」と祝電を送った。ショパン・コンクールで優勝したばかりのアルゲリッチも祝電を送った。アメリカ・ツアー中で、デトロイトにいたリヒテルも祝電と花束を送った。

世界中のピアノ関係者が、この日カーネギー・ホールでホロヴィッツが復帰することを知っていた。世界最高のピアニストの十二年ぶりのリサイタルなのだ。

客席が暗くなったのは三時三十八分。やがてピアニストが登場すると、万雷の拍手だった。

最初の曲はブゾーニ編曲のバッハのトッカータ、アダージョ、フーガ。いきなり、ミスタッチがあった。むしろ聴衆のほうが焦った。やはりブランクは長過ぎたのか。もうあのホロヴィッツはいないのか。

だが彼は冷静に立ち直った。シューマンの幻想曲で休憩となった。後半はスクリャービンのソナタ第九番、詩曲、そしてショパンのマズルカ第二十一番、エチュード第八番、バラード第一番だった。

客席は興奮状態にあった。暴動になるのではないかと思うほど、人々は熱狂した。初めて聴いた若者はこれがホロヴィッツなのかと感動した。何十年も前から彼を知っている者も、これがホロヴィッツだと確認できたこ

「HOROWITZ LIVE and UNEDITED」
SONY/OJC-57［S2K93023（CD）］
1965年5月9日の復帰リサイタルの全曲の未編集版として没後の2003年にCDとして発売された。ボーナストラックとして1962年11月にセッション録音されたシューマン《子供の情景》も収録され、また「ホロヴィッツ：ザ・ラスト・ロマンティック」のために撮られながらも未発表映像9分のDVDも付いている。
バッハ（ブゾーニ編）：トッカータ、アダージョとフーガハ長調BWV.564/ シューマン：幻想曲/ スクリャービン：ピアノ・ソナタ第9番《黒ミサ》、詩曲Op.32-1/ ショパン：マズルカ第21番、練習曲第8番、バラード第1番/（以下アンコール）ドビュッシー：《人形へのセレナーデ》/ スクリャービン：練習曲Op.2-1/ モシュコフスキ：練習曲Op.72-11/ シューマン：《トロイメライ》(1965年5月9日)
シューマン：《子供の情景》(1962年11月)

とに感動した。

　アンコールは、ドビュッシーの《人形へのセレナーデ》とスクリャービンのエチュード、そしてモシュコフスキーのエチュードで、最後の最後は、シューマンの《トロイメライ》だった。

　すべての曲が終わり、客席は明るくなった。それでも、誰も帰ろうとしない。いつまでも拍手が続く。ホロヴィッツは何度も何度も出てこなければならない。ついにステージの照明が消され、ピアノの蓋が閉じられ、ようやく客は帰り始めた。

　楽屋もまた大騒ぎだった。花束やプレゼントが山となり、友人知人関係者が次々とやって来た。ホロヴィッツ夫妻がホールを出たのは六時少し前だった。まだ大勢の人が彼をひと目見ようと楽屋口周辺で待っていた。誰かが叫んだ。

「僕たちは一晩中、並んで待っていたんですよ」

　それを聞いたワンダは叫んだ。

「私は、十二年間、待ったのよ」

グールドの反応

ホロヴィッツの復帰が大成功した直後、グールドは精神科医の友人ジョー・スティーヴンスに「僕はホロヴィッツよりうまい」と言った。そしてグールドは自分がホロヴィッツよりもうまいことを証明しなければと、「ヒストリック・リターン」の一ヵ月後の六月十四日から、ホロヴィッツが得意としていたプロコフィエフのソナタ第七番をレコーディングした。さらに、翌年一月と二月には「ヒストリック・リターン」でも演奏されたスクリャービンのソナタ第九番も録音し、この二曲のカップリングで六九年にリリースする。

それだけではない。一九六八年一月と二月には、スカルラッティのソナタも録音する。これについては一九八〇年のインタビューで「レコード会社に頼まれたので録音した」と説明するが、「ハイティーンのある段階、コンサートをスカルラッティの一連の作品で始めていました。私の世代に属する多くの若い人たちも同じようにしていましたね。これは多分、ホロヴィッツの影響で、彼は必ずそんなふうにしていたんです。だけど、いわばプロになると、そういう子どもっぽいことは永久に断念しました」と言う。ようするにホロヴィッツはいつまでも子どもっぽいということか。

日頃「競争は嫌いだ」と言い、同業者のことを悪く言わない彼が、唯一批判していたのがホロ

「An Historic Return HOROWITZ at Carnegie Hall」
SONY/OJC-42［M2S-728］
コロムビアの通算5点目のLPとして出た、1965年5月9日のカーネギー・ホールでのリサイタルのライヴ盤。2枚組。
収録内容はCH15-16と同じ。

ヴィッツだった。グールドはホロヴィッツがステージに復帰したことを、裏切りと感じていたのかもしれない。そして彼が復帰したので、なおさら自分は絶対にコンサートには戻らないと頑なになったのかもしれない。

ライヴ録音時代始まる

一九六五年の「ヒストリック・リターン」コンサートはコロムビアによってライヴ録音され、編集・修正の後、二枚組のLPとして発売されると五万セットを売るベストセラーとなり、グラミー賞を三部門で受賞した。

歴史的復帰から半年後の十月二十七日、ホロヴィッツはカーネギー・ホールを貸し切り、客を誰も入れずに弾いた。次のリサイタルのためのリハーサルで、ベートーヴェンやモーツァルトのソナタを試してみた。これで自信を付けて、十一月九日にカーネギー・ホールを借りての私的演奏会として学生を招待して、スカルラッティ、ベートーヴェン、スクリャービン、ショパンなどを弾いた。演奏会が始ま

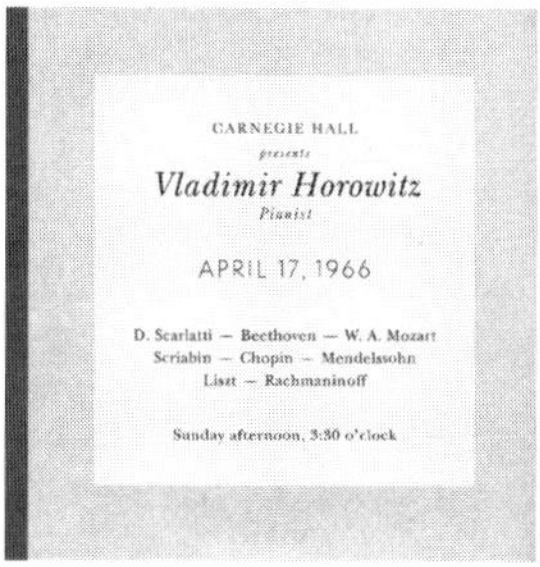

SONY/CH17-18
1966年4月17日、カーネギー・ホールでのリサイタル全曲。演奏(収録)順。
スカルラッティ：ソナタK.481（L.187）/ベートーヴェン：創作主題による32の変奏曲/モーツァルト：ピアノ・ソナタ第11番/スクリャービン：ピアノ・ソナタ第10番
ショパン：ポロネーズ第7番《幻想》、マズルカ第25番、夜想曲第1番、スケルツォ第1番/（以下アンコール）メンデルスゾーン：無言歌第35番《羊飼いの訴え》/リスト：《忘れられたワルツ》第1番/ラフマニノフ：練習曲《音の絵》ニ長調Op.39-9

り、《幻想ポロネーズ》が始まったところで、停電となった。歴史に残る「ニューヨーク大停電」の夜だった。

翌年、一九六六年は六回のリサイタルに出た。四月十七日、十一月二十七日、十二月十日にカーネギー・ホールで行ない、そのなかのモーツァルトのソナタ第十一番、ショパンの《幻想ポロネーズ》、ドビュッシーの《喜びの島》、シューマンの《花の曲》などがLP「ホロヴィッツ・イン・コンサート」としてコロムビアから発売された。

カーネギー・ホールの他、ラドガース大学、イェール大学で、学生のためのリサイタルも開き、このなかの十一月十三日のイェール大学、ウールジー・ホールでのリサイタルが録音されていた。

一九六七年は四回のリサイタルに出た。十月二十二日にニューヨーク市立大学クイーンズ校のコールデン・センター、十一月十二日にニューヨーク市立大学ブルックリン校のウォルト・ホイットマン・オーディトリアム、十一月二十六日にカーネギー・ホール、十二月十日にワシントンのコンスティテューション・ホールでリサイタルを開き、そのすべてが録音され、現在は「リサイタル・ライヴ・ボックス」に収録されている。

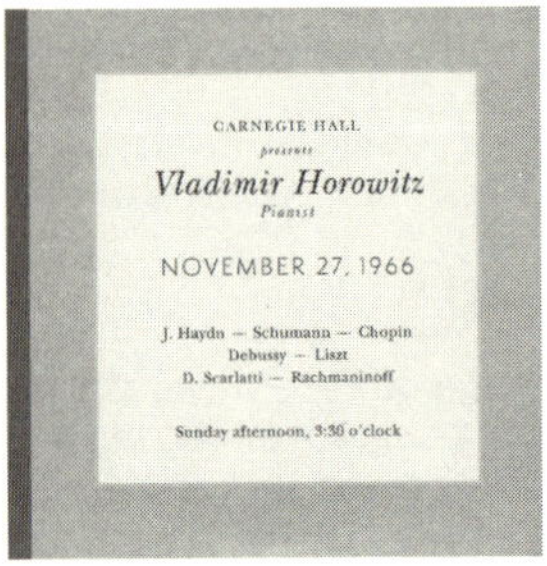

SONY/CH19-20
1966年11月27日、カーネギー・ホールでのリサイタル全曲。
ハイドン：ピアノ・ソナタ第23番/シューマン：《花の曲》/ショパン：ピアノ・ソナタ第2番《葬送》
ドビュッシー：前奏曲集第2集第5曲《妖精たちはあでやかな踊り子》、第4曲《ヒースの荒野》、第7曲《月の降り注ぐテラス》、《喜びの島》/リスト：巡礼の年「第1年スイス」より《オーベルマンの谷》/（以下アンコール）スカルラッティ：ソナタK.380（L.23）/ラフマニノフ：前奏曲Op.32-12/ショパン：ワルツ第7番/ラフマニノフ：練習曲《音の絵》Op.39-9

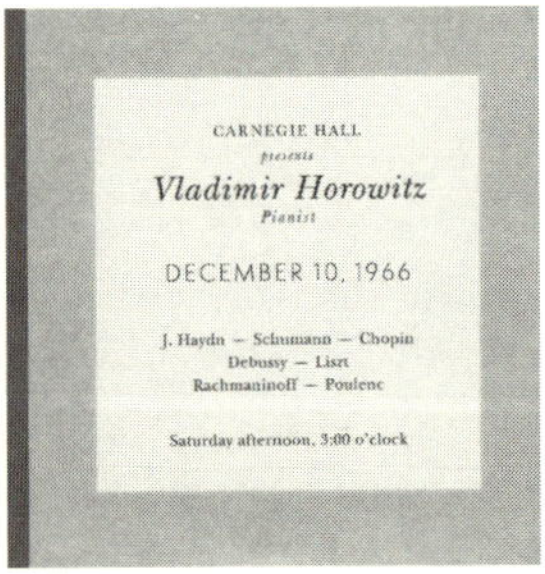

SONY/CH21-22
1966年12月10日、カーネギー・ホールでのリサイタル全曲。
ハイドン：ピアノ・ソナタ第23番/シューマン：《花の曲》/ショパン：ピアノ・ソナタ第2番《葬送》
ドビュッシー：前奏曲集第2集第5曲《妖精たちはあでやかな踊り子》、第4曲《ヒースの荒野》、第7曲《月の降り注ぐテラス》、《喜びの島》/リスト：巡礼の年「第1年スイス」より《オーベルマンの谷》/（以下アンコール）ショパン：マズルカ第7番/ラフマニノフ：前奏曲Op.32-52/プーランク：トッカータ/ショパン：ワルツ第7番

SONY/OJC-43［M2S-757］
「HOROWITZ IN CONCERT」
コロンビアの通算6点目のLP。1966年4月17日、11月27日、12月10日のカーネギー・ホールでの3回のリサイタルのライヴ音源から作られた。2枚組。
ハイドン：ピアノ・ソナタ第23番/シューマン：《花の曲》/スクリャービン：ピアノ・ソナタ第10番/ドビュッシー：《喜びの島》
モーツァルト：ピアノ・ソナタ第11番/ショパン：夜想曲第19番、マズルカ第25番/リスト：巡礼の年「第1年スイス」より《オーベルマンの谷》

SONY/LR1-2
1966 年 11 月 13 日、イェール大学ウールジー・ホールでのリサイタルの全曲。
ハイドン：ピアノ・ソナタ第 23 番 / シューマン：《花の曲》/ ショパン：ピアノ・ソナタ第 2 番変ロ短調 Op.35《葬送》
ドビュッシー：前奏曲集第 2 集第 5 曲《妖精たちはあでやかな踊り子》、第 4 曲《ヒースの荒野》、第 7 曲《月の降り注ぐテラス》、ドビュッシー：《喜びの島》/ リスト：巡礼の年「第 1 年スイス」より《オーベルマンの谷》/（以下アンコール）スカルラッティ：ソナタ K.380（L.23）/ ショパン：ワルツ第 7 番 / ラフマニノフ：練習曲《音の絵》Op.39-9

SONY/LR3-4
1967 年 10 月 22 日、ニューヨーク市立大学クイーンズ校、コールデン・センターでのリサイタルの全曲。
ベートーヴェン：ピアノ・ソナタ第 28 番 / ショパン：舟歌、夜想曲第 15 番、ポロネーズ第 5 番
スカルラッティ：ソナタイ長調 K.101（L.494）、K.319（L.35）、K.260（L.124）、K.466（L.118）、K.55（L.335）/ シューマン：《アラベスク》/ リスト（ホロヴィッツ編）：スケルツォとマーチ S.177/（以下アンコール）ショパン：ワルツ第 3 番 / メンデルスゾーン：練習曲 Op.104b-3

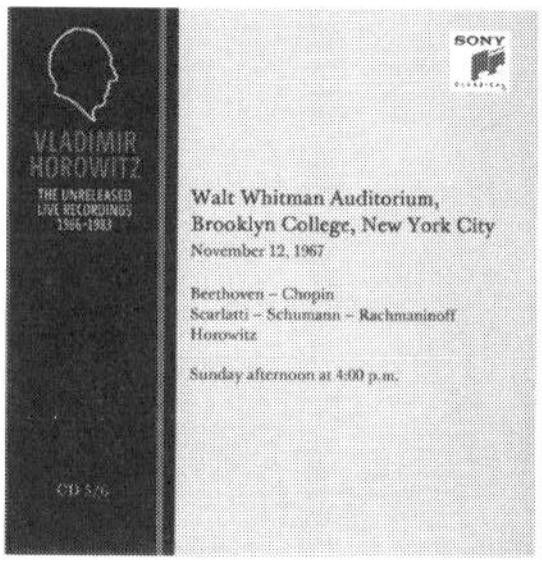

SONY/LR5-6
1967 年 11 月 12 日、ニューヨーク市立大学ブルックリン校、ウォルト・ホイットマン・オーディトリアムでのリサイタルの全曲。
ショパン：舟歌、夜想曲第 15 番、ポロネーズ第 5 番 / スカルラッティ：ソナタイ長調 K.101（L.494）、K.319（L.35）、K.260（L.124）、K.466（L.118）、K.55（L.335））/ シューマン：《アラベスク》/ ラフマニノフ：練習曲《音の絵》Op.39-9、Op.33-5/（以下アンコール）シューマン：《トロイメライ》/ ショパン：マズルカ第 7 番 / ホロヴィッツ：ビゼーの《カルメン》の主題による変奏曲

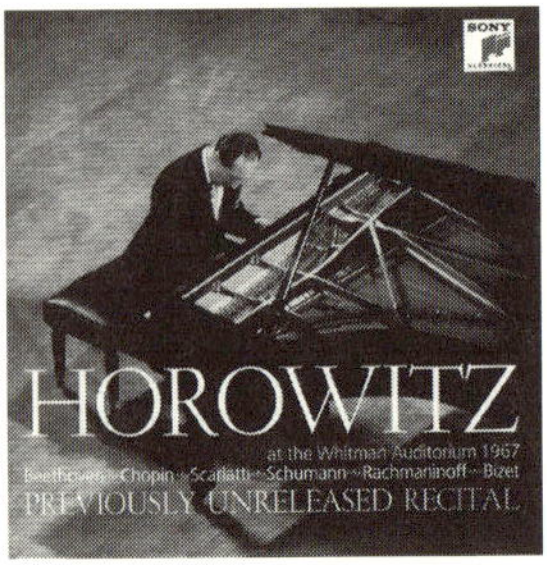

SONY/OJC-60［8869757002（CD）］
前頁にあるLR5-6と同じ。2009年にソニーからＣＤとして出た時のジャケット。

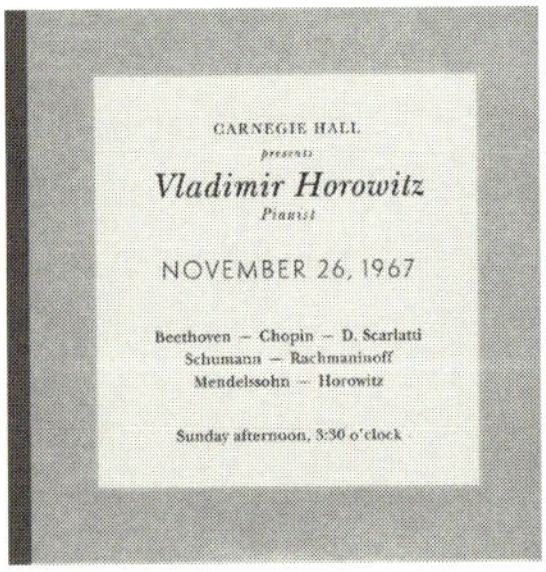

SONY/CH23-24
1967年11月26日、カーネギー・ホールでのリサイタルの全曲。
ベートーヴェン：ピアノ・ソナタ第28番/ショパン：舟歌、夜想曲第15番、ポロネーズ第5番/スカルラッティ：ソナタイ長調K.101（L.494）、K.260（L.124）、K.55（L.335）、K.466（L.118）、K.319（L.35）/シューマン：《アラベスク》/ラフマニノフ：練習曲《音の絵》変ホ短調Op.33-6、Op.33-2、Op.39-9/（以下アンコール）シューマン：《トロイメライ》/メンデルスゾーン：練習曲Op.104b-3/ホロヴィッツ：ビゼーの《カルメン》の主題による変奏曲

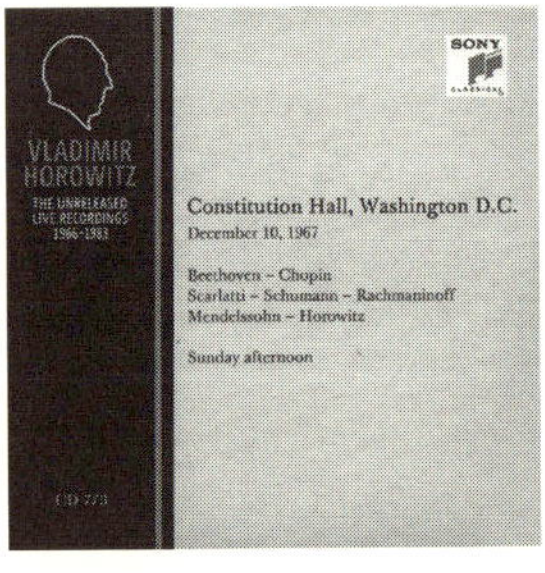

SONY/LR7-8
1967年12月10日、ワシントンD.C、コンスティテューション・ホールでのリサイタルの全曲。
ベートーヴェン：ピアノ・ソナタ第28番/ショパン：舟歌、夜想曲第15番、ポロネーズ第5番/スカルラッティ：ソナタイ長調K.101（L.494）、K.319（L.35）、K.260（L.124）、K.466（L.118）、K.55（L.335）/シューマン：《アラベスク》/ラフマニノフ：練習曲《音の絵》変ホ短調Op.33-6、Op.33-2、Op.39-9/（以下アンコール）シューマン：《トロイメライ》/メンデルスゾーン：練習曲Op.104b-3/ショパン：マズルカ第7番/ホロヴィッツ：ビゼーの《カルメン》の主題による変奏曲

テレビに登場

一九六〇年代半ば、テレビはほぼ全世帯に普及しており、これがクラシック音楽の新たなファンの獲得に貢献した。ホロヴィッツも巨匠としては早い時期にテレビに対応した。

ホロヴィッツのリサイタルがテレビで初めて放映されたのは一九六八年九月二十二日で、ショパンのバラード第一番、ポロネーズ第五番、自作の《カルメン変奏曲》などが放映された。これはリサイタルを中継したのではなく、テレビで放映するために開いたリサイタルだった。

一九六八年はホロヴィッツのアメリカ・デビュー四十年にあたった。その記念にという名目で、コロムビアの親会社であるＣＢＳはホロヴィッツに「テレビ・リサイタル」をしないかと打診した。

ホロヴィッツは最初は断った。テレビの音楽番組に否定的だったのだ。「音質が悪いからいい音楽を聴くにはふさわしくない。カメラが動きすぎて見ているほうは音楽に集中できない」というのがその理由だった。

何度も交渉が重ねられ、演奏はスタジオで撮るのではなく、カーネギー・ホールに聴衆を入れた、本当のリサイタルと同じものを撮ること、本番の前に同じ条件で試しに撮ってみることまで、ＣＢＳは受け入れた。

かくして、一九六八年一月二日と三日、カーネギー・ホールでカメラ・テストを兼ねたリサイタルが開かれた。このリハーサルだけでＣＢＳは二十七万五千ドルを費やした。

本番は二月一日で、二千七百三十人が招待された。

しかし、放映されたものは、二月一日のものだけではなく、一部は一月二日のリハーサルの演奏も含まれているらしい。ホロヴィッツのチェックを経て、半年後の九月にCBSテレビが放映し、好評だったのでクリスマスに再放送された。日本では一九七一年五月四日にNHKが放送している。

ホロヴィッツはテレビに出たことについて、「もう旅を続ける体力はない、多くの人に聴いていただくためには、技術も進歩したからテレビも良いと思うので、試してみたい。試してよかったら出る。そして、もしそのテレビ放送で私の演奏を好きになってくれる人がいるならこの上なくうれしい」と語った。

テレビ放映用とは別にコロムビアもレコードにするために録音し、LP「ホロヴィッツ・オン・TV」として発売された。

再放送され、外国でも放送されているので、録画テープも残されているはずだったが、ビデオ時代が到来しても、この映像は市販ソフトとして世に出ることはなかった。ようやく、二〇一五年になって、カーネギー・ホールでの録音を集めたボックスの中の一枚として、DVD化された。ニュース映像的なものを除けば、ホロヴィッツが弾いているのを見ることができる最も古い映像が、この一九六八年二月のテレビ・リサイタルとなる。

一九六八年は、このテレビのためのリサイタルを含めて、ホロヴィッツは十回のリサイタルに出演しているが、その九つが録音され、CDになっている。

順番に記すと、まずテレビのリハーサルの一月二日と本番の二月一日のカーネギー・ホールでのものがある。

続いて、四月七日にボストン・シンフォニー・ホール、五月十二日と十九日にシカゴのオーケストラ・ホールでリサイタルを開いた。両市とも一九五三年以来の登場だったので、切符はすぐに完売した。

テレビ放映後の十一月三日には、イェール大学のウールジー・ホール、十七日にはワシントンのコンスティテューション・ホールと小さな会場で演奏した。

十一月二十四日と十二月十五日にカーネギー・ホール、十二月一日にはフィラデルフィアのアカデミー・オブ・ミュージックで開いた。

これら一九六八年の演奏は、シカゴの二日目の五月十九日以外の全てが、現在は「カーネギー・ホール・ボックス」か「リサイタル・ライヴ・ボックス」に収録されている。十一月二十四日のリサイタルではプログラム後半のラフマニノフのソナタ第二番の第二楽章でピアノの弦が切れるというアクシデントがあった。ホロヴィッツは演奏を止め、修復後、この楽章の最初から弾き直した。客席が沸いている様子まで録音されている。

しかし一九六八年以降も、コロムビアはリサイタルを録音しているが、そのごく一部だけが、作曲家別にまとめられたＬＰに収録されただけだった。

SONY/CH-25
1968年1月2日、カーネギー・ホールでのリサイタル（テレビ・リサイタルのための試演）、全曲。
ショパン：ポロネーズ第5番、夜想曲、第15番バラード第1番 / スカルラッティ：ソナタK.380（L.23）、K.55（L.335）/ シューマン：《アラベスク》/ スクリャービン：練習曲 Op.12/（以下アンコール）シューマン：《トロイメライ》/ ホロヴィッツ：ビゼーの《カルメン》の主題による変奏曲

SONY/CH-26
1968年2月1日、カーネギー・ホールでのリサイタル（テレビ・リサイタル）、全曲。
ショパン：ポロネーズ第5番、夜想曲、第15番バラード第1番 / スカルラッティ：ソナタK.380（L.23）、K.55（L.335）/ シューマン：《アラベスク》/ スクリャービン：練習曲 Op.8-12/（以下アンコール）シューマン：《トロイメライ》/ ホロヴィッツ：ビゼーの《カルメン》の主題による変奏曲 / シューマン：《トロイメライ》

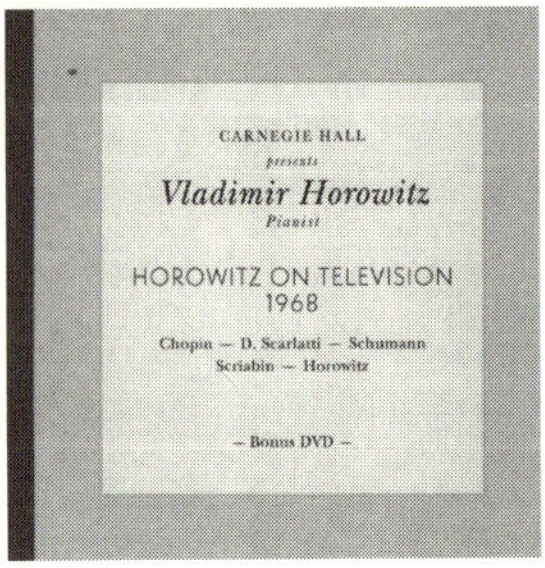

SONY/CH-DVD
1968年2月1日、カーネギー・ホールでのリサイタル（テレビ・リサイタル）。CH-26と同じだがアンコールがない。
ショパン：ポロネーズ第5番、夜想曲、第15番バラード第1番 / スカルラッティ：ソナタK.380（L.23）、K.55（L.335）/ シューマン：《アラベスク》/ スクリャービン：練習曲 Op.8-12

SONY/OJC-44［MS-7106］
「Horowitz On Television」
コロムビアの通算7点目のLPとして出た。1968年2月1日のテレビ・リサイタルのライヴ録音。1月2日と3日のリハーサルでの音源も編集素材として使って作ったもの。
ショパン：ポロネーズ第5番、夜想曲、第15番バラード第1番 / スカルラッティ：ソナタK.380（L.23）、K.55（L.335）/ シューマン：《アラベスク》/ スクリャービン：練習曲 Op.8-12/（以下アンコール）シューマン：《トロイメライ》/ ホロヴィッツ：ビゼーの《カルメン》の主題による変奏曲

SONY/LR9-10
1968年4月7日、ボストン、シンフォニー・ホールでのリサイタル、全曲。
マーティン・ルーサー・キング・ジュニアの暗殺を伝える場内放送でリサイタルは始まった。
ショパン：ピアノ・ソナタ第2番第3楽章《葬送行進曲》
ベートーヴェン：ピアノ・ソナタ第28番/シューマン：《アラベスク》/ショパン：夜想曲第第15番、ポロネーズ第5番
スカルラッティ：ソナタK.380（L.23）、K.260（L.124）、K.446（L.118）、K.55（L.335）/ラフマニノフ：ピアノ・ソナタ第2番/（以下アンコール）ショパン：ワルツ第3番、ワルツ第7番/シューマン：《トロイメライ》/モシュコフスキ：練習曲Op.72-6

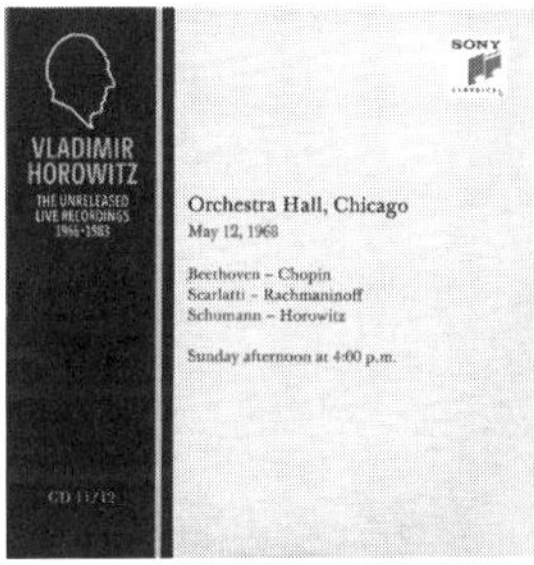

SONY/LR11-12
1968年5月12日、シカゴ、オーケストラ・ホールでのリサイタル、全曲。
ベートーヴェン：ピアノ・ソナタ第28番/ショパン：舟歌ショパン：夜想曲第15番ショパン：ポロネーズ第5番
スカルラッティ：ソナタホ長調K.380（L.23）K.260（L.124）K.446（L.118）K.55（L.335）/ラフマニノフ：ピアノ・ソナタ第2番/（以下アンコール）シューマン：《トロイメライ》/ショパン：ワルツ第7番、マズルカ第7番/ホロヴィッツ：ビゼーの《カルメン》の主題による変奏曲

SONY/LR13-14
1968年11月3日、イェール大学、ウールジー・ホールでのリサイタル、全曲。
ハイドン：ピアノ・ソナタ第48番/シューマン：《クライスレリアーナ》
ラフマニノフ：前奏曲Op.32-12、楽興の時Op16-3、ピアノ・ソナタ第2番/（以下アンコール）ショパン：ワルツ第7番/リスト：《泉のほとりで》/シューマン：《トロイメライ》/モシュコフスキ：練習曲Op.72-6

SONY/LR15-16
1968年11月17日、ワシントンD.C、コンスティテューション・ホールでのリサイタル、全曲。
ハイドン：ピアノ・ソナタ第48番/シューマン：《クライスレリアーナ》
ラフマニノフ：前奏曲Op.32-12、《楽興の時》第3番、ピアノ・ソナタ第2番/（以下アンコール）ショパン：ワルツ第7番/リスト：《泉のほとりで》/シューマン：《トロイメライ》/モシュコフスキ：練習曲へ長調Op.72-6

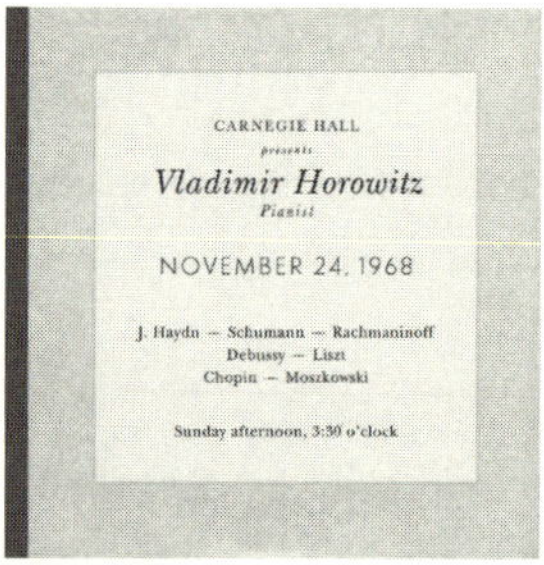

SONY/CH27-28
1968年11月24日、カーネギー・ホールでのリサイタル、全曲。
ハイドン：ピアノ・ソナタ第48番/シューマン：《クライスレリアーナ》
ラフマニノフ：前奏曲Op.32-12、《楽興の時》第3番、ピアノ・ソナタ第2番/（以下アンコール）ドビュッシー：《人形へのセレナーデ》/リスト：《泉のほとりで》/ショパン：ワルツ第7番/モシュコフスキ：練習曲Op.72-6

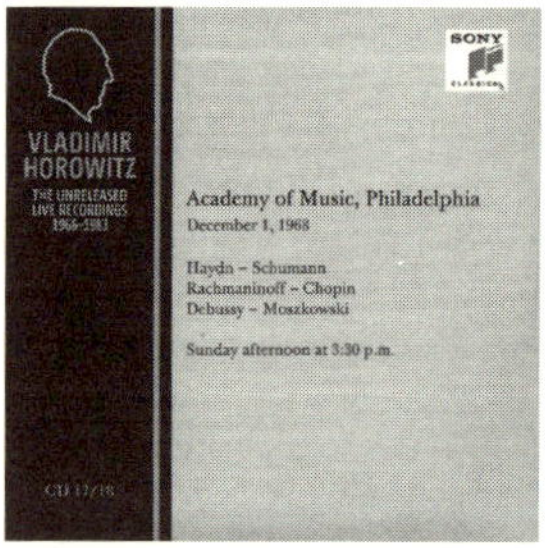

SONY/LR17-18
1968年12月1日、フィラデルフィア、アカデミー・オブ・ミュージックでのリサイタル、全曲。
ハイドン：ピアノ・ソナタ第48番/シューマン：《クライスレリアーナ》
ラフマニノフ：前奏曲Op.32-12、《楽興の時》第3番、ピアノ・ソナタ第2番/（以下アンコール）ショパン：ワルツ第7番/ドビュッシー：《人形へのセレナーデ》/

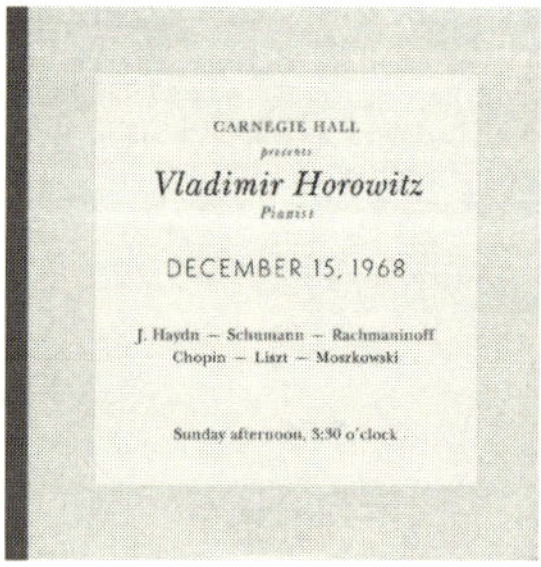

SONY/CH29-30
1968年12月15日、カーネギー・ホールでのリサイタル、全曲。
ハイドン：ピアノ・ソナタ第48番/シューマン：《クライスレリアーナ》
ラフマニノフ：前奏曲Op.32-12、《楽興の時》第3番、ピアノ・ソナタ第2番/（以下アンコール）ショパン：ワルツ第3番/リスト：《泉のほとりで》/モシュコフスキ：練習曲へ長調Op.72-6

幻となったカラヤンとの共演

ＣＢＳとしては、そろそろ協奏曲のレコードが欲しいところだった。ホロヴィッツが共演するならばオーマンディのフィラデルフィア管弦楽団が第一候補と思われたが、彼の意中の人は別にいた。意外にもカラヤンだったのだ。といってホロヴィッツにはベルリンまで行く気はなかったし、そのためにベルリン・フィルハーモニーをアメリカへ呼ぶのも非現実的だった。カラヤンに単身でアメリカへ来てアメリカのオーケストラを振ってくれと頼むしかない。候補に上がったのがシカゴ交響楽団だったが、音楽監督にゲオルク・ショルティが着任すると決まったばかりで、間が悪かった。

それでもシカゴ交響楽団のマネージャーが手をつくし、カラヤンと楽団の承諾を取り、あとはホロヴィッツがイエスと言えば共演が実現するところまで話は進んだ。このあたりから真相は藪の中だが、カラヤンはドイツ・グラモフォンと契約しているので同社にこの話をした。そのことをワンダが何らかのルートで知って、激怒した。自分が知らないうちに話が進んでいたことが気に入らなかったのかもしれないが、彼女が言うには、ホロヴィッツがいつどこで演奏するかは直前まで伏せておくべきなのに、よりによって外国のレコード会社に情報が漏れたことがいけないのだという。

かくしてホロヴィッツとカラヤンの世紀の共演は水泡に帰した。

だがホロヴィッツとしてもどうしてもカラヤンと共演したいわけではなかったので、落ち込むことはなかった。

Living Stage/LS 4035177
1969年10月26日のボストンでのリサイタルのライヴ録音。
ハイドン：ソナタ第48番／ショパン：バラード第4番、マズルカ Op30-4、スケルツォ第1番／スクリャービン：練習曲／リスト：ハンガリー狂詩曲第13番／ドビュッシー：《人形へのセレナーデ》／シューマン：トロイメライ／ラフマニノフ：練習曲《音の絵》Op.39-9
ボーナス・トラックには1935年10月5日のコペンハーゲンでの《人形へのセレナーデ》もある。

しかし一九六九年になると、分かっているだけで、三月に予定されていたカーネギー・ホールでのリサイタルをキャンセルし、十月二十六日のボストンまでステージに現れなくなった。

十一か月ぶりとなったボストンでのリサイタルも後半は調子がよくなかったようだ。本人が言うには、休憩時間に着替えをせず、楽屋が寒かったために、汗が冷えたせいか風邪をひいたのだという。

その日はどうにか最後まで演奏したが、これで怖気づき、以後リサイタルを開こうという意欲がなくなってしまったのだ。またも「引退」である。

ホロヴィッツが次にステージに出るのは五年後——一九七四年五月十二日だった。

セッション録音、再び

演奏会に出なくなったホロヴィッツは、しかし、コロムビアへのレコーディングは続けた。

コロムビア初期は、現実のリサイタルのプログラムを模した、複数の作曲家の作品によるアルバムを作っていたが、「オン・TV」以後は、一人の作曲家で一枚のアルバムを作るようになっていく。その音源の一部は、それまでに録っていたリサイタルのライヴ録音を使うこともあった。

コロムビアでの通算八枚目のLPは「シューマン　クライスレリアーナ」で、六九年二月五日と十四日にレコーディングしていた「クララ・ヴィークの主題による変奏曲」と十二月一日に録音した「クライスレリアーナ　ピアノのための幻想曲集」が七一年に発売された。

次は「ホロヴィッツ・プレイズ・ラフマニノフ」で、これはライヴ録音していたもので構成されている。六七年十二月十日のワシントンのコンスティテューション・ホールでの、練習曲《音の絵》の三曲、六八年十二月十五日のカーネギー・ホールでのソナタ第二番と《楽興の時》第三番、前奏曲嬰ト短調作品三二の一二が収録されている。

十枚目のアルバムのために、一九七一年四月十四日にはショパンを録音した。《英雄ポロネーズ》と、マズルカ第十三番、ロンド、ワルツ第三番、エチュード《黒鍵》に、六六年四月十七日のカーネギー・ホールでの《幻想ポロネーズ》を加えて、「ホロヴィッツ・プレイズ・ショパン」として発売された。

ショパンでレコード会社を喜ばせた次は、スクリャービンになる。一九七二年四月二十七日と五月四日と三十一日に、「二つの詩曲」、《アルバムの綴り》、詩曲《焔に向かって》、詩曲変へ長調、練習曲八曲がレコーディングされ、七二年に発売された（その内、このアルバムに収録されるのは七曲）。

SONY/OJC-45［MS-7264］
コロムビアの8点目のLP。コロムビアの30丁目スタジオでのセッション録音。
シューマン：クララ・ヴィークの主題による変奏曲（1969年2月5日、14日）
シューマン：《クライスレリアーナ》（1969年12月1日）

SONY/OJC-46［M-30464］
「HOROWITZ PLAYS RACHMANINOFF」
コロムビアの9点目のLPとなる、ラフマニノフ・アルバム。1967年12月10日のワシントンと1968年12月15日のカーネギー・ホールでのリサイタルのライヴ録音から作った。
ピアノ・ソナタ第2番、前奏曲Op.32-12、《楽興の時》第3番（1968年12月15日）
練習曲《音の絵》Op.33-5、Op.33-2、Op.39-9（1967年12月10日）

SONY/OJC-47［［M-30643］
「HOROWITZ PLAYS CHOPIN」
コロムビアの10点目のLPとなる、ショパン・アルバム。1971年4月14日のコロムビア30丁目スタジオでのセッション録音に、1966年4月17日のカーネギー・ホールでの《幻想》ポロネーズを加えた。
ポロネーズ第7番《幻想》（1966年4月17日）
マズルカ第13番、練習曲第5番《黒鍵》、序奏とロンド、ワルツ第3番、ポロネーズ第6番《英雄》

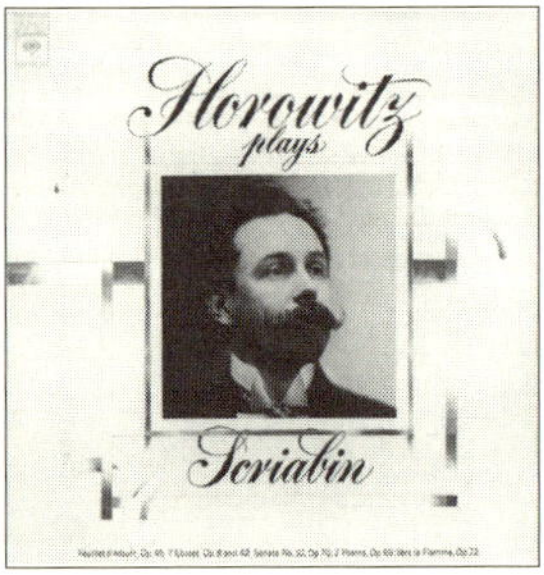

SONY/OJC-48［M-31620］
「Horowitz plays Scriabin」
コロムビアの11点目のLPとなるスクリャービン・アルバム。1972年4月27日、5月4日、31日にコロムビア30丁目スタジオでのセッション録音を中心にした。
《アルバムの綴り》Op.45-1
練習曲Op.8-2、Op.8-11、Op.8-10、Op.8-8、Op.42-3、Op.42-4、Op.42-5
ピアノ・ソナタ第10番（この曲のみ、1966年4月17日、カーネギー・ホールでのライヴ）
2つの詩曲Op.69、詩曲《焔に向かって》Op.72

スクリャービンのセッションと同じ四月二十七日の一週間前の二十日にはベートーヴェンの《月光》を録音し、これは翌七三年一月十日と二十四日に録音するシューベルトの即興曲四曲とで一枚のアルバムになる。

売りにくいスクリャービンと引き換えに、ベートーヴェンを録音することになったのだろうか。シューベルトの前の七二年十月二十五日には《熱情》、十二月二十日には《ワルトシュタイン》が録音され、この二曲で一枚のアルバムとなり、七四年に発売された。

コロムビアでの最後のセッション録音アルバムは、ショパンだった。アルバムのタイトルは「ホロヴィッツ　ショパン新録音」で一九七二年六月六日と七三年二月八日と十五日に録音されたものに、六八年録音のものを加えた。《軍隊ポロネーズ》《革命》《別れの曲》などとワルツ、マズルカという定番で、七四年に発売された。

こうして演奏会に出なくなっている五年の間に、七枚のLPが作られた。同じ一九七〇年から七四年、演奏会に出なくなっていたグールドはというと、十八点のLPを出しているので、ホロヴィッツは半分以下となる。年に二枚という契約はとうに破られていた。

コロムビアはホロヴィッツにLP一枚を作るたびに五万ドルの印税を保証していたが、赤字となっていた。「ヒストリック・リターン」は売れたが、以後はそれほど売れなかったのだ。

売れなくなった理由として、ホロヴィッツとワンダはコロムビアが宣伝費を節約しているからだと主張した。しかし売れなくなったのは、演奏会をしないからだとも言える。レコードだけのピアニス

SONY/OJC-49［M-32342］
コロムビアの12点目のLP。1972年4月20日、1973年1月10日、24日にコロムビア30丁目スタジオでのセッション録音の、ベートーヴェンとシューベルト。
ベートーヴェン：ピアノ・ソナタ第14番《月光》（1972年4月20日）
シューベルト：即興曲D.899-4（Op.90-4）、D.935-1（Op.142-1）、D.935-2（Op.142-2）、D.899-2（Op.90-2）（1973年1月10日、24日）

SONY/OJC-50［M-31371］
「HOROWITZ BEETHOVEN」
コロムビアの13点目のLPとして出たベートーヴェン・アルバム。1972年10月25日と12月20日、コロムビア30丁目スタジオでのセッション録音。
ベートーヴェン：ピアノ・ソナタ第23番《熱情》（1972年10月25日）
ベートーヴェン：ピアノ・ソナタ第21番《ワルトシュタイン》（1972年12月20日）

SONY/OJC-51［M-32932］
「Vladimir Horowitz NEW RECORDINGS OF CHOPIN」
コロムビアの14点目のLPとして出た新録音のショパン・アルバム。マズルカ第7番とワルツ以外は、コロムビア30丁目スタジオでのセッション録音。コロムビアでのセッション録音、オリジナル・アルバムはこれが最後となる。
マズルカ第38番（1973年2月15日）、第32番（1973年2月8日、15日）、第20番（1973年2月8日、15日）、第7番（1968年5月12日、1973年2月8日、シカゴ）、第27番（1973年2月15日）、第23番（1973年2月8日、15日）
練習曲第4番（1973年2月8日、15日）、第3番《別れの曲》（1972年6月6日）、第12番《革命》（1972年6月6日）、前奏曲第6番（1972年6月6日）
ワルツ第7番（1968年4月7日、ボストン、シンフォニー・ホール）
ポロネーズ第3番イ長調Op.40-1《軍隊》（1972年6月6日）

トとして生きるのであれば、グールドのように年に四枚も五枚も出さなければならない。

ホロヴィッツは、一九七二年四月二十日にクレメンティのグラドゥス・アド・パルナッスム第一巻第十四番とソナタ、二十七日にスクリャービンの練習曲を録音したが、発売されないまま、契約満期の一九七三年になった。お互いに契約更新の意思を表明せず、緊張が続いた。コロムビアは協奏曲や室内楽を出してくれと頼むが、ホロヴィッツは受け入れない。

結局、コロムビアとの契約は打ち切られた。

同時にホロヴィッツは演奏会への復帰を真剣に考えるようになっていた。

第十二章　日曜日のピアニスト

演奏活動再開

ホロヴィッツはコロムビアとの録音契約を解消すると、演奏会再開へ向けて本格的に動き出した。ここで登場したのが、ハロルド・ショーなるマネージャーだった。ショーは一九七三年からホロヴィッツのもとに足繁く通い、ホロヴィッツをその気にさせ、なおかつ自分が彼の専属マネージャーになることを了承させた。

しかしこの仕事を得るために、ショーはホロヴィッツが売上の八十パーセントを取るという条件を呑まなければならなかった。

コロムビアとの録音契約がなくなった一九七四年の冬から春にかけて、ホロヴィッツはリサイタルを目指しての練習を始めた。

ショーは当初、一九七四年五月を復帰リサイタルの日として提案した。一九六五年の復帰が五月九日だったので、それと同じ日に、同じカーネギー・ホールにカムバックすれば、話題性も充分だと踏んだのだ。しかし、前回は自分からカーネギー・ホールで復帰すると言い出したのに、今回のホロヴィッツは弱気で、ニューヨークではなく、それでいてあまり遠くではないところがいいとショーに告げた。

ホロヴィッツの意向を受けて、ショーはクリーヴランド管弦楽団のマネージャーに連絡を取り、同楽団の本拠地であるセヴェランス・ホールの五月のスケジュールを調べてもらった。五月の第二日曜日、十二日が空いていると分かり、仮押さえした。

実現すれば、ホロヴィッツにとってクリーヴランドで演奏するのは二十七年ぶりとなる。ホロヴィッツも乗り気だった。だが最終的な返事をする前に、ホロヴィッツは周囲を驚かせる行動に出た。自宅で小さな音楽会を開くというのだ。

そのささやかな音楽会は五月三日金曜日に開かれた。かねてから交流のあるイェール大学の学生三十八名が招待され、ホロヴィッツの友人・知人十五名を加えた五十三名が、九十四丁目のホロヴィッツ邸にやってきた。ホロヴィッツは復帰リサイタルで弾くつもりのクレメンティのソナタとシューマンの《子供の情景》を聴かせた。

学生たちは熱心に聴き、感動した。その反応に勇気づけられたホロヴィッツは、その場でショーに、「クリーヴランドへ行くよ」と伝えた。会場が空いているのは十二日である。十日を切っていたが、ホロヴィッツの気が変わらないうちに決めなければならない。

週明けの六日月曜日、ショーはクリーヴランドへ連絡し、十二日にリサイタルをすると告げた。七日火曜日にチケットの印刷と新聞広告の手配がなされ、八日水曜日に「十二日にホロヴィッツが五年ぶりにリサイタルを開き、二十七年ぶりにクリーヴランドで演奏する」と発表された。

六五年の「ヒストリック・リターン」は四月二十二日に告知され、五月九日がリサイタル当日と、慌ただしかったが、それ以上だった。ホロヴィッツほどの知名度がなければ、こんな短期間に約二千枚のチケットを売り切るのは不可能だった。

ホロヴィッツがクリーヴランドへ向かったのは、九日木曜日だった。ホールの音響が気になるので、事前に試してみなければならなかったのだ。十日金曜日には現地で記者会見も設定された。

かくして五月十二日、ホロヴィッツは五年ぶりのリサイタルを開き、聴衆は興奮し、批評家も新聞で絶賛した。

復帰公演は大成功した。続いて、六月二日にワシントンでもリサイタルを開き、夏休みはコネチカットへ行って休暇を過ごし、スカルラッティのソナタ第五番を研究、練習した。次のシーズンで弾こうとしていたのだ。

シーズンが始まると、まず、十月二十七日と十一月三日にシカゴでリサイタルを開いた。いずれも日曜日である。

ホロヴィッツがメトロポリタン歌劇場に、観客としてではなく演奏者として初めて現れたのが、十一月十七日、日曜日だった。

このリサイタルは、春から計画が立てられていた。

オペラハウスであるこの劇場で器楽の演奏会が開かれることはめったにない。ホロヴィッツはかねてからここで弾くことを望んでいたが、歌劇場総支配人ルドルフ・ビングが頑なに拒んだので実現しなかった。ビンゴにしてみれば、歌劇場はオペラを上演する場であってリサイタル会場ではないのだ。だが、ビンゴはこの年の秋に引退し、後任にコロンビア・レコードのプロデューサーだったスカイラー・チェイピンが就任したことで、事情は変わった。チェイピンとホロヴィッツは親しかったのだ。

ホロヴィッツの生年は現在では「一九〇三年」とされているが、当時は「一九〇四年」とされていた。そのため、一九七四年に七十歳になると思われていた。そこでメトロポリタン歌劇場はホロヴィッツの七十歳記念演奏会と銘打ち、さらに逼迫していた歌劇場の財政支援を目的としたチャリティー演奏会にしようと決めた。

問題は音響だった。オペラのための劇場であり、ピアニストがひとりで弾くリサイタルを開くことは想定されていない。ホロヴィッツにとっても、メトロポリタン歌劇場でリサイタルを開くのは魅力的だったが、音響は心配だった。そこで、チェイピンは二回の試演会を開くことにした。ホロヴィッツのワシントンでの六月二日のリサイタルの一週間後の九日に最初の試演会があり、ピアノの位置をどこにするかが決まった。このときはごく少数の関係者しか聴いていない。二回目は十月三日で評論家のハロルド・ショーンバーグをはじめ、音楽関係者がかなり招待された。

この二回の試演会でホロヴィッツも音響に満足し、リサイタルを開くことを正式に決定した。数日後、ホロヴィッツ邸のリビングルームで記者会見が行なわれ、十一月十七日にメトロポリタン歌劇場でリサイタルを開き、これはこの年唯一のニューヨークでの公演だと発表された。チケット代はチャリティーを兼ねているので破格だった。メトロポリタン歌劇場の後援会員は優先的に買えるが二百ドル、一般の聴衆には二十五ドルから五ドルと設定された。さらに一般向きのチケットは郵便を利用しての販売はせず、発売日に並んで買ってもらうことも決まった。一九六五年の「ヒストリック・リターン」のときに徹夜組が出て、そこにワンダが訪れて珈琲とドーナツを振る舞ったことが話題になったので、それを再現しようという目論見だった。

チケット発売日は十一月五日と決まった。ホロヴィッツはシカゴでの三日のリサイタルを終えた翌四日、飛行機で夕刻にニューヨークへ戻り、その足でメトロポリタン歌劇場へ向かった。翌日の発売のためにすでに五百人が徹夜覚悟で並んでいた。一九六五年のあの日も雨になっていてとても寒かったが、彼らは、ホロヴィッツを聴くために耐えていた。そこへ、ピアニストがやって来たのだ。大歓声となった。もちろん、そこには報道陣が待ち構えていた。ホロヴィッツとワンダはそばにあるカフェで珈琲とドーナツを大量に注文し、並んでいる人たちに配るよう手配した。

すべて予定通りだった。そして、予定通り、翌日の新聞は大々的に報じた。

かくして十一月十七日のリサイタルは満席となった。元大統領夫人ジャクリーヌは新しい夫オナシスとやって来た。偶然にもベルリン・フィルハーモニーとアメリカ公演中だったヘルベルト・フォン・カラヤンも客席にいた。バーンスタイン、アイザック・スターン、ヴァン・クライバーン、ダニエル・バレンボイムの姿もあった。

「VLADIMIR HOROWITZ A REMINISCENCE」
（ホロヴィッツの想い出）
SONY/SICC1188-9（CD+DVD）
ドキュメンタリー映像。そのなかに1974年演奏のクレメンティのソナタOp.26-2、スクリャービンの《焔に向かって》、ショパンの序奏とロンドOp.16の全曲が収録されている。
6枚組DVD-BOX、SONY/SIBC-210にも収録されている。初出はレーザーディスク。

メトロポリタン歌劇場でのリサイタルは大成功した。三千七百席は完売し、十二万七千ドルの売上となった。ひとりのピアニストのリサイタルとしては空前絶後の金額だった。

ホロヴィッツのリサイタルは高くても客が来ることが立証された。

一九七三年をもってコロムビア・レコードとの契約が終わっていたが、次のレコード会社がまだ決まっていなかったので、七四年の六回のリサイタルは、十一月のメトロポリタン歌劇場を含め、どれも録音されなかった（少なくとも、公にはなっていない）。

レコード会社と契約していないので、当然セッション録音もなく、一九七四年は公の場でのホロヴィッツの演奏録音がひとつもない年となった。だが、自宅でスクリャービンの《焔に向かって》を演奏している映像があり、没後に出たDVD『VLADIMIR HOROWITZ A REMINISCENCE』に収録されている。

娘の死

メトロポリタン歌劇場リサイタルの大成功でホロヴィッツは気をよく

し、一九七五年のリサイタルの契約を次々と決めた。二月九日の日曜日にヒューストン、その次はマイアミと、長距離の移動も厭わなくなっていた。

ホロヴィッツは原則として日曜日にリサイタルを開くことにした。さらにホテルを嫌がり、その地に滞在している間は家を借りるよう、ショーに求めた。移動のたびにワンダはもちろん、ショーと付き人の青年など数人が付きそう。これは後に外国へ行く際も同じで専任の料理人も同行するようになり、まさに国王のような扱いとなっていく。その原資となるのは入場料で、ホロヴィッツのリサイタルのチケットは高額になった。だが、それでも人びとは競って、ときには争って、チケットを買い求めた。

こうしてリサイタル興行が本格化しようとしたが、その出鼻をくじくかのように、年が明けてすぐの一月十日、ホロヴィッツの娘ソニアがジュネーヴで亡くなった。四十歳だった。自殺とも伝えられる。偉大な祖父と偉大な父をもつこの女性は、結局は何にもなれず、両親と別れ伯母のもとで暮らしていたが、旅先で亡くなったのである。ホロヴィッツは予定していた演奏会を延期すると決めた。ワンダはすぐに葬儀が営まれるミラノへ飛んだが、ホロヴィッツはニューヨークに留まった。

ホロヴィッツが悲しみに打ちひしがれ、またも引退してしまうのではないかと周囲は心配したが、その逆だった。たしかに報せを受けた当初は、動揺もし、決まっていたリサイタルをキャンセルしたものの、すぐに立ち直った。むしろ、重荷がなくなってほっとしたという雰囲気だったとも伝えられる。

ホロヴィッツは三月からリサイタルを再開した。フロリダ州サラソータに滞在し、二日、十六日、二十三日と三回、そして三十日にはヒューストンで二月に予定していながらも延期した分を開いた。

続いて四月六日はテキサス州ダラス、二十日はミシガン州アン・アーバー、二十七日はカーネギー・ホール、五月十八日はオハイオ州コロンバスの州立大学で演奏した。

こうして、復帰して二シーズン目となる一九七四／七五を終えた。

ルービンシュタインの長い旅

このシーズン、八十八歳になるルービンシュタインは、一九七五年一月から、外国を含めた長い演奏ツアーを始めた。最初の地はロサンゼルスで、ズービン・メータ指揮のイスラエルフィルハーモニックと共演した。

一月十五日にカリフォルニア州パサデナでリサイタルを開き、これは録音され、現在聴けるルービンシュタインのソロのライヴの最後のものとなった。

その後、サンディエゴでも演奏し、ニューヨークではバレンボイムとブラームスの協奏曲第二番を共演した。次はロンドンへ飛び、またもバレンボイム指揮のロンドン交響楽団とベートーヴェンの協奏曲五曲を録音した。それが終わると、イギリス、オランダ、スイス、スペインをまわった。若いホロヴィッツよりもはるかに移動距離は長い。

復活祭の時期、ザルツブルクではカラヤンがオペラとコンサートを上演する復活祭音楽祭が開催されていた。演奏会の日程が入っていなかったルービンシュタインは、初めてこの音楽祭の客となり、四日間のプログラムを楽しんだ。ルービンシュタインとカラヤンが共演したことは——おそらく、会って話したことも——一度もない。ナチスを憎む点ではホロヴィッツとルービンシュタインは同じだが、ルービンシュタインのほうが親戚を殺されているだけに、憎しみは大きい。

ルービンシュタインはザルツブルクで春の休暇を楽しむと、ポーランドへ向かった。故郷ウッチのオーケストラと、ショパンの第二番とベートーヴェンの《皇帝》を演奏した。聴衆も、そしてルービンシュタインも、この演奏がこの地での最後のものになるだろうと予感してのコンサートとなった。

老ピアニストの旅は続いた。つづいてエルサレムへ行き、イスラエル独立記念祝典で演奏、そしてパリではバレンボイム指揮パリ管弦楽団と《皇帝》を一日に二回弾いた。

七五年春までのシーズンの最後はモンテカルロで、グレース王妃が後援するショパンのリサイタルだった。客席にはリヒテルがいた。しかし、さすがに疲れが溜まっていたのか、あまりいい出来ではなかったと、当人は悔やんでいる。

ルービンシュタインは夏をゆっくり過ごした後、秋から最後のツアーに出た。イギリスのエディンバラ、グラスゴーに始まり、パリ、再びイギリス各地をまわり、オランダのアムステルダム、再びロンドン、その後はスイス、そしてアメリカへ行き、西海岸で八回のコンサートを行なった。

ロサンゼルスでズービン・メータと《皇帝》を演奏した翌日、新聞を読もうとしたルービンシュタインは文字が判別できないことに気づき、眼科医に診てもらった。十年前から、一定の距離のものが二重に見えていたので、加齢のせいだとほうっておいたのだ。医師は角膜の細胞が退化しており、治

SONY/LR19-20
1975年11月2日、シカゴ、オーケストラ・ホールでのリサイタル、全曲。
シューマン：《花の曲》、オーケストラのない協奏曲（ピアノ・ソナタ第3番）
ラフマニノフ：前奏曲 Op.32-5、練習曲《音の絵》Op.39-5/ リスト：《忘れられたワルツ》第1番、《泉のほとりで》/ ショパン：ワルツ第3番、スケルツォ第1番 /（以下アンコール）シューマン：《トロイメライ》/ スカルラッティ：ソナタイ長調 K.322（L.483）/ モシュコフスキ（ホロヴィッツ編）：《花火》/ ショパン：練習曲第5番《黒鍵》、ショパン：マズルカ第13番 / ラフマニノフ：練習曲《音の絵》Op.39-9

療法はないと診断した。念のためにニューヨークへ行き、かかりつけの眼科医に診てもらい、失明することはないと言われ、希望をもった。

ルービンシュタインは演奏を続けた。ヨーロッパへ戻り、パリのシャンゼリゼ劇場で、一九七五年の演奏は終わった。

ホロヴィッツは一九七五／七六シーズンを始める前に、RCAと契約した。コロムビアとの契約が終わった後、EMI、ドイツ・グラモフォン、キャピトル・レコードが契約を打診し、コロムビアともまだ再契約の余地も残していたが、結局、古巣に復帰することにしたのだ。これでまた、リサイタル活動とレコード制作という車の両輪が揃った。

新しいシーズンは、十月十九日にアイオワ州アイオワシティ、その翌週二十六日はインディアナ州ブルーミントンと、小さな都市から始め、大都市への登場は十一月二日のシカゴからとなった。

RCAはこのシカゴのリサイタルから、契約していた八三年までに十七の演奏会を録音し、それをもとにしてほぼ年に一点ずつLPを発売していく。つまりそのシーズンの複数のリサイタルの

SONY/OJC-56

SONY/CH31-32

「HOROWITZ reDISCOVERED」
1975年11月16日、カーネギー・ホールでのリサイタル、全曲。初出の2003年にBGMからRCAレーベルで出たCD［BVCC-3408415］のジャケット。
シューマン：《花の曲》、オーケストラのない協奏曲（ピアノ・ソナタ第3番）
ラフマニノフ：前奏曲Op.32-5、練習曲《音の絵》Op.39-5/リスト：《忘れられたワルツ》第1番、《泉のほとりで》/ショパン：ワルツ第3番、スケルツォ第1番/（以下アンコール）ドビュッシー：《人形へのセレナーデ》/シューマン：《トロイメライ》/モシュコフスキ（ホロヴィッツ編）：《花火》/ラフマニノフ：練習曲《音の絵》Op.39-9

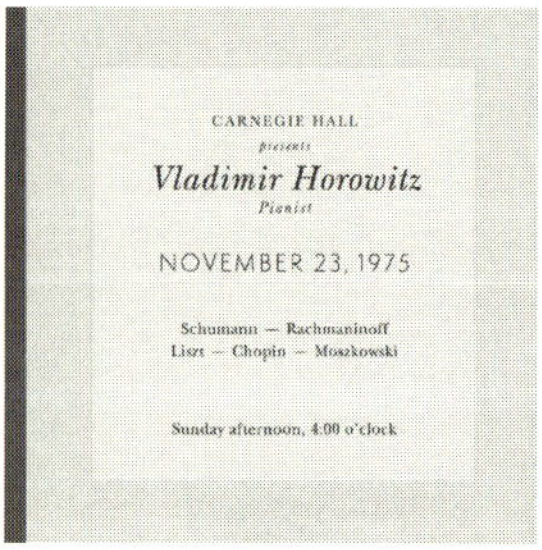

SONY/CH33-34
1975年11月23日、カーネギー・ホールでのリサイタル、全曲。
シューマン：《花の曲》、オーケストラのない協奏曲（ピアノ・ソナタ第3番）
ラフマニノフ：前奏曲Op.32-5、練習曲《音の絵》Op.39-5/リスト：《忘れられたワルツ》第1番、《泉のほとりで》/ショパン：ワルツ第3番、スケルツォ第1番/（以下アンコール）ショパン：マズルカ第13番/モシュコフスキ（ホロヴィッツ編）：《花火》/ラフマニノフ（ホロヴィッツ編曲）：ピアノ・ソナタ第2番第3楽章

SONY/LR21-22
1976年2月15日、オークランド、パラマウント・シアターでのリサイタル、全曲。
シューマン：《アラベスク》、オーケストラのない協奏曲（ピアノ・ソナタ第3番）
ラフマニノフ：前奏曲Op.32-5、練習曲《音の絵》Op.39-5/リスト：《忘れられたワルツ》第1番、《泉のほとりで》/ショパン：ワルツ第3番、バラード第1番/（以下アンコール）シューマン：《トロイメライ》/モシュコフスキ（ホロヴィッツ編）：《花火》/ラフマニノフ：ピアノ・ソナタ第2番第3楽章

録音から、いいものを選んで出していた。現在は、七五年から八四年までにＲＣＡが録音した十七の演奏会の全曲が「リサイタル・ライヴ・レコーディング」ボックスに収録されているので、全てを聴くことができる。シカゴの次はカーネギー・ホールで、十一月十六日と二十三日と二度、開いた。二回とも録音され、「カーネギーホール・ライヴ・ボックス」に収録されている。

十一月三十日にワシントンへ行き、これが七五年の最後で、この年は十四回、演奏した。

一九七六年が明けると、一月二十四日、ホロヴィッツはシアトルでリサイタルを開き、同地へやってきた日本からのファン約百名をリハーサルに招待した。ホロヴィッツはまだ日本へ行ったことがなかったが、多くのファンがいることは知っていた。そして日本の興行会社からは破格の金額が提示されていたが、まだ太平洋を渡る気にはならなかった。

二月一日はオレゴン州ポートランド、十五日はカリフォルニア州オークランド、二十二日、二十九日はカリフォルニア州パサデナでリサイタルを開いた。前年にルービンシュタインがリサイタルをした地である。

このなかのオークランドとパサデナの三回が録音され、そのなかから

SONY/LR23-24
1976年2月22日、カリフォルニア州パサデナ、アンバサダー・オーディトリウムでのリサイタル、全曲。
シューマン：《アラベスク》、オーケストラのない協奏曲（ピアノ・ソナタ第3番）
ラフマニノフ：前奏曲 Op.32-12、練習曲《音の絵》Op.39-5/ リスト：《忘れられたワルツ》第1番、《泉のほとりで》/ ショパン：ワルツ第3番、バラード第1番 /（以下アンコール）シューマン：《トロイメライ》/ モシュコフスキ（ホロヴィッツ編）：《花火》/ ラフマニノフ：ピアノ・ソナタ第2番第3楽章

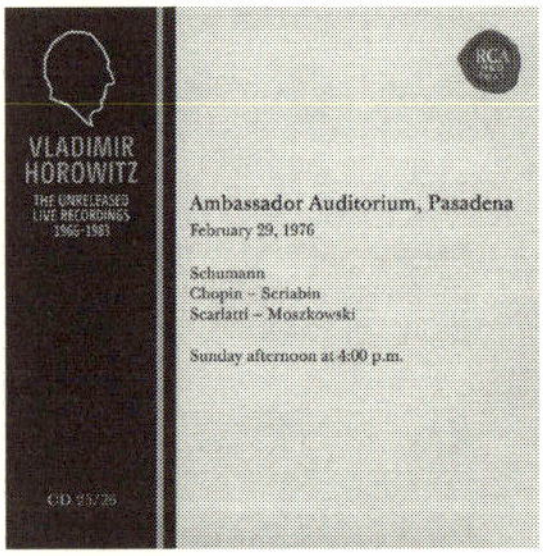

SONY/LR25-26
1976年2月29日、カリフォルニア州パサデナ、アンバサダー・オーディトリウムでのリサイタル、全曲。
シューマン：《花の曲》、オーケストラのない協奏曲（ピアノ・ソナタ第3番）
ショパン：ロンド Op.16、マズルカ第13番、マズルカ第41番 / スクリャービン：ピアノ・ソナタ第5番 /（以下アンコール）スカルラッティ：ソナタイ長調 K.322（L.483）/ ショパン：ワルツ第7番 / モシュコフスキ（ホロヴィッツ編）：《花火》/ スクリャービン：練習曲 Op.8-12《悲愴》

SONY/OJC-29［ARL1-1766］
「THE HOROWITZ CONCERTS 1975/1976」
RCA第2期の最初のLP（通算29点目）。1975/76シーズンのリサイタルのライヴ録音から作られたアルバム。
シューマン：ピアノ・ソナタ第3番（1976年2月14日、15日）
スクリャービン：ピアノ・ソナタ第5番（1976年2月28日、29日）

シューマンのグランド・ソナタ第三番と、スクリャービンのソナタ第五番が、ホロヴィッツのRCAでの第二期最初のLP「ホロヴィッツ　コンサート1975／76」として発売された。

ホロヴィッツのリサイタル興行は順調だった。三月十四日はボストン、二十八日はピッツバーグ、四月四日はミネアポリス、十一日はアン・アーバー、四月二十五日はカナダまで足を伸ばしてモントリオール、五月九日はトロントと巡業し、ニューヨークへ帰ってきた。

一方——ルービンシュタインは七六年が明けるとすぐに、スペインとイタリア、それからまたアメリカへ飛び、東海岸での十二回の演奏会をやり遂げた。最後はシンシナティで、その翌日にはホワイトハウスへ招かれ、フォード大統領から自由勲章を授与された。

パリへ戻り休息した後、ルービンシュタインはテルアヴィヴへ飛んで、四月六日と七日にメータ指揮イスラエル・フィルハーモニックとブラームスの協奏曲を録音、その一週間後の二十一日から二十三日にロンドンで、ソロのLPを録音した。シューマンの「幻想小曲集」と、ベートーヴェンのソナタ第十八番を演奏し、他にも録音する予定だったが、楽譜が読めず断念した。これがラスト・レコーディングとなる。

フランスのトゥールーズでシューマンの協奏曲を演奏したのが、ルービンシュタインのフランスでの最後の演奏となった。共演したのはミシェル・プラッソン指揮のトゥールーズ・カピトール国立管弦楽団だった。このリハーサルで一瞬、高音部が聴こえなくなった。

ルービンシュタインはこのシーズンで終わりだと覚悟していたであろう。もう、眼も耳もおかしくなっていた。
ルービンシュタインの最後の日が近づく五月十八日、ニューヨークのカーネギー・ホールでは創立八十五周年記念コンサートが盛大に開かれていた。

アイザック・スターンが中心になってのもので、超大物音楽家が揃ったコンサートだった。ホロヴィッツも招かれ、スターンとムスティスラフ・ロストロポーヴィチとともに、チャイコフスキーのピアノ三重奏曲の第一楽章、ロストロポーヴィチとラフマニノフのチェロ・ソナタの第三楽章を演奏し、さらにディートリヒ・フィッシャー＝ディスカウが歌うシューマンの歌曲集《詩人の恋》の伴奏をした。このコンサートは「史上最大のコンサート」と題されて、ライヴ録音がＣＢＳから発売された。

この盛大なコンサートで、ホロヴィッツのシーズンも終わった。

だが、まだ弾いているピアニストがいた。

五月三十一日、ルービンシュタインはロンドンのウィグモア・ホールでリサイタルを開いた。このホールは七十五年前、ルービンシュタインが最初にロンドンで演奏した時のホールだった。ところがこの伝統のあるホールが取り壊しの危機にあったので、ルービンシュタインはそれを救うために、この日ここで演奏したのだ。

プログラムは、ベートーヴェンのソナタ第十八番で始まった。つづいてシューマンの《謝肉祭》、休憩の後、ラヴェルの《ヴァルス》、そしてショパンのエチュードや夜想曲第二番、アンコールはショパンのワルツ第七番とヴィラ＝ロボスの《道化人形》で終わった。

SONY/OJC-52［M2-34256］

SONY/CH35-36
「CONCERT of the CENTURY
史上最大のコンサート」

1976年5月18日、カーネギー・ホール85週年記念コンサートのライヴ。
ホロヴィッツ他、豪華メンバーが出演した。コロムビアからライヴ盤として発売された。
ベートーヴェン：レオノーレ序曲第3番
（レナード・バーンスタイン指揮ニューヨーク・フィル）
チャイコフスキー：ピアノ三重奏曲《偉大なる芸術家の生涯》第1楽章
（ホロヴィッツ、アイザック・スターン、ムスティスラフ・ロストロポーヴィチ）
ラフマニノフ：チェロ・ソナタ第3楽章
（ホロヴィッツ、ロストロポーヴィチ（Vc））
シューマン：歌曲集《詩人の恋》
（ホロヴィッツ、ディートリヒ・フィッシャー＝ディースカウ）
バッハ：2つのヴァイオリンのための協奏曲BWV.1043
（ユーディ・メニューイン、アイザック・スターン、レナード・バーンスタイン指揮ニューヨーク・フィル）
チャイコフスキー：無伴奏合唱曲《われらが父》
（リンドン・ウッドサイド指揮ニューヨーク・オラトリオ・ソサエティー）
ヘンデル：《ハレルヤ》（出演者全員）

SONY/LR27-28
1976 年 11 月 21 日、セントルイス、パウエル・ホールでのリサイタル、全曲。
クレメンティ：ソナタ Op.33-3/ ショパン：夜想曲第 19 番、ワルツ第 3 番、ロンド Op.16
リスト：ピアノ・ソナタロ短調 /（以下アンコール）シューマン：《トロイメライ》/ モシュコフスキ（ホロヴィッツ編）:《花火》

これがホロヴィッツの親友にしてライバルだった二十世紀の大ピアニスト、ルービンシュタインの最後の演奏会となった。

ホロヴィッツは、一九七六／七七シーズンも日曜日にリサイタルをしていく。

十月十七日のアイオワが最初で、二週間後の三十一日は七四年の復帰の地となったクリーヴランドへ行き、十一月十四日はボストン、二十一日はミズーリ州セント・ルイスで、七六年のリサイタルは終わった。最後のセント・ルイスが録音されている。

一九七七年最初のリサイタルはフロリダ州で、一月十六日はマイアミ、翌週二十三日はサラソータ、三十日は再びマイアミで演奏した。ずっとフロリダ州に滞在していたのだ。

続いて二月二十日はダラス、次はカリフォルニアへ向かって、三月十三日はサンフランシスコ、二十日はロサンゼルスでリサイタルをした。どちらも復帰後初めてだった。

四月はウィスコンシン州へ行き、十日はミルウォーキー、十七日はシンシナティ、二十四日はニューヨーク州バッファロー、五月八日のミシガン州イーストランシングでシーズンを終えた。この時期のリサイタルは録音

SONY/OJC-30［ARL1-2548］
「GOLDEN JUBILEE RECITAL
THE HOROWITZ CONCERT 1977/1978」
RCAからの通算30点目のLP。ライヴ音源をもとにしたアルバム。タイトルは「77/78」だが76年と77年の演奏。
リスト：ピアノ・ソナタロ短調（1976年11月21日）
フォーレ：即興曲第5番Op.102、夜想曲第13番Op.119（1977年9月9日）

されていない。

ニューヨークに戻ったホロヴィッツは、久しぶりにセッション録音に臨んだ。六月二十四日にニューヨークのRCAのスタジオで、ラフマニノフの《楽興の時》第二番と前奏曲、《V・Rのポルカ》を弾いた。これはすぐにはレコードとしては発売されず、一九七九／八〇シーズンのライヴ録音から選んだ曲を収録した『ホロヴィッツ・オン・ツアー　1979／1980』に収められる。

夏の休暇後の九月九日にもセッション録音をして、フォーレの即興曲第五番と夜想曲第十三番を弾いて、前年十一月二十一日のセント・ルイスでのリサイタルで弾いたリストのロ短調ソナタのライヴ録音と一緒に『ゴールデン・ジュビリー・リサイタル　1977／1978』に収録される。

アメリカ・デビュー五十年

一九七七／七八シーズンのリサイタルは十月九日と十日のミシガン州アン・アーバーで始まった。このシーズンのリサイタルは、しかし、録音がひとつも遺っていない。日付と場所を列記すると、十月十六日にトロント、三十日にフィラデルフィア、十一月六日と十三日にシカゴ、二十日にクリーヴランドとまわった。

一九七八年一月十二日は、ホロヴィッツが一九二八年に初めてアメリカへ来て、ビーチャム指揮ニューヨーク・フィルハーモニックとチャイコフスキーの協奏曲を演奏し、圧倒的な成功を得てから五十年という記念の日だった。ニューヨーク・フィルハーモニックの理事長カーロス・モリースはこのことに何年も前から気づいていたので、五十年記念に再びフィルハーモニックの演奏会に出てくれないかと打診していた。

ホロヴィッツがオーケストラと共演したのは、その二十五年前の一九五三年一月十二日に、アメリカ・デビュー二十五周年記念でセルの指揮するニューヨーク・フィルハーモニックとチャイコフスキーを演奏したのが最後だった。その後の二月のカーネギー・ホールでのリサイタルを最後に十二年の隠遁生活に入ったのだ。その意味では、ニューヨーク・フィルハーモニックと共演するのは縁起が悪いとも言えた。

だがこの機会を逃すと、オーケストラとの共演は二度とないかもしれない。五十年記念はいい機会だった。ホロヴィッツは、ようやくオーケストラとの協奏曲に重い腰を上げることにした。

オーケストラはニューヨーク・フィルハーモニックとして、指揮者は誰がいいか。当時の音楽監督はズービン・メータだったが、六〇年代の音楽監督で退任後も桂冠指揮者としてたびたび客演していたバーンスタインが共演を熱望し、直談判した。しかしホロヴィッツはバーンスタインに「君は伴奏指揮者向きではないよ。独奏者が重要であればあるほど、自分が目立ちたがるだろう」と言って、断った。バーンスタインは「音楽の奴隷になります」と誓ったが、ホロヴィッツは信用しなかった。

バーンスタインにはグレン・グールドとのブラームスで、事前にスピーチした前科があった。グールドはその場では楽しんでいる様子だったが、内心がどうだったかは分からない。彼がコンサートから離脱した遠因のひとつが、バーンスタインにあることは周知の事実だった。ホロヴィッツは、本当に自分の「音楽の奴隷」になってくれる指揮者は誰かを考えた。オーマンディ、ショルティ、メータ、バレンボイム、小澤、レヴァインらの名が挙がっては消えた。若すぎるとか年寄りすぎるというのがその理由だった。ホロヴィッツが合格点を与えたのは、カラヤンとイタリアのカルロ・マリア・ジュリーニだった。この時点でまたもカラヤンが浮上していたのだ。

しかしホロヴィッツはすぐに気が変わる。いったんは「年寄りすぎる」として除外したオーマンディに落ち着いた。

だが、オーマンディとニューヨーク・フィルハーモニックとは長きにわたる確執があり、彼がこの楽団を指揮したのは一九四七年が最後で、しかも、ニューヨークでは一度も指揮していない。オーマンディはホロヴィッツとの共演は問題ないが、ニューヨーク・フィルハーモニックへ客演するのを渋った。そこでホロヴィッツが、ニューヨークで指揮してくれたら、自分がフィラデルフィア管弦楽団と共演してもいいという交換条件を出し、オーマンディの客演が決まった。ある意味では、ホロヴィッツはこの老指揮者と老舗楽団との和解に一役買ったのだ。

SONY/OJC-31

SONY/CH37

SONY/CH37
「GOLDEN JUBILEE CONCERT」
1978年1月8日、カーネギーホールでの50周年記念コンサートのライヴ録音。RCAから通算31点目のLPとして出た。
ラフマニノフ：ピアノ協奏曲第3番（ユージン・オーマンディ指揮ニューヨーク・フィルハーモニック）

記念コンサートでは、当初、五十年前と二十五年前と同じチャイコフスキーを演奏しようとしたが、ラフマニノフの第三番になった。ラフマニノフ自身がこの曲をオーマンディの指揮で演奏したことがあるのも理由のひとつだった。

一月八日のニューヨーク・フィルハーモニックとのコンサートはカーネギー・ホールで、当然のように録音された。

このラフマニノフの演奏会の客席には、アルゲリッチもいた。

二十五年ぶりの協奏曲という大仕事を終えると、寒いニューヨークを避けて、ホロヴィッツは西海岸へ向かい、一カ月滞在した。その間も日曜日にはリサイタルを開いた。二月五日にロサンゼルス、十二日にサンフランシスコ、十九日にロサンゼルスである。

温かい西海岸での仕事の次は、ホロヴィッツのアメ

SONY/LR29
1978年2月26日、ホワイトハウスでのリサイタル、全曲。
アメリカ合衆国国歌
ショパン：ピアノ・ソナタ第2番、ワルツ第3番、ワルツ第7番、ポロネーズ第6番《英雄》
シューマン：《トロイメライ》/ラフマニノフ：V.R.のポルカ/ホロヴィッツ：ビゼーの《カルメン》の主題による変奏曲

リカ・デビュー五十周年記念イベントでもある、ホワイトハウスでのカーター大統領臨席の特別コンサートだった。

二月二十六日にホワイトハウスへ行き、大統領夫妻や招待されたＶＩＰたちを前に、ショパンのピアノソナタ第二番などを弾いた。これはテレビでも放映され、当然録音もされたが、この後、権利をめぐってホワイトハウスともめたため、いまだ映像は市販化されず、音源もレコード化されなかったが、録音のみ、「リサイタル・ライヴ・レコーディング」ボックスに収録された。

このホワイトハウス・コンサートは日本では一九七九年一月にテレビ朝日が放映し、六月には再放送もした。当時ビデオデッキを持っていた人はまだ少ないが、録画した人もいるはずだ。番組では中村紘子が解説をし、ホロヴィッツについてのエピソードを紹介した。そのなかで、このコンサートに関連するものとしては、前日にピアノが持ち込まれ、リハーサルをし、音が響きすぎるとなって、カーペットを敷くことになり、顔を出したカーター大統領もそれを手伝ったというエピソードがある。

ホワイトハウス・コンサートが無事に終ると、三月十二日にシカゴでリサイタルをし、ニューヨークへ戻って、十九日はカーネギー・ホールでリサイタルをした。それからフィラデルフィアへ行き、二十六日にリサイタル、四月二日にワシントンでリサイタル、十六日のフィラデルフィアと三十日のアン・アーバーではフィラデルフィア管弦楽団とラフマニノフを共演した。五月七日にもう一度カーネギー・ホールで弾いて、このシーズンは打ち上げた。最後の五月七日のリサイタルには日本から百四十人のファンが参加した。

映像でのラフマニノフ

一九七八／七九シーズンは、九月二十四日、ニューヨーク・フィルハーモニックの演奏会で始まった。今度はエイヴリー・フッシャーホールで指揮者はメータだったが、曲はラフマニノフの三番である。これはテレビ放送され、後にビデオ化される。録音もされていたが、音だけがレコード化されることはなく、「リサイタル・ライヴ・レコーディング」ボックスに収録されるまで聴けなかった。

このホールは一九六二年に建てられ、それまでカーネギー・ホールを本拠地としていたニューヨーク・フィル・ハーモニックは、以後はここで演奏していた。一九七三年には大規模な音響の修繕工事もなされた。

ホロヴィッツは初めてこのホールで演奏し、気に入ったので、以後ニューヨークのリサイタルはここを使うことにした。

テレビで放映された、ホロヴィッツとメータのラフマニノフをルービンシュタインは自宅で聴い

SONY/LR50

GRAMMOPHONE/POLG-1166（LD）

1978年9月24日、エイヴリー・フィッシャー・ホールでのコンサート。

グラモフォンの映像。初出はレーザーディスクだった。DVDはUCBG-1028。

ラフマニノフ：ピアノ協奏曲第3番（ズービン・メータ指揮ニューヨーク・フィルハーモニック）

ていて、家族に言った。

「ホロヴィッツはどんな時でもテンポを変えるんだよ。ズービン・メータはどうやっているんだろうね」

そして、彼は親友に電報を打った。

「親愛なるヴォロージャ、いま君のラフマニノフの三番を聴いた。僕は完全に魅了され、君の膨大な、あまりにも長過ぎる成功を祝福するよ」

おそらく、そろそろ君も引退してはどうかという意味が込められているのではないか。

ニューヨークでの協奏曲の次は、十月八日にアン・アーバーで、十五日にミネアポリス、二十二日にロチェスター、十一月十九日にボストンでこの年を終えた。

SONY/LR30-31
1979年4月8日、シカゴ、オーケストラ・ホールでのリサイタル、全曲。
クレメンティ：ソナタ Op.33-3/ シューマン：《フモレスケ》
ラフマニノフ：練習曲《音の絵》Op.39-5、舟歌、《ユモレスク》/ リスト：コンソレーション第3番、メフィスト・ワルツ第1番 /（以下アンコール）ショパン：ワルツ第7番 / シューマン：《トロイメライ》/ ラフマニノフ：V.R. のポルカ / モシュコフスキ：《花火》

SONY/LR32-33
1979年4月15日、シカゴ、オーケストラ・ホールでのリサイタル、全曲。
クレメンティ：ソナタ Op.33-3/ シューマン：《フモレスケ》
ラフマニノフ：練習曲《音の絵》Op.39-5、舟歌、《ユモレスク》/ リスト：コンソレーション第3番、メフィスト・ワルツ第1番 /（以下アンコール）ショパン：ワルツ第3番 / スクリャービン：左手のための前奏曲 / ショパン：ポロネーズ第6番《英雄》

SONY/LR34-35
1979年4月22日、ワシントンD.C. コンスティテューション・ホールでのリサイタル、全曲。
クレメンティ：ソナタ Op.33-3/ シューマン：《フモレスケ》
ラフマニノフ：練習曲《音の絵》Op.39-5、舟歌、《ユモレスク》/ リスト：コンソレーション第3番、メフィスト・ワルツ第1番 /（以下アンコール）ショパン：ワルツ第7番 / シューマン：《トロイメライ》/ ラフマニノフ：V.R. のポルカ / ショパン：ポロネーズ第6番《英雄》

SONY/OJC-32［ARL1-3433］
「THE HOROWITZ CONCERTS 1978/79」
RCA の通算32点目のLPとして出た。1978、79シーズンのリサイタルのライヴ録音をもとにしたアルバムで全曲がレコードとして出るのは初めてだった。
シューマン：《フモレスケ》
ラフマニノフ：舟歌、《ユモレスク》
リスト：コンソレーション第3番、メフィスト・ワルツ第1番
(1979年4月7日、8日、15日、リストのコンソレーションのみ1979年4月22日)

Palexa/CD0541
「Vladimir Horowitz　Toronto 1979」
1979年11月4日、トロント、マッセイホールでのリサイタルのライヴ録音。CDで初出。
クレメンティ：ピアノ・ソナタ第3番／シューマン3つの幻想的小曲Op.111、「4つの夜曲」Op.23第3番《夜の宴》、第4番《独唱付きの輪唱》／ショパン：夜想曲第19番、ワルツ第3番／ラフマニノフ（ホロヴィッツ版）：ピアノ・ソナタ第2番／（以下アンコール）リスト：コンソレーション第3番／ラフマニノフ：W.R.のポルカ

年が明けて、一九七九年最初のリサイタルは二月四日にロサンゼルスで予定されていたが、キャンセルとなった。二十四日のサンディエゴもキャンセルされ、この年最初のリサイタルは三月十八日のアトランタとなった。以後は順調で二十五日はマイアミ、四月七日、八日、十五日にシカゴ、二十二日にワシントン、十三日にニューヨークのエイヴリー・フッシャー・ホール、二十日にミネアポリスで、シーズンを打ち上げた。

このなかのシカゴとワシントンがRCAによって録音され、シューマンとラフマニノフの《ユモレスク》、リストの《メフィスト・ワルツ》第一番などがLP「ホロヴィッツ・コンサート1978／79」として発売された。

一九七九／八〇シーズンは十一月四日、カナダのトロントで始まった。二十五日にフィラデルフィア、十二月九日にピッツバーグである。

一九七九年の出演は十一回と減ってしまっている。

一九八〇年も寒い時期は西海岸でリサイタルをした。二月十日と十七日にロサンゼルス、二十四日にサンフランシスコ、三月一日にサンディエゴ、アリゾナ州へ行って三月九日にテンピ、三十日にシカゴ、四月十三日にボストンとまわった。

SONY/LR36-37
1980年4月13日、ボストン、シンフォニー・ホールでのリサイタル、全曲。
クレメンティ：《グラドゥス・アド・パルナッスム》第1巻第14番のアダージョ・ソステヌート、ソナタ Op.12-2 第3楽章ロンド / シューマン：3つの幻想的小曲 Op.111、「4つの夜曲」Op.23 第3番《夜の宴》、第4番《独唱付きの輪唱》/ メンデルスゾーン：スケルツォ・ア・カプリッチオ WoO.3/ ショパン：舟歌、練習曲第19番、練習曲第5番《黒鍵》
リスト：コンソレーション第3番 / ラフマニノフ（ホロヴィッツ版）：ピアノ・ソナタ第2番 /（以下アンコール）ショパン：マズルカ第13番 / ラフマニノフ：V.R. のポルカ

このシーズンも最後は五月四日と十一日のニューヨークのエイヴリー・フッシャー・ホールだった。

これらのリサイタルのなかで、ボストンとエイヴリー・フッシャー・ホールの三回がRCAによって録音され、ラフマニノフのソナタ第二番、ショパンの練習曲《黒鍵》、シューマンの幻想曲集などがLP「ホロヴィッツ・コンサート1979／80」として発売された。

眼が不自由になったルービンシュタインは本も読めなくなり、やることがなくなったので、自伝を口述しており、一九八〇年に*My many years* として刊行された。これは大作で、日本語版『ルービンシュタイン自伝』（共同通信社）は上下合わせて八百ページ近い。

一九八〇／八一シーズンは始まるのが遅く、十一月九日が最初のリサイタルで、アン・アーバー、続いて、十六日にロチェスター、三十日にコネティカット州ニューヘイブンで開いたところで、八一年夏までのシーズンは終わってしまう。前シーズンの分も入れて、八〇年の演奏回数は十二回だった。

SONY/LR38-39
1980年5月4日、ニューヨーク、エイヴリー・フィッシャー・ホールでのリサイタル、全曲。
クレメンティ：《グラドゥス・アド・パルナッスム》第1巻第14番のアダージョ・ソステヌート、ソナタ Op.12-2 第3楽章ロンド / シューマン：3つの幻想的小曲 Op.111、「4つの夜曲」Op.23 第3番《夜の宴》、第4番《独唱付きの輪唱》/ メンデルスゾーン：スケルツォ・ア・カプリッチオ WoO.3/ ショパン：舟歌、練習曲第19番、練習曲第5番《黒鍵》
リスト：コンソレーション第3番 / ラフマニノフ（ホロヴィッツ版）：ピアノ・ソナタ第2番 /（以下アンコール）ショパン：マズルカ第13番 / ラフマニノフ：V.R. のポルカ

SONY/LR40-41
1980年5月11日、ニューヨーク、エイヴリー・フィッシャー・ホールでのリサイタル、全曲。
クレメンティ：《グラドゥス・アド・パルナッスム》第1巻第14番のアダージョ・ソステヌート、ソナタ Op.12-2 第3楽章ロンド / シューマン：3つの幻想的小曲 Op.111、「4つの夜曲」Op.23 第3番《夜の宴》、第4番《独唱付きの輪唱》/ メンデルスゾーン：スケルツォ・ア・カプリッチオ WoO.3/ ショパン：舟歌、練習曲第19番、練習曲第5番《黒鍵》
リスト：コンソレーション第3番 / ラフマニノフ（ホロヴィッツ版）：ピアノ・ソナタ第2番 /（以下アンコール）シューマン：《トロイメライ》/ モシュコフスキ：《火花》

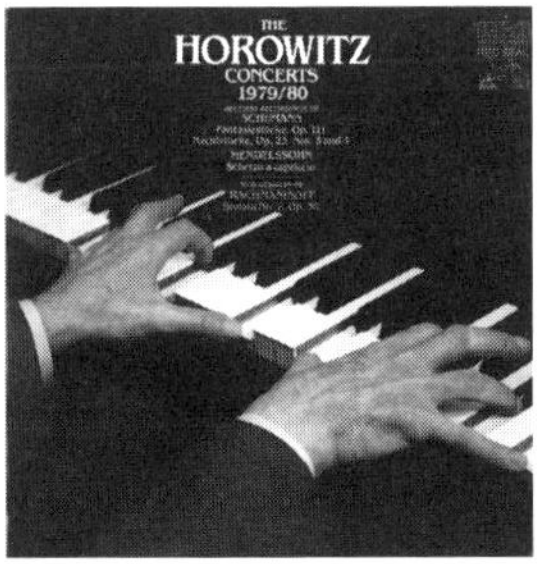

SONY/OJC-33［ARL1-3775］
「THE HOROWITZ CONCERTS 1979/80」
RCA の通算33点目の LP。1980年のリサイタルのライヴ録音をもとにしたアルバム。
シューマン：3つの幻想的小曲 Op.111、シューマン：「4つの夜曲」第3番《夜の宴》、第4番《独唱付きの輪唱》（1980年4月13日、5月2日）
メンデルスゾーン：スケルツォ・ア・カプリッチョ嬰へ短調（1980年5月2日）
ラフマニノフ（ホロヴィッツ版）：ピアノ・ソナタ第2番（1980年4月13日、5月2、4、11日）

この頃、ショーとの関係が悪化し、ついにマネージメント契約を打ち切っていた。そのため、ショーがアレンジしていたリサイタルはキャンセルされ、八一年になっても、リサイタルは開かれないままシーズンは終わる。

ショーと決別したホロヴィッツは、ピータ・ゲルブ（一九五三〜）にすべてを委ねることにした。ゲルブは一九七四年の復帰公演の際にホロヴィッツの前に現れて広報担当となった。その後も「関係者」として、そばにはいたようだが、ボストン交響楽団の事務局に入り、さらに大手興行会社コロムビア・アーティストに入りカラヤンを担当していた。彼は父アーサー・ゲルブがニューヨーク・タイムズ編集局長だったので、そのコネで音楽界に入った。ホロヴィッツの没後、一九九三年から二〇〇五年はソニー・クラシカルのトップ、二〇〇六年からはニューヨークのメトロポリタン歌劇場総裁となる。

ゲルブはホロヴィッツの指名を受けると、専任となり、同時にコロムビア・アーティストの副社長になった。それに伴い、ホロヴィッツはコロムビア・アーティストと専属契約を結ぶことになった。コロムビア・アーティスト、つまりゲルブはホロヴィッツという世界最高のピアニストを得たことで、世界戦略を練った。いままではアメリカ国内を移動していただけだが、この老い先短いであろうピアニストで最大限の利益を出すには、彼の体力が許す間に、世界各地へ行くべきだった。儲けることに、ホロヴィッツも異論はなかった。

かくして、一九八〇年代が始まると、ホロヴィッツは大西洋と太平洋を渡ることになる。

第十三章　再訪

メトロポリタン歌劇場

ゲルブのマネージメントとなって最初の一九八一／八二シーズンは、十月十八日と二十五日のミネアポリスで始まった。

真の意味でゲルブの手腕が試されたのは、その次の十一月一日のメトロポリタン歌劇場での二度目のリサイタルだった。スカルラッティのソナタを六曲、ショパンのバラード第四番と《別れのワルツ》、リストのバラード第二番、ラフマニノフの前奏曲第六番がライヴ録音され、ＬＰ「ホロヴィッツ・アット・ザ・メット」として発売された。

その後、七九年四月に録音されたクレメンティと八〇年三月のショパン、八〇年六月のラフマニノフが「ホロヴィッツ・オン・ツアー　１９７９／８０」として発売された。

メトロポリタン歌劇場の後、十一月十五日にボストンで演奏して一九八一年は終わる。この年は四回しかリサイタルは開かれなかった。

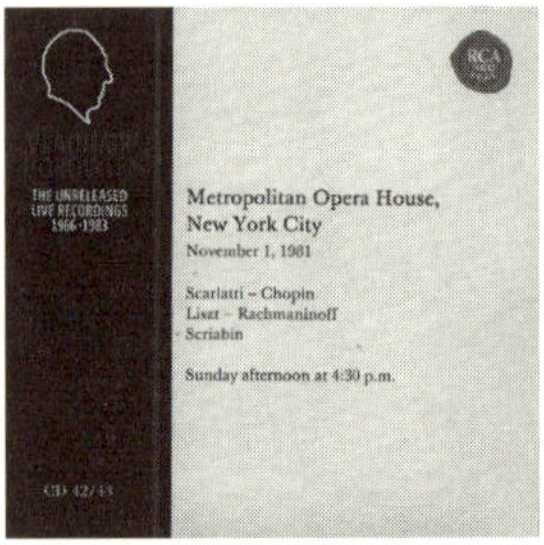

SONY/LR42-43
1981年11月1日、ニューヨーク、メトロポリタン歌劇場でのリサイタル、全曲。
スカルラッティ：ソナタK.127（L.186）、K.446（L.118）、K.184（L.189）、K.101（L.494）、K.87（L.33）、K.135（L.224）/ショパン：バラード第4番、第1番
リスト：バラード第2番/ラフマニノフ：前奏曲Op.32-12、Op.32-5、Op.23-5/（以下アンコール）ショパン：ワルツ第9番《別れのワルツ》/ラフマニノフ：V.R.のポルカ/スクリャービン：練習曲Op.8-12

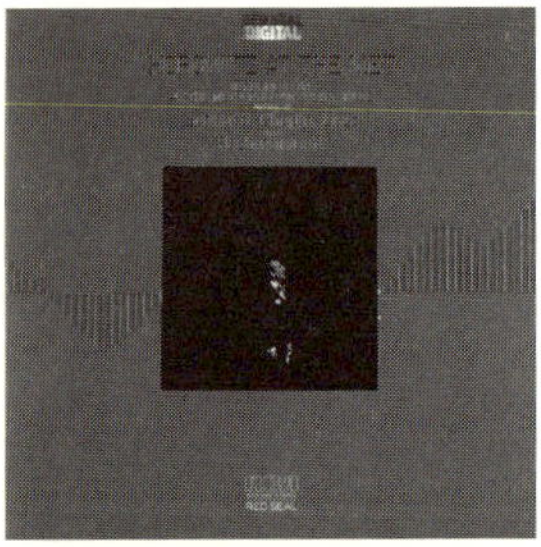

SONY/OJC-34［ACT1-4260］
「HOROWITZ AT THE MET」
RCAの通算34点目のLP。1981年11月1日のメトロポリタン歌劇場でのリサイタルのライヴ録音だが、全曲ではない。
スカルラッティ：ソナタK.127（L.186）、K.446（L.118）、K.184（L.189）、K.101（L.494）、K.87（L.33）、K.135（L.224）/ショパン：バラード第4番/リスト：バラード第2番/ショパン：ワルツ第9番《別れのワルツ》/ラフマニノフ：前奏曲Op.23-5

SONY/OJC-35［ARL1-4322］
「HOROWITZ ON TOUR 1979/1980」
RCAの通算35点目のLP。リサイタルのライヴ録音から作られたアルバム。タイトルは「1979/1980」だが、1977年録音のものもある。
クレメンティ：ソナタハ長調Op.33-3（1979年4月7日、8日、15日）
ショパン：舟歌、練習曲第19番（1980年4月13日）、練習曲第5番《黒鍵》（1980年5月4日）
ラフマニノフ：前奏曲Op.32-5、《楽興の時》第2番、V.R.のポルカ（1977年6月24日）

ヨーロッパへの帰還と初来日

ゲルブのマネージメントになっても寒い冬は西海岸という原則は守られ、一九八二年最初のリサイタルは二月二十八日のカリフォルニア州パサデナだった。三月二十八日にワシントンで演奏すると、次は大西洋の向こう側だった。

ホロヴィッツの、一九五一年以来三十一年ぶりとなるヨーロッパ・ツアーが計画されたのだ。当初はロンドン、パリ、アムステルダム、ミラノと一気にまわる計画だったが、まずこの年はロンドンへだけ行くことになった。

ロンドン公演は「チャールズ皇太子の招待」によるもので、ロイヤル・オペラが主催するという、国家的行事となった。

ホロヴィッツは五月二十二日と二十九日に、ロンドンのロイヤル・フェスティバル・ホールで演奏した。二十二日のリサイタルはテレビ中継され、後に映像ソフトにもなり、音源はLP「ホロヴィッツ・イン・ロンドン」としてRCAから発売された。

この後もRCAは八三年までホロヴィッツのリサイタルの録音を続けていたが、レコード化されたのはこれが最後となる。このあと二点出すが、過去の録音を再編成したものだった。

長旅が疲れたのか、一九八二年はロンドンの二回を含めて四回しかステージには立たなかった。

SONY/LR44-45
1982年5月22日、ロンドン、ロイヤル・アルバート・ホールでのリサイタル、全曲。
イギリス国歌《ゴット・セイヴ・ザ・クイーン》
スカルラッティ：ソナタK.127（L.186）、K.446（L.118）、K.184（L.189）、K.101（L.494）、K.87（L.33）、K.135（L.224）/ショパン：ポロネーズ第7番《幻想》、バラード第1番
シューマン：《子供の情景》/ラフマニノフ：ピアノ・ソナタ第2番/（以下アンコール）ショパン：ワルツ第9番《別れのワルツ》/ラフマニノフ：V.R.のポルカ/スクリャービン：練習曲Op.8-12

SONY/OJC-36［ARC1-4572］
「HOROWITZ IN LONDON」
RCAの通算36点目のLP。1982年5月22日のロンドンでのリサイタルのライヴ録音だが、全曲ではない。
イギリス国歌《ゴット・セイヴ・ザ・クイーン》/ショパン：ポロネーズ第7番《幻想》、バラード第1番
シューマン：《子供の情景》/スクリャービン：練習曲Op.8-12

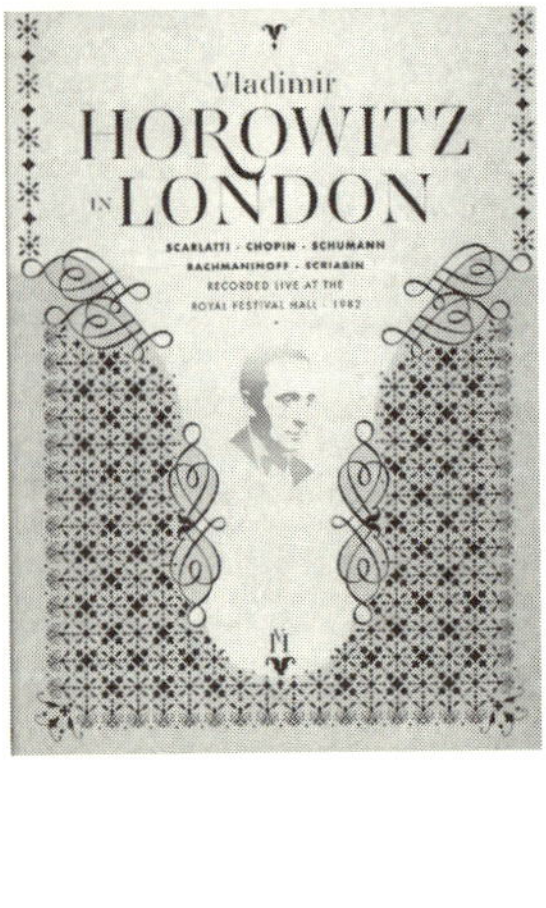

SONY/SIBC-210（DVD6枚組の1枚）
「HOROWITZ IN LONDON」
1982年5月22日のロンドンのリサイタルの映像版。ドキュメンタリーも含む。収録曲はSONY/LR44-45と同じ。

グールドが急死したのはこの一九八二年の十月四日だった。九月二十五日に五十歳の誕生日を迎え、その二日後の二十七日に脳卒中で倒れて、そのまま亡くなったのだ。「レコードのピアニスト」として生きたグールドの最後のレコーディングは九月八日で、ワーグナーのオーケストラ曲《ジークフリート牧歌》を指揮した。ピアニストとしての最後のレコーディングは、九月一日と三日のリヒャルト・シュトラウスのピアノ・ソナタだった。

そして――十二月二十日、ルービンシュタインが九十六歳の誕生日の一カ月と八日前に亡くなった。ライバルたちの死をホロヴィッツがどう受け止めたのかは、分からない。

ホロヴィッツも八十歳を迎えようとしていたが、親友たちのなかにはすでにこの世にいない者もいた。グレゴール・ピアティゴルスキーは一九七六年に七十三歳で亡くなっていた。しかしルドルフ・ゼルキンとナタン・ミルシテインはホロヴィッツより長く生き、ゼルキンは一九九一年に八十八歳で、ミルシテインは一九九二年に八十九歳の誕生日の十日前に亡くなる。

次にホロヴィッツが弾いたのは、一年後の一九八三年三月二十日のフィラデルフィアだった。四月十六日にシカゴ、二十四日にボストンで弾いて、五月十五日、通算三度目となるメトロポリタン歌劇場でのリサイタルが開かれた。

ボストンとメトロポリタンがＲＣＡによって録音されたがＬＰに使われることはなく、「リサイタル・ライヴ・レコーディング」ボックスで初めて世に出た。これがＲＣＡが録音した最後となる。

メトロポリタンを終えるとホロヴィッツは西海岸へ向かい、五月二十二日と二十六日にパサデナで

SONY/LR46-47
1983年4月24日、ボストン、シンフォニー・ホールでのリサイタル、全曲。
ベートーヴェン：ピアノ・ソナタ第28番／シューマン：《謝肉祭》Op.9
ショパン：ポロネーズ第7番《幻想》、練習曲第8番、練習曲第22番《オクターヴ》、練習曲第19番、ポロネーズ第6番《英雄》

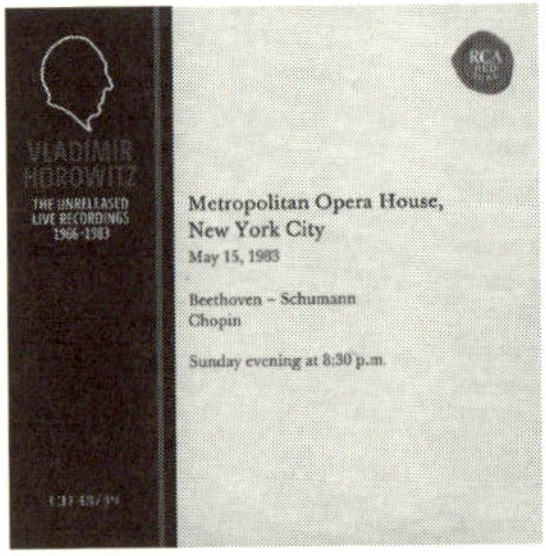

SONY/LR48-49
1983年5月15日、ニューヨーク、メトロポリタン歌劇場でのリサイタル、全曲。
ベートーヴェン：ピアノ・ソナタ第28番／シューマン：《謝肉祭》Op.9
ショパン：ポロネーズ第7番《幻想》、練習曲第8番、練習曲第22番《オクターヴ》、練習曲第19番、ポロネーズ第6番《英雄》

弾いて、いよいよ太平洋を渡るときがきた。日本公演である。

ホロヴィッツのリサイタルの日本公演のチケットは五万円と高額だった。そのすべてが彼の責任ではないが、常識はずれの値段だと批判されていた。一般にチケットの高い日本ではあるが、この当時、カラヤン指揮ベルリン・フィルハーモニーですら三万円前後だったので、ひとりのピアニストしか演奏しないリサイタルとしては、常軌を逸していた。

それでも素晴らしい演奏であったのであれば、大騒ぎにはならなかった。だが、当時のホロヴィッツはまたも精神的に不安定な状態で、薬漬けとなっていたために、満足のいく演奏ができなかった。

演奏会は六月十一日と十六日にＮＨＫホールで開かれ、十一日の回をＮＨＫが翌日、放映した。その際に吉田秀和がインタビューで「ひびの入った骨董品」と評した。

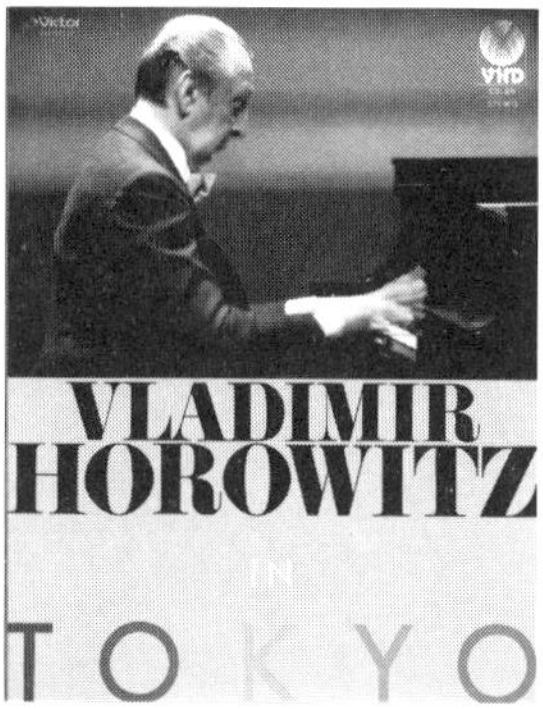

Victor-1983-VHM68028
「VLADIMIR HOROWITZ IN TOKYO ホロヴィッツ　世紀のリサイタル」
1983年6月11日、東京、NHKホールでのリサイタルの映像。ビクターからVHSビデオと、VHD光ディスクでのみ発売された。その後、再発売はされていない。RCAの録音チームが同行していたとされるが、リサイタル・ライヴ・ボックスにも収録されていない「幻の演奏」。
ベートーヴェン：ピアノ・ソナタ第28番 / シューマン：《謝肉祭》Op.9
ショパン：ポロネーズ第7番《幻想》、練習曲第8番、練習曲第22番《オクターヴ》、練習曲第19番、ポロネーズ第6番《英雄》

これにマスコミは飛びついた。ただでさえ高額だったので、行けなかった人はこの発言で溜飲が下がった。リサイタルへ行った人は、「騙された人」というイメージになり、肩身の狭い思いをしなければならなくなった。実際には、それほどひどい演奏ではないと言っても、相手にされない。

　実際に吉田秀和がどう言ったのかを、当時の映像をもとに再現すると、

「とっても期待していた。何て言ったって、今世紀最高のピアニストの一人として期待した。しかし、今、歳を取ったなー。僕は人間をそういうものと比べるのは嫌いだけれど、一種の骨董品だなー、骨董品と言っても好きな人は好きですよねー、けれども嫌いな人は好きでない。そういう領域に入ったから、あそこがまずかったから、と言ってもしょうがない。しかし、もうちょっと早く聴きたかったなー。骨董としても少しヒビが入ったね」

と、全面否定しているわけではない。

　ＮＨＫは、十一日のリサイタルをその翌日に放送し、十二月に再放送もしているので、録画した人は多いだろう。この映像はV

HSと日本ビクターが発明したVHDと名付けられた新方式の光ディスクで「ホロヴィッツ　世紀のリサイタル」と名付けられて発売されたが、廃盤となり、その後、DVDにもなっていない。また音だけのLPもCDも出ていない。出せば、吉田発言が蒸し返されるからであろうか。

吉田発言はホロヴィッツの耳にも入った。これがきっかけで薬を断つようになったというが、再びステージに立つには二年が必要となる。

そのため、一九八二年は東京での二回を含めて八回のリサイタルを開いたが、八三年は七四年の復帰後初めて、一度もステージに姿を見せない年となってしまう。

■コラム　録音の歴史7　CDとドイツ・グラモフォン

一九八三年、新しいメディアとしてコンパクトディスク（CD）が登場した。その前から録音方式においてはデジタル方式が導入されていたが、CDによって再生もデジタルとなった。LPの直径の半分以下、面積では四分の一以下となりながらも、収録時間は七十分を超えた。

当初は新録音がCDとLPとで同時に発売されていたが、一九八〇年代末からはCDのみでしか発売されないものが増えてくる。同時に、旧録音のCD化が進んだ。

ホロヴィッツの録音も、RCA、コロムビア（CBS）がそれぞれCD化していくが、LPと同内容のものをそのままCDにするのではなく、盤の編成を改めるものも多かった。

偶然にも、ホロヴィッツはCD時代到来の時期、ドイツ・グラモフォンと契約した。ドイツ・グラモフォンは遡れば、英国グラモフォン（後、EMI、現在はワーナーに権利がある）のドイツ工場として一八九八年に創立されたもので、その後、英国グラモフォンから独立し、クラシック音楽レーベルとして発展した。

ホロヴィッツがソ連を出て最初にキャリアを積んだのがドイツだったので、原点へ帰ったことにもなる。しかし、すでに高齢のホロヴィッツは、存命中はドイツ・グラモフォンでは六枚のアルバムしか作れなかった。

CD時代到来

一年の「引退」後、最初に公の場に登場するのは一九八五年十月二十六日のパリだが、実はその前の十月七日に、カーネギー・ホールを借りて親しい人たちだけを招いた、復帰コンサートが開かれている。録音された可能性が高いが、公にはなってなく、詳細は分からない。

「引退」している間、ホロヴィッツはゲルブのアレンジで、一九八四年にドイツ・グラモフォン（DG）と契約した。

さらに言えば、「引退」している間の一九八三年にLPに替わる新しい媒体としてCDが登場していた。当初は日本ではLPが二千六百円前後のところ、CDは四千円以上し、新録音新譜はLPとC

Dとが同時発売されていた。

存命中にドイツ・グラモフォンはホロヴィッツの六枚のCDを発売するが、そのうち五枚はLPとしても発売される。以後、「アルバム」とする。

ピアノ・ロールに始まり、SP、EP、LPを経て、CD時代まで常に現役だったピアニストは、ホロヴィッツしかいない。

ドイツ・グラモフォンからリリースされた最初のLP「ザ・ラスト・ロマンティック」は、ビデオによる映像作品のために演奏したものから選んで作ったアルバムだった。このように、ドイツ・グラモフォンのアルバムは、映像と連動している。一九八〇年代になると家庭用VTRが普及し、ビデオソフト市場が生まれていたのである。

ホロヴィッツは東京での失敗の後、一年半以上、ステージに出なかったが、ようやく健康を取り戻したので、マネージャーのピータ・ゲルブが勧め、一九八五年四月に自宅で、撮影・録音されたものだった。

こうして、DGへの録音が始まった。一九八五年九月から十月にかけて、シューベルトの《軍隊行進曲》などがセッション録音され、翌年「ホロヴィッツ　ザ・スタジオ・レコーディング、ニューヨーク1985」として発売された。カーネギー・ホールでのプライベート・コンサートはこの時期のものだ。

Deutsche Grammophon/419045-1（CD は 419045-2）
「HOROWITZ」
ドイツ・グラモフォンの最初のアルバム。1985年4月19日から30日、ニューヨークのホロヴィッツ邸でのセッション録音。撮影もされ、ドキュメンタリー「THE LAST ROMANTIC」となる。
バッハ（ブソーニ編）：コラールプレリュード《いざ来たれ、異教徒の救い主よ》/ モーツァルト：ピアノ・ソナタ第10番K.330/ ショパン：マズルカ第13番 / ショパン：スケルツォ第1番 / シューベルト：即興曲D.899-4（Op.90-4）/ リスト：コンソレーション第3番 / シューマン：ノヴェレッテヘ長調Op.21-1
ラフマニノフ：前奏曲Op.32-12/ スクリャービン：練習曲Op.2-1/ ショパン：ポロネーズ第6番《英雄》
モシュコフスキ：練習曲Op.72-6

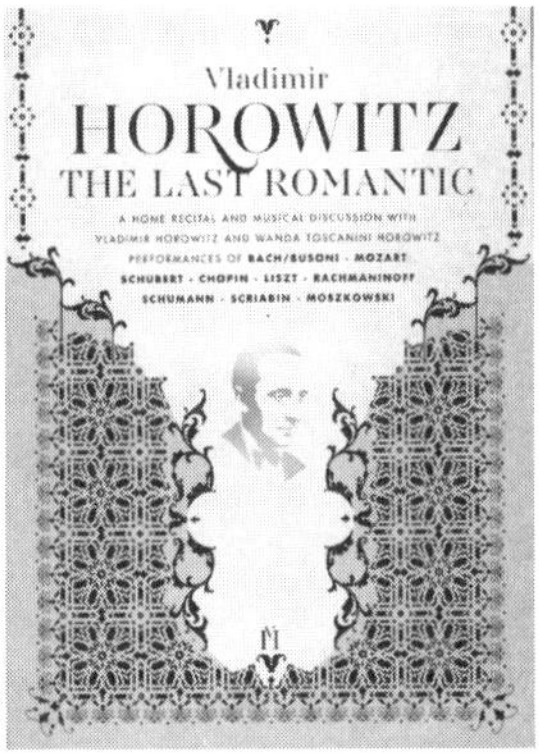

SONY/SIBC-210（DVD6枚組の1枚）DVD 1
「THE LAST ROMANTIC」
DGの「HOROWITZ」のメイキング。会話も多い。収録曲は「HOROWITZ」と同じだが、10分ほどのボーナストラックがあり、リスト、モーツァルト、ラフマニノフ、ホロヴィッツの曲の一部が収録されている。

Deutsche Grammophon/419217-1（CD は 419217-2）
「Vladimir Horowitz THE STUDIO RECORDINGS-NEW YORK 1985」
ドイツ・グラモフォンでの2枚目のアルバム。1985年9月、ニューヨークのRCAスタジオでのセッション録音。
シューマン：《クライスレリアーナ》/ スカルラッティ：ソナタK.87（L.33）、K.135（L.224）/ リスト：即興曲嬰ヘ長調、《忘れられたワルツ》第1番 / スクリャービン：練習曲Op.8-2/ シューベルト：即興曲D.935-3、（タウジヒ編）：軍隊行進曲変ニ長調D.733-1

VIBRATO　VLL457
1985年10月26日、パリ、シャンゼリゼ劇場でのリサイタルのライヴ録音。CDで初出。
スカルラッティ：ソナタK.87（L.33）、K.135（L.224）/シューマン：《クライスレリアーナ》/スクリャービン：練習曲Op.2-1、Op.8-12/シューベルト：即興曲D.935-3/リスト：即興曲嬰へ長調、《忘れられたワルツ》第1番/ショパン：マズルカ第41番、第7番、ポロネーズ第6番《英雄》/シューマン：《トロイメライ》/モシュコフスキ：練習曲Op.72-6

そして十月下旬、ホロヴィッツは大西洋を渡り、二十六日にパリのシャンゼリゼ劇場に登場し、十一月二日と二度のリサイタルを成功させた。ステージにいるピアニストはひとりだけだったが、客席には多くの著名ピアニストがいた。分かっているだけで、マルタ・アルゲリッチ、クリスチャン、ツィメルマン、ミシェル・ベロフ、ジャン＝フィリップ・コラール、ネルソン・フレイルである。

終演後、楽屋を出てリムジンに乗ったホロヴィッツ夫妻を追いかけるファンのなかに、アルゲリッチとベロフがいるのを見て、ホロヴィッツは「ああ、彼らも聴きに来てくれたんだね」と得意そうに言った。

パリの次は五十年ぶりとなるミラノだった。十一月十七日と二十四日、トスカニーニの聖地でもあるミラノに義理の息子は凱旋したのだ。帰国して、十二月十五日、カーネギー・ホールでリサイタルを開き、この年は終わった。

ドイツ・グラモフォンのためにセッション録音もしており、二枚目のアルバムとなる。

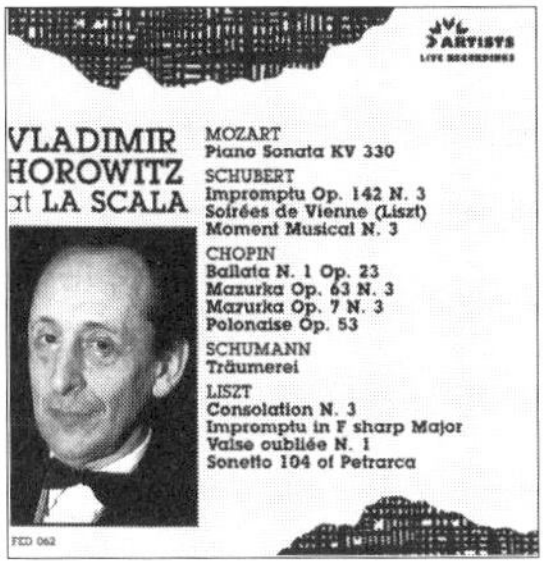

ARTISTS　FED062（2枚組）
1985年11月17日、24日、ミラノ、スカラ座でのリサイタルのライヴ録音。CDで初出。
Disc1 ●スカルラッティ：ソナタK.87（L.33）、K.135（L.224）/シューマン：《クライスレリアーナ》/スクリャービン：練習曲Op.8-12/シューベルト：即興曲D.935-3/リスト：コンソレーション第3番、即興曲嬰へ長調、《忘れられたワルツ》第1番/ショパン：マズルカ第41番、第7番、ポロネーズ第6番《英雄》/シューマン：《トロイメライ》/モシュコフスキ：練習曲Op.72-6
Disc2 ●スカルラッティ：ソナタK.87（L.33）、K.135（L.224）/モーツァルト：ピアノソナタ第10番K.330/シューベルト：即興曲D.935-3、（リスト編）：ワルツ・カプリース第6番《ウィーンの夜会》/スクリャービン：練習曲Op.8-12/リスト：《ペトラルカのソネット第104番》、《忘れられたワルツ》第1番/ショパン：バラード第1番、マズルカ第13番、第7番、ポロネーズ第6番《英雄》/シューベルト：《楽興の時》第3番/ラフマニノフ：前奏曲Op.32-12

Deutsche Grammophon/427772-1
（CDは427772-2）

「HOROWITZ AT HOME」

発売は1989年で、ドイツ・グラモフォンでの5枚目のアルバム。1986年2月、1988年12月、1989年1月のニューヨークのホロヴィッツ邸でのセッション録音。LPで出た最後のアルバム。

モーツァルト：ピアノ・ソナタ第3番K281（1988年12月）、アダージョロ短調K.540（1988年12月）、ロンドK.485（1988年12月）/シューベルト：《楽興の時》第3番（1986年2月）、（リスト編）：白鳥の歌〜セレナードD957-4、《ウィーンの夜会》ワルツ・カプリース第7番、第6番（1986年2月）

ロシア、ドイツとの和解

一九八六年二月から三月にかけて、ホロヴィッツはシューベルトのソナタ第二十一番を録音し、没後に出たアルバム「ホロヴィッツ・ザ・ポエット」に収録される（このアルバムはドイツのみＬＰが発売された）。

ロンドン、パリ、ミラノへ行ったホロヴィッツには、まだ行かなければならない所が残っていた。彼の西側での飛躍のきっかけとなったドイツ、そしてロシアである。

一九八五年、ソ連の新しい共産党書記長ゴルバチョフは、途絶えていたアメリカとの文化交流を再開することで米政府と合意した。これを受けて、もう一度ロシアへ帰りたいと願っていたホロヴィッツのソ連公演が一九八六年四月に実現した。一九二五年に亡命して以来、六十一年ぶりのことだった。二十一歳の青年は八十三歳になっていた。モスクワではウクライナに住む姪と対面した。姉レジーナの娘だ。別れた時は九歳の女の子だったが、七十歳になっていた。

ナタン・ミルシテインに言わせればホロヴィッツよりもピアノの才能があった姉レジーナは、ピアニストとして、後にピアノ教師としてソ連国内では知られていた。一九七五年にホロヴィッツはレジーナが三カ月の滞在でアメリカに来れるよう申し出たが、ソ連政府は許可せず、一九八四年に彼女は亡くなっていた。この姉弟の再会は叶わなかったのだ。東西冷戦の悲劇のひとつだ。

ホロヴィッツの演奏会の告知は、「ピアノ・リサイタル　演奏ヴラディミール・ホロヴィッツ（USA）」と書かれた一枚のポスターがモスクワ音楽院の掲示板に貼られただけだった。

しかし、それで充分だった。チケットの発売日には数分で売り切れた。音楽院ホールは千八百名のキャパシティがあるのに一般に売り出されたのは四百枚だけだった。残りは共産党と政府関係者、そして各国大使らに割り当てられていた。そのため、音楽院の学生のほとんどが聴けないと知り、ホロヴィッツは前々日のリハーサルを無料で公開した。

モスクワでの公開リハーサルの後、ホロヴィッツを囲む会が開かれた。

その会場でホロヴィッツは「二十世紀最大のピアニストは誰だと思いますか」という質問を受けた。彼自身が二十世紀最大のピアニストである。いったいどういう回答を期待しての質問だったのであろう。「私だ」という答えを待っていたのか、あるいは彼が謙遜して他のピアニストの名を言うのを期待したのか。

ホロヴィッツはまるでこの質問が出るのを知っていて準備していたかのように、一瞬足りとも迷わず、即座に答えた。

「二十世紀のナンバーツーはたくさんいる。私も、そのひとりだろう。だが、ナンバーワンはただひとり、セルゲイ・ラフマニノフだ」

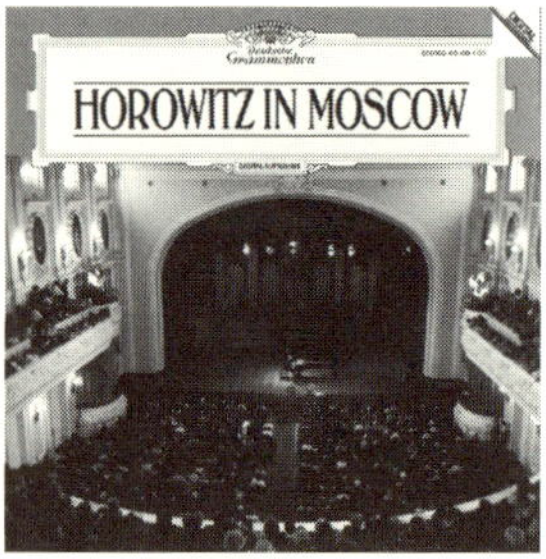

Deutsche Grammophon/419499-1
（CD は 419499-2）
「HOROWITZ IN MOSCOW」
1986 年 4 月 20 日、モスクワ音楽院大ホールでのリサイタルのライヴ録音。ドイツ・グラモフォンでの 3 枚目のアルバムになった。テレビ中継され、映像は DVD になっている。18 日のリサイタルの音源も含む。
スカルラッティ：ソナタ K.380（L.23）/ モーツァルト：ピアノ・ソナタ第 10 番 K.330/ ラフマニノフ：前奏曲 Op.32-5、Op.32-12/ スクリャービン：練習曲 Op.2-1、Op.8-12/ シューベルト（リスト編）：ワルツ・カプリース第 6 番《ウィーンの夜会》/ リスト：巡礼の年「第 2 年イタリア」より《ペトラルカのソネット第 104 番》/ ショパン：マズルカ第 21 番、第 7 番 /（以下アンコール）シューマン：《トロイメライ》/ モシュコフスキ：《火花》/ ラフマニノフ：W.R. のポルカ

SONY/SIBC-210（DVD6 枚組の 1 枚）
DVD 1
「HOROWITZ IN MOSCOW」
1986 年 4 月 20 日のモスクワのリサイタルのライヴ。ドキュメンタリー映像もまじえてある。CD にあるものは全て収録されているので、CD ではカットされているもののみ記す。
スカルラッティ：ソナタ K.87（L.33）、K.135（L.224）/ シューベルト：即興曲 Op.142-3/ ショパン：ポロネーズ第 6 番《英雄》

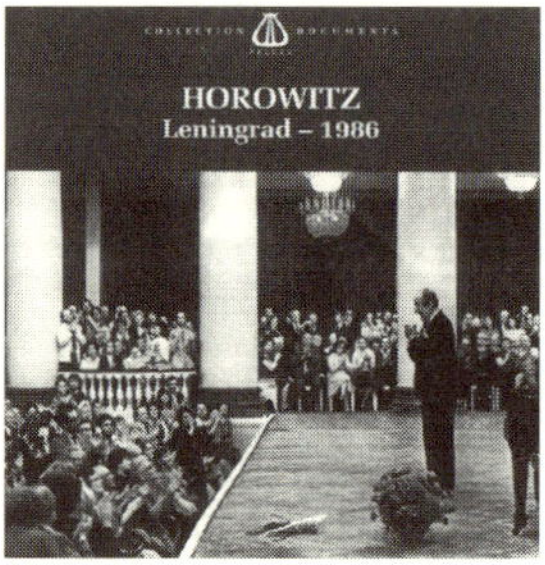

PALEXA　CD-0536
1986 年 4 月 27 日、レニングラードでのリサイタルのライヴ。
スカルラッティ：ソナタ K.87（L.33）、K.380（L.23）、K.135（L.224）/ シューマン：シューマン：《クライスレリアーナ》/ ラフマニノフ：前奏曲 Op.32-5、Op.32-12/ リスト：《ペトラルカのソネット第 104 番》/ ショパン：マズルカ第 21 番、第 7 番、ポロネーズ第 6 番《英雄》/（以下アンコール）シューマン：《トロイメライ》/ モシュコフスキ：《火花》/ ラフマニノフ：W.R. のポルカ

四月二十日、いよいよモスクワでのリサイタルの本番となった。それは全世界にテレビで中継された。プログラムは、スカルラッティのソナタ三曲、モーツァルトのソナタ第十番、ラフマニノフの前奏曲第十六番と第二十三番、スクリャービンのエチュード、シューベルトの即興曲と《ウィーンの夜会》(リスト編曲)、リストの《ペトラルカのソネット第一〇四番》、ショパンのマズルカ第二十一番と第七番、《英雄ポロネーズ》、そしてアンコールにシューマンの《トロイメライ》、モシュコフスキーの《花火》、ラフマニノフの《WRのポルカ》——いわゆる大曲はない。ラフマニノフの前奏曲になると、客席からはすすり泣きが聞こえてきた。

モスクワでの演奏会は、ライヴ録音がドイツ・グラモフォンからリリースされ、テレビで全世界へ中継された映像も後にビデオ、DVDとなる。

ソ連での公式には二回目のリサイタルは、モスクワの一週間後の二十七日、レニングラードで行なわれた。これは非公認の録音がCDになっているが、それに収録されているのは、スカルラッティのソナタ三曲、シューマンの《クライスレリアーナ》、ラフマニノフの前奏曲第十六番と第二十三番、リストの《ペトラルカのソネット第一〇四番》、ショパンのマズルカ第二十一番と第七番、《英雄ポロネーズ》、アンコールはモスクワと同じで《トロイメライ》、モシュコフスキーの《花火》、そしてラフマニノフの《WRのポルカ》で終わった。

この時点ではまだ公表されていないが、レニングラードのリサイタルの前日、四月二十六日に、チェルノブイリ原子力発電所が爆発していた。この事件をひとつの伏線として、ソ連は解体へと向かう。

SONY/SICC1186（国内盤 CD）
1986 年 5 月 18 日、ベルリン、フィルハーモニーでのリサイタルのライヴ録音。2009 年、CD で初出。
スカルラッティ：ソナタ K.87（L.33）、K.380（L.23）、K.135（L.224）/ シューマン：シューマン：《クライスレリアーナ》/ シューベルト（リスト編）：ワルツ・カプリース第 6 番《ウィーンの夜会》
ラフマニノフ：前奏曲 Op.32-5、Op.32-12/ スクリャービン：練習曲 Op.2-1、Op.8-12/ リスト：《ペトラルカのソネット第 104 番》/ ショパン：マズルカ第 13 番、第 7 番、ポロネーズ第 6 番《英雄》/（以下アンコール）シューマン：《トロイメライ》/ リスト：忘れられたワルツ第 1 番 / モシュコフスキ：《火花》

ホロヴィッツの旅は続いた。

五月には五十四年ぶりにドイツで演奏した。ホロヴィッツ伝説の始まった都市であるハンブルクで十一日、ベルリンでは十八日にリサイタルが行なわれた。ベルリンでは、あまりの人気で追加公演が二十四日に行なわれた。

戦後から数えても四十年が過ぎて、ようやくホロヴィッツはソ連とドイツと和解したのだった。個人と国家の関係が修復されるまでには、こんなにも長い歳月を必要とした。それでもホロヴィッツはロシアへ帰れたのだから幸福だったかもしれない。ラフマニノフはロシアへ帰れなかったし、ルービンシュタインとシュナーベルはドイツとは和解せずに亡くなったのだから。

ベルリンのライヴ録音が後にソニーからCDとして発売される。

ドイツ公演の次はロンドンだった。六月一日である。

その次が二度目の日本公演で、六月二十一日と七月六日に昭和音楽大学人見記念講堂で、リサイタルを開き、そして酷評を浴びた前回の雪辱を果たした。二十八日はNHK・FMで放送された。三日とも非正規のCDがある。

FACHMAN FUR KLASSISCHER MUSIC/FKM-1039-1040
1986年6月21日、東京、昭和音楽大学人見記念講堂でのリサイタルのライヴ録音。2枚組CD。
スカルラッティ：ソナタK.87（L.33)、K.380（L.23)、K.135（L.224）/ シューマン：《クライスレリアーナ》
スクリャービン：練習曲Op.2-1、Op.8-12/ シューベルト：即興曲D.935-3、（リスト編）：ワルツ・カプリース第6番《ウィーンの夜会》/ リスト：《ペトラルカのソネット第104番》/ ショパン：マズルカ第13番、第7番、ポロネーズ第6番《英雄》/（以下アンコール）シューマン：《トロイメライ》/ モシュコフスキ：《火花》

FACHMAN FUR KLASSISCHER MUSIC/FKM-1001
1986年6月28日、東京、昭和音楽大学人見記念講堂でのリサイタルのライヴ録音。NHK-FMで放送された日。
スカルラッティ：ソナタソナタK.87（L.33)、K.380（L.23)、K.135（L.224）/ モーツァルト：ピアノソナタ第10番K.330/ ラフマニノフ：前奏曲Op.32-5、Op.32-12/ スクリャービン：前奏曲op.8-12/ シューマン：《アラベスク》/ シューベルト（リスト編）：《ウィーンの夜会》/ リスト：コンソレーション第3番、《忘れられたワルツ》第1番 / ショパン：マズルカ第21番、第41番、スケルツォ第1番 / ラフマニノフ：W.R.のポルカ

Deutsche Grammophon/4794649（CD）
「HOROWITZ Return to Chicago」
1986年10月26日、シカゴ、オーケストラ・ホールでのリサイタルのライヴ録音。2枚組。2015年にCDで初出。
スカルラッティ：ソナタK.380（L.23、）K.135（L.224）/ モーツァルト：アダージョK.540、ロンドK.485、ピアノ・ソナタ第10番K.330/ スクリャービン：練習曲Op.2-1、Op.8-12
シューマン：《アラベスク》/ リスト：《ペトラルカのソネット第104番》、《ウィーンの夜会》/ ショパン：マズルカ第41番、第7番、スケルツォ第1番 / シューマン：《トロイメライ》/ モシュコフスキ：《火花》

Deutsche Grammophon/423287-1
(CD は 423287-2)
ドイツ・グラモフォンでの4枚目のアルバム。1987年3月、ミラノ、アバネラ・スタジオでのセッション録音。メイキングを加えた映像作品もある。最後の協奏曲の演奏となった。
モーツァルト：ピアノ協奏曲第23番K3488（カルロ・マリア・ジュリーニ指揮ミラノ・スカラ座管弦楽団）
モーツァルト：ピアノソナタ第13番K.333

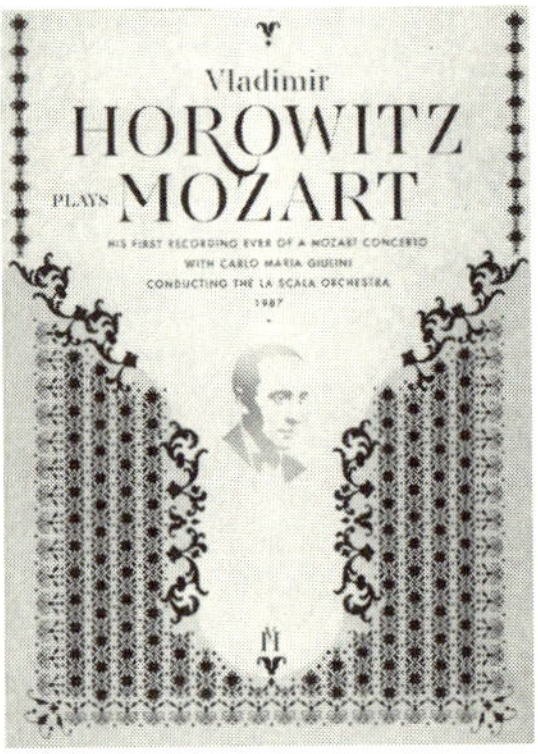

SONY/SIBC-210（DVD6枚組の1枚）
DVD 1
「HOROWITZ PLAYS MOZART」
モーツァルトの協奏曲のメイキング。1987年3月、ミラノ。
モーツァルト：ピアノ協奏曲第23番K3488（カルロ・マリア・ジュリーニ指揮ミラノ・スカラ座管弦楽団）

秋には十月五日にホワイトハウスで演奏し、十九日にボストン、二十六日にシカゴで演奏すると、再びヨーロッパへ向かった。

今度の旅では十一月十六日にフランクフルト、十一月二十二日にアムステルダムと二回しか演奏会はなかった。

帰国して十二月十四日にメトロポリタン歌劇場、翌十五日にはカーネギー・ホールでリサイタルを開いた。

一九八六年は十八回ものリサイタルに出たが、十二月十五日のカーネギー・ホールがアメリカで公衆の前で弾く最後となってしまう。

一九八七年になってもホロヴィッツは精力的だった。

三月にはミラノでモーツァルトの協奏曲をジュリーニ指揮スカラ座管弦楽団とレコーディ

ングをした。これはセッション録音なので、結局、公衆の前で協奏曲を弾いたのは、七八年のメータとのラフマニノフが最後だった。

ホロヴィッツが、モーツァルトの協奏曲の共演者は誰がいいかと質問され、どこまで本気か分からないが「カラヤンはどうだ、売れるぞ」と答えている映像がある。ホロヴィッツはこのときはドイツ・グラモフォンと契約していたので、可能性はあった。実現したら、たしかに「世紀の共演」となりベストセラーになったであろう。他にもカルロス・クライバーと共演する計画もあった。

五月五日と二十四日にはアムステルダムでリサイタルをした。そして三十一日、五十年ぶりにウィーンで演奏した。その時の映像はＤＶＤになり、シューマンの《子供の情景》はドイツ・グラモフォンのアルバムに収録されている。

ホロヴィッツはベルリンへ向かい、六月七日にリサイタル、そして、二十一日にハンブルクでも演奏した。

このハンブルクが、ホロヴィッツの生涯最後の聴衆を前にしての演奏、ラスト・コンサートである。ライヴ録音が「ホロヴィッツ・イン・ハンブルク　ザ・ラスト・コンサート」としてドイツ・グラモフォンから発売された。

さすがにその後は自宅でゆっくりしていたが、十二月から八八年二月にかけて、モーツァルトのソナタやリストをスタジオではなく、自宅にスタッフを呼んで録音した。これがドイツ・グラモフォンでの最後の録音となる「ホロヴィッツ、アット・ホーム」（二五一頁掲載）である。

SONY/SIBC-210（DVD6 枚組の 1 枚）DVD 1
「HOROWITZ IN WIENNA」
1987 年 5 月 31 日、ウィーン、楽友協会ホールでのリサイタルの映像。
モーツァルト：ロンド K.485、ピアノ・ソナタ第 13 番 K.333
シューベルト：即興曲 D.899-3、シューベルト（リスト編）：ワルツ・カプリース第 6 番《ウィーンの夜会》/ シューマン：《子供の情景作品》/ ショパン：マズルカ第 25 番、ポロネーズ第 6 番《英雄》/（以下アンコール）リスト：コンソレーション第 3 番 / シューベルト：《楽興の時》第 3 番 / モシュコフスキ：《火花》

Deutsche Grammophon/435025-2（CD）
「HOROWITZ THE POET」
没後の 1991 年にドイツ・グラモフォンから CD で出たアルバム。1987 年 5 月のウィーンでのライヴ録音とニューヨークでのセッション録音。
シューベルト：ピアノ・ソナタ 第 21 番 D.960（1986 年 2 月、3 月。ニューヨーク、RCA スタジオ）
シューマン：《子供の情景》（1987 年 5 月 31 日、ウィーンでのライヴ録音）
モーツァルト：ロンド K.511/ リスト（ホロヴィッツ編）：クリスマスツリー 10 番 Op.15（1988 年 6 月。ニューヨーク、メトロポリタン美術館グレイス・レイニー・ロジャーズ・オーディトリアム）

Deutsche Grammophon/4777558（CD）
「HOROWITZ IN HAMBURG THE LAST CONCERT」
1987 年 6 月 21 日、ハンブルク、ムジークハレ大ホールでのリサイタルのライヴ録音。2008 年にドイツ・グラモフォンから CD として初出。生涯最後の演奏会となった。
モーツァルト：ロンド K.485、ピアノ・ソナタ第 13 番 K.333/ シューベルト（リスト編）：ワルツ・カプリース第 6 番《ウィーンの夜会》/ シューマン：《子供の情景》/ ショパン：マズルカ第 25 番、ポロネーズ第 6 番《英雄》/（以下アンコール）シューベルト：《楽興の時》第 3 番 / モシュコフスキ：《火花》

ラスト・レコーディング

一九八九年、ホロヴィッツはソニー・クラシカルと録音契約を結んだ。CBSをソニーが買収した新会社なので、古巣に戻ったとも言える。

この時期、新体制となっていたソニーは巨匠クラスの音楽家との契約を相次いで行なっており、カラヤンとも契約したが、その商談の最中の七月十六日、カラヤンは八十一歳で急死した。ホロヴィッツはそのカラヤンよりも年長なのに、ソニーは契約したのだ。

ホロヴィッツとソニーの契約が十月に調印されると、それを記念したサイン会がニューヨークで行なわれた。ホロヴィッツが公の場に姿を見せたのはそれが最後だった。

ホロヴィッツは契約を履行した。十月二十日から、自宅でのレコーディングが始まったのだ。最後の力を振り絞るかのように、ピアノに向かった。ハイドンのソナタ、ショパンの幻想即興曲、そしてワーグナーの《トリスタンとイゾルデ》の「愛の死」のピアノ版などが録音された。レコーディングは十一月一日に終わった。これらは全て初めて録音された曲だった。

四日後の十一月五日、ウラディミール・ホロヴィッツは心臓発作で亡くなった。八十六歳だった。ピアノロールに始まったホロヴィッツの録音は、SP、EP、LP、CDと、媒体を変えながら亡くなる四日前まで続いたのだ。彼の生涯はレコードの歴史と重なる。

このピアニストは何度も「引退」したが、結局のところ、死の瞬間まで現役だったのだ。その死の四日後の十一月九日、ベルリンの壁が崩壊した。

SONY/OJC-58［S45818］
「HOROWITZ THE LAST RECORDING」
1989年10月から11月にかけて、ニューヨークのホロヴィッツ邸でのセッション録音。生涯最後のレコーディングとなった。

ハイドン：ピアノ・ソナタ第49番
（1989年10月20日、24日、25日、31日）
ショパン：マズルカ第35番
（1989年10月24日、27日、11月1日）
夜想曲第16番
（1989年10月20日、24日、27日、11月1日）
幻想即興曲
（1989年10月20日、24日、27日、31日、11月1日）
練習曲第13番
（1989年10月25日、27日、31日、11月1日）
練習曲第17番
（1989年10月25日、27日、31日、11月1日）
夜想曲第17番
（1989年10月25日、27日、11月1日）
リスト：バッハのカンタータ第12番《泣き，嘆き，悲しみ，おののき》による前奏曲
（1989年10月20日、25日、27日、11月1日）
ワーグナー：《トリスタンとイゾルデ》よりイゾルデの愛の死
（1989年10月25日、27日、11月1日）

http://vladimirhorowitz.com/

Horowitz　His Life And Music, Harold C. Schonberg, Simon & Shuster, 1992.

『ウラディミール・ホロヴィッツ大全集　解説書』（ソニー・ミュージックエンタテインメント、二〇〇九）

『ホロヴィッツ』グレン・プラスキン著、奥田恵二、奥田宏子訳（音楽之友社、一九八四）

『ウラディーミル・ホロヴィッツ　あるピアニストの神話』パトリック・ブリュネル著、伊藤制子、遠山奈穂美訳（ヤマハミュージックメディア、二〇〇一）

『ホロヴィッツの夕べ』デヴィッド・デュバル著、小藤隆志訳（青土社、二〇〇一）

『ラフマニノフ　生涯、作品、録音』マックス・ハリソン著、森松晧子訳（音楽之友社、二〇一六）

『伝記　ラフマニノフ』ニコライ・ダニロヴィチ・バジャーノフ著、小林久枝訳（音楽之友社、二〇〇三）

『ラフマニノフ　その作品と生涯』C．I．ソコロワ著、佐藤靖彦訳（新読書社、一九九七）

『モスクワの憂鬱　スクリャービンとラフマニノフ』藤野幸雄著、訳（彩流社、一九九六）

『ラフマニノフ　ＲＣＡコンプリート・レコーディングス　解説書』（ソニー・ミュージックエンタテインメント、一九九二）

『華麗なる旋律　ルビンシュタイン自伝』アルトゥール・ルビンシュタイン著、徳丸吉彦訳（平凡社、一九七七）

『ルビンシュタイン自伝　神に愛されたピアニスト上・下』アルトゥール・ルービンシュタイン著、木村博江訳（共同通信社、一九八三、一九八四）

『鍵盤の王者　ルービンスタイン物語』アリーサ・フォーシー著、横山一雄訳（音楽之友社、一九七一）

『王様　ルービンシュタイン　最後のロマン派』（エリック・リープマン著、木村博江訳（東芝ＥＭＩ音楽出版、一九八一）

Arthur Rubinstein: A Life, Harvey Sachs, Weidenfeld & Nicolson, 1996.

Toscanini, Harvey Sachs, Robson Books Ltd, 1993.

Arturo Toscanini: The NBC Years, Mortimer H. Frank, Amadeus Press, 2002.

『トスカニーニ　大指揮者の生涯とその時代』山田治生著（アルファベータ、二〇〇九）

『身近で見たマエストロ　トスカニーニ』サミュエル・チョツィノフ著、石坂廬訳（アルファベータブックス、二〇一七）
『トスカニーニの時代』ハーヴェイ・サックス著、高久暁訳（音楽之友社、一九九八）
『グレン・グールドの生涯』オットー・フリードリック著、宮澤淳一訳（リブロポート、一九九二）
『グレン・グールド　神秘の探訪』ケヴィン・バザーナ著、サダコ・グエン訳（白水社、二〇〇八）
『グレン・グールド発言集』ジョン・P・L・ロバーツ編著、宮澤淳一訳（みすず書房、二〇〇五）
『グレン・グールド著作集　1、2』ティム・ペイジ編著、野水瑞穂訳（みすず書房、一九九〇）
『グレン・グールド　完全ディスクガイド』グールド・ディスクガイド制作グループ編（河出書房新社、二〇一二）
『わが生涯と音楽』アルトゥール・シュナーベル著、和田旦訳（白水社、一九七四）
『アラウとの対話』ジョーゼフ・ホロヴィッツ著、野水瑞穂訳（みすず書房、一九八六）
『マルタ・アルゲリッチ　子供と魔法』オリヴィエ・ベラミー著、藤本優子訳（音楽之友社、二〇一一）
『ブルーノ・ワルター　音楽に楽園を見た人』エリック・ライディング、レベッカ・ペチェフスキー著、高橋宣也訳（音楽之友社、二〇一五）
『ロシアから西欧へ　ミルスタイン回想録』ナタン・ミルスタイン、ソロモン・ヴォルコフ著、青村茂、上田　京訳（春秋社、二〇〇〇）
『チェロとわたし』グレゴール・ピアティゴルスキー著、村上紀子訳（白水社、一九七二）
『フルトヴェングラー　悪魔の楽匠』サム・H・白川著、藤岡啓介、斎藤 静代、加藤 功泰訳（アルファベータ、二〇〇四）
『巨匠フルトヴェングラーの生涯』ヘルベルト ハフナー 著、最上英明訳（アルファベータ、二〇一〇）
『作曲家の意図は、すべて楽譜に！　ピアニストが語る！現代の世界的ピアニストたちとの対話 第三巻』焦 元溥著、森岡 葉訳（アルファベータブックス、二〇一六）
『ロシア・ピアニズムの系譜　ルービンシュタインからキーシンまで』佐藤泰一著（音楽之友社、一九九八）
『ソビエトの名ピアニスト　ソフロニツキーからキーシンまで』ゲンナジー・ツイピン著、清水純子訳（国際文化出版社、一九九二）
『スタインウェイ物語』リチャード・K・リーバーマン著、鈴木依子訳（法政大学出版局、一九九八）
『ピアノ音楽の巨匠たち』ハロルド・C・ショーンバーグ著、後藤泰子訳（シンコーミュージック、二〇一五）

あとがき

間もなくホロヴィッツが亡くなり三十年になる。ホロヴィッツに限らず、また音楽家に限らないが、存命中は当人が承認した作品しか発売されないが、没後、時が過ぎれば過ぎるほど、未発売作品が世に出る。ホロヴィッツも、リサイタルの録音、CD百枚分以上が、二〇一〇年代になって発売された。海賊盤でしか入手できなかった音源も次々と正規盤になっている。

ホロヴィッツの録音には、セッション録音とライヴ録音とがあり、さらにライヴを編集したものもある。それらを区別せず、ひたすら演奏録音順に聴いてみたい、そう思って、この本を作ってみた。それで何が分かったか――ホロヴィッツはどの時代、どの年齢でも、「あのホロヴィッツ」であった。

ホロヴィッツを聴きながら書き、聴きながら校正し、数カ月間ホロヴィッツ漬けだったが、まったく飽きなかったから、ホロヴィッツはやはり中毒性がある。

ホロヴィッツ・コレクションとレパートリー・リスティングができるまで

石井　義興

ホロヴィッツとの出会い

一九七二年頃、小学生だった長女はピアノを学んでいたが、どうも私はピアノ音楽が好きになれないので、娘に「ピアノ演奏で誰の演奏がいいか」を先生に聞いて推薦してもらってきてほしい、と頼んだ。すると先生曰く「ルービンシュタインかホロヴィッツのショパンがいいでしょう」とのことであった。

一九六八年にフィラデルフィアでルービンシュタインのピアノを聴いたことがあり素晴らしかったので、ルービンシュタインか、と一瞬思ったが、そう言えば一九六七年にアメリカに着いた時にニューヨークに住んでいた会社の上司に「趣味は何か」と聞かれ、その時、「クラシック音楽」と答えたら、「今ニューヨークではホロヴィッツ、ホロヴィッツで大騒ぎだよ、君はどうかね」と問われ、

「いやー、ホロヴィッツなど知りません」と答えたら、「あ！　こいつ、趣味はクラシックだ、なんて言っているが、たいしたことないなぁ」と言わんばかりの顔をされたことを思い出した。

ピアノ演奏にほとんど関心がなかったので、その時点ではホロヴィッツという名前すら知らなかったのである。一九七一年に青山学院中等部からの友人の滝沢達也君が、今日ホロヴィッツの演奏をＮＨＫでやるから家に寄らないか、と誘ってくれた。あ！　ニューヨークで大騒ぎのあのホロヴィッツだな、と思いながら彼の家でホロヴィッツの演奏をテレビで見た。ＣＢＳが撮った有名な「ホロヴィッツ・オン・ＴＶ」である。「あ！　これはいいな」と思った。そのとき生まれて初めてピアノもいいなと思ったのであった。

私はこの二つのことを思い出して、ルービンシュタインではなくホロヴィッツに決めたのである。そこで娘のピアノの先生が薦める「ホロヴィッツのショパン」を買いに、娘の手をひいて渋谷のレコード屋へ出かけた。

家に帰るなりそれを聴いたが「何とも素晴らしい！」と思った。その翌日、またレコード屋へ行き別なものを買った。それも「素晴らしかった」。それからまた買いに行った。「素晴らしかった」。

そこでレコード屋にあるホロヴィッツのＬＰを全部買った。次から次へ聴きまくった。すべてよかった。今までこんな体験をしたことはなかった。こうしてどんどんホロヴィッツの演奏の素晴らしさに引きずり込まれていったのである。ホロヴィッツのレコードはまだあるはずだと思い、今度は別のレコード屋に行った。ほとんどは同じものだったが一、二枚は別なものもあった。それを聴いた。

素晴らしかった。

そしてまた別の店に行った。また別の店へ。しかしもう新しいものはなかった。「なんだ、これでおしまいか」と思っていたら、CBSから新譜が出た。すぐに買いに行って聴いた。素晴らしかった。次の新譜はいつか？　そんなに待てない！　まだ別のものがあるはずだ！　と思いつつレコード屋へ行くが、もうない。

ある時レコードの中に入っている資料にホロヴィッツの他のLPの広告が入っていたが、そのLPは持っていない。そこでそれを探しにレコード屋へ行ったが、なかなか手に入らない。あるはずのLPが手に入らないのである。また別のレコード屋へ行ったがダメ。

そんな時クラシック音楽が大好きな会社の先輩の山本さんが「石井さん、古レコード屋へ行ったら多分ありますよ」と、神田神保町やお茶の水の店を紹介してくれた。そこへ行くとホロヴィッツのLPがまだまだあるではないか。あるものを全部買って帰った。

娘から「パパはどうしてそんなにレコードを買うの？」と聞かれ、とっさに「パパは引退したらレコード屋をやるから、今仕入れているんだよ！」と口から出まかせの言い訳をした。娘はそれで納得。自分はLP一枚買うのも大変なのに、私がいっぺんにたくさんLPを買ったので、私を責めたかったのだろう。しかし幸いなことに、これで私がホロヴィッツのレコードをいっぺんにたくさん買うことが許されることになったのである。

「パパは引退したら古レコード屋をやるんだ、そのために仕入れているのだ」というビジョンは、そのうち本気半分になっていき、いま始めようとしている。

この頃はもうSP（七十八回転）のレコードは販売されていなかったが、神田神保町には古いSPを売っている店もあり、SPも集め始めた。もちろん買ったのはホロヴィッツのものだけである。この店からは数カ月に一度SPの販売用のリストが送られてきたが、ホロヴィッツのものはほとんどすべて買った。

戦前からあったSPは一九五〇年頃から出てきたLPやEPに押されて一九六〇年代になるともう廃れていたが、昔のSPでしか出ていないホロヴィッツの演奏を聴きたければSPを手に入れなくてはならない。しかし日本で出たホロヴィッツのSPは限られており、珍しいものは手に入らなかった。

一九七三年に「ハイフィデリティ」誌（米国）の七月号にケイン・アルダー氏がホロヴィッツのほぼ完全なディスコグラフィを初めて掲載した。私はその時点ではこのことを知らなかったが、前述の山本さんが一九七八年一月にアルダー氏が同誌に書いた記事「The Unknown Recordings of Vladimir Horowitz」を教えてくれ、その記事の中にアルダー氏が一九七三年にホロヴィッツのディスコグラフィを掲載したことが載っていたのである。

このディスコグラフィを参考にしたと想像するが、浅里公三氏がホロヴィッツの日本版のディスコグラフィを日本で初めて作った。これはCBSソニーから一九七四年に発売されたホロヴィッツのLP（SOCO72）の解説文のひとつとして発表されたものだが、この中にいくつか存在が疑わしいものもある、と書かれてあった。たとえばリムスキー＝コルサコフの《熊ん蜂の飛行》やストラヴィンスキーの《ペトルーシュカ》からの「ロシア舞曲」である。

私は一九七三年の「ハイフィデリティ」誌を見るため国会図書館へ行った。そしてコピーを手に入れた。それによると上の二曲ともSPとしてHMVから販売されていて、その復刻版がフランスのパテから発売されたLPに入っていることが分かったのである。

仕事上よく海外に行くので、それを手に入れるべくロンドン、パリ、フランクフルト、ミラノ、ウィーン、ロサンゼルス、サンフランシスコなど世界中の古レコード屋を探しまわった。そしてついにニューヨークの古レコード屋でこれを見つけた。感激であった。しかし今ではこれらをCDで簡単に聴くことができるのである。世界中を探してようやく手に入れたものが、今では簡単に手に入るばかりか、タダでネット上で聴けるようになった。何だか私の宝物が「あっという間に」他人に持っていかれたような感じがして、残念な気持ちになった記憶がある。

仕事で海外の都市へ行った時は、その電話帳をもとにクラシック専門誌に載っている広告を参考にして古レコード屋のリストを作る。それを地図上にプロットしてレコード屋が多くある場所までタクシーで行き、片っ端から訪ねたのである。

ホロヴィッツを聴きにニューヨークへ

一九七八年はホロヴィッツのアメリカ・デビュー五十周年の年である。五月にホロヴィッツが、主にアメリカ以外の人のためにカーネギー・ホールでリサイタルをやる、という情報が飛び込んできた。よし、聴きに行こう、と決めた。このコンサートの名称は「HOROWITZ International Golden Jubilee Concert, 1928 - 1978」である。幸い旅行業者が切符を手配しツアーを組むことが分かり、京橋にある業者にさっそく申し込んだ。ホロヴィッツ大好き人間だけの旅行である、さぞや楽しい道中になる、と期待していたのだが、私の都合でどうしても日程が合わず、別行動となってしまった。

コンサートは五月七日・日曜日午後四時からで、オール・ショパンのプログラムであった。私の席は前から五列目E—21番である。演奏が始まる前にアナウンスがあった。それは「会場で写真を撮ったり、録音をしたりしてはいけません」というものだが、世界中から聴衆が来ているので、アナウンスは英、仏、独、伊、と日本語で行なわれた。ショパンの《舟歌》の演奏が始まったが、私にはちっとも聴こえてこないのである。頭の上を音が飛んで行ってしまう、そんな感じであった。

あっという間に休憩の時間になってしまった。舞台上にも大勢の人がピアノを囲むようにしてホロヴィッツの演奏を聴いていたが、休憩の時、舞台上の人たちがホロヴィッツのピアノの近くへ行き、ピアノを眺め始めた。すると会場にいた聴衆も数人、袖から舞台に上がりホロヴィッツのピアノを眺め始めたではないか。一瞬私もためらったが無意識に袖から舞台に上がり、あのホロヴィッツのピアノを見ていた。よくもまぁ、こんな無作法なことをやったものである。袖から舞台に上がったのは四十~五十人ほどいたであろうか。すぐに関係者が飛んできて舞台から降りるよう要請された。

コンサートでの席の隣にはニューヨークにお住まいの日本人がおられ、望月さんと名乗られた。彼はホロヴィッツが好きなのでニューヨークに住んでいらっしゃり、「この席は中村紘子さんの席ですが、私が買った席の方がいい席なので彼女と代わったんです」とのことだった。

このコンサートで最も切符を手に入れにくかったのは地元アメリカで、フランス、ドイツからは二百人前後が日本からは百四十人のホロヴィッツ・ファンが集まった。それ以外の国からも英国、イタリア、ブラジル、レバノンそのほか多くの国々から来ていたという。飛行機で隣だった杉谷昭子さんとは観衆があまりにも多く、結局会場で会うことはできなかった。しかし、数年後に杉谷さんのリサイタルがあったので聴きに行った。

このホロヴィッツのコンサートの一～二年後、確かシアトルだったと記憶しているが、またホロヴィッツのコンサートがあると旅行業者から連絡があった。すぐに申し込んだ。しかし、何とこのコンサートはキャンセルされたのである。私は残念でたまらず業者に何回も「本当にキャンセルされたの?」と電話で連絡をした。答えは「そうです、キャンセルです」であった。残念無念。

ちょうどこの頃、東京駅の大丸デパートでは定期的に古レコード市が開かれていた。職場が八重洲だったので昼休みによく見に行った。

ある時ホロヴィッツのLPで見たこともないジャケットのものがたくさんあった。私は驚いた。ずいぶん探しまわっているのに見たこともないものがたくさんあったのである。値段を見ると、一枚三万八千円ではないか！　それに三万八千円のものは一枚ではなかった。安いものでも私が持っていないものは一万六千円以上であった。さすがの私も値段があまりにも高すぎるので買うのを躊躇した。

　どうしよう？　迷いに迷った。ここはすべて珍しいものばかりを集めているので他のものも値段が高いのではないか？　ホロヴィッツ以外を調べたら一万円以上するＬＰは一枚もなかった。ホロヴィッツのだけ値段が高かったのである。そこであることを思い付いた。世の中に私のようなホロヴィッツのＬＰの収集家がいるのだろうか？　三万八千円でも買う人がいるのだろうか？　という疑問である。

　そこで私はホロヴィッツのＬＰをすべて抜き出して、ある一角に固めて置き直した。そして毎日売り場に行って売れたかどうかチェックしたのである。今日は売れなかった、今日も売れなかった、そして最後の日は閉店のタイミングで行った。結局三万八千円のものは何ひとつ売れていなかった。

　このことから多くのことが分かった。まず、ホロヴィッツのＬＰは他の演奏家のものよりも値段が高い。三万八千円の赤いジャケットで犬のマークのＬＰは特に珍しいものに違いない。私の持っていないホロヴィッツのＬＰはまだまだたくさんある。何が珍しいものなのかを判断する上で、今回、業者が付けた値段は重要な参考になる、ということだ。

　私にとってこの機会はホロヴィッツのレコード収集にさらなる火を点けた。持っていないものが具体的に明白になったのである。そして、これらは外国で探すしかない、というのが私の結論であった。特にロンドンで探そう！　ロンドンにあるならパリにもフランス盤の犬のマークのＬＰはあるはずだ！　この大丸の古レコード販売会は多くの手掛かりを与えてくれた。その後これらのＬＰはすべて海外で手に入れた。

ホロヴィッツの日本公演

海外へ出た時は、相変わらずホロヴィッツのレコードを集めた。そんな折一九八三年の五月、ホロヴィッツが日本に来るというではないか。

期待で胸が膨らんだ。切符を手に入れるために一九六五年のカーネギー・ホールでの歴史的コンサートで多くのファンが徹夜で並んだように、銀座の梶本音楽事務所の前に徹夜で並ぶことにした。ホロヴィッツのコンサートの切符を手に入れるために徹夜で並ぶことは楽しみでもあったのである。しかし実際には私の友人が代わりに並んでくれたので、私はほんの少し並んだだけであった。

この行列の様子はテレビのニュースで紹介されたり、ホロヴィッツのコンサートがNHKで放送された時に冒頭で放映されたが、ここに映っている瀬戸一彦氏や皆川純氏と私は、その後ホロヴィッツのレパートリー・リスティングを共同で作ることになるのである。この梶本事務所の行列で前の方に並んでいた人たちはその後連絡を取り合い、加藤京子氏を中心にホロヴィッツ・ファンクラブが結成されたので私も参加した。会合は二、三年にわたり三、四回開かれたが、残念ながらその後は開かれなくなってしまった。

プログラムは同じだが、私は二回のコンサートとも切符を手に入れた。S席一枚五万円で、この当時のオペラの引っ越し公演よりも高かった。初日のコンサートは耳を疑うものであった。私はショックを受け、数カ月間立ち直ることができなかった。初日の演奏はさっそく翌日テレビで放送され、ホロヴィッツを吉田秀和氏は「ヒビの入った骨董品」と評した。あぁ！　ホロヴィッツは日本に来てくれない方が良かった。私の宝は「ヒビの入った骨董品」などではない。しかし多くの友人ですら、「石井はホロヴィッツ、ホロヴィッツと言っているが、切符代で五万円も取られ、ヒビが入った骨董品ではないか」と馬鹿にされているような気がしてならなかった。

そんなはずはない！　実際、二日目の演奏はかなり良かったではないか！　と私は叫びたかったが、世の中のホロヴィッツ評価は一気に下がっていった。このとき使われたスタインウェイのピアノCD75は今、日本のタカギクラヴィアにある。しばらく前にこのピアノを用いたコンサートが東京で行なわれたので、聴きに行った。

老いによる衰えなのか？　大昔コルトーが来た時も今回ほどではなかったが、老いを感じさせるものであったから、まあ仕方がないのかなー、……いやそうではない！　と思いたかった。こんなことがあっても私のホロヴィッツ・コレクションは増え続けた。

一九八三年にはグレン・プラスキンが書いた『ホロヴィッツ』という伝記が出版された。彼の本格的な伝記としては最初のもので、今まで知られていなかった事実がたくさん盛り込まれている点で画期的な本だった。その付録にボブ・マッカリアーが作った、以前より完全なディスコグラフィが載っており、これが私のホロヴィッツ・コレクションをより完璧にする意味で重要であった。

私はこのディスコグラフィを中心に色々調べて、私が持っていないレコード番号リストを作った。はじめはこのリストを基に持っていないレコードを世界中で探しまわって買ったのだが、そのうちどの店に行っても新発見はなくなってしまった。期待して店に飛び込んで何も得られないのは、がっかりである。海外まで行き待望のレコード屋へ行ったのに手ぶらで店を出たくはない。そこで、すでに持ってはいるが比較的珍しいものは買うようになってしまい、その結果LP、EP、SPの枚数はどんどん増えていったのである。

今はホロヴィッツのLP、EP、SPだけでも二千枚ほどに達した。同じものと思って買ったが、以前のものと比較すると違うところがあることも発見できた。たとえばロゴ・マークの位置、解説書の有無などである。同じレコード番号でジャケットが違うもの、ジャケットは同じだが番号の違うものもたくさんある。RCAとHMVから発売されたSPとEPも収集した。SPはロンドン、パリそれにハリウッドで多くを見つけた。たくさん買ったが、SPは重く、しかも割れやすいので持ち帰るのに苦労した。もちろん手荷物として機内へ持ち込んだのである。ある時SPを家で調べていたら、何とホロヴィッツのサインがあるではないか。またひとつ宝が増えた。

ホロヴィッツのカムバック

一九八三年のあの悪夢からはもう完全に醒めていた私は、一九八六年にホロヴィッツがまた来日するというニュースを聞いた時、エッ！　と驚いたが、ホロヴィッツの演奏をまた聴ける、という喜びを感じた。そしてまた梶本事務所の前に並んだ。熱気は前回ほどではなかったが、並んだ人の数は一九八三年の時とあまり変わらなかったように思う。

今回も私のホロヴィッツ友達の一人、斎藤博氏の友人が私のために並んでくれたので、幸い私は少し並んだだけであった。この時は三回のリサイタルが開かれたが、残念ながら仕事の関係で東京を離れざるをえず、三日目しか聴くことができなかったが、お馴染みのホロヴィッツ仲間と家内、そして十歳の末娘とで、最前列に座って聴いた。嬉しいことにホロヴィッツは完全に復活していた。

その夜、ＮＨＫのＦＭで今回の来日公演二日目の演奏が放送されるので、ホロヴィッツ仲間はコンサート後、すぐに私の家に集まり皆で聴いた。彼らはその演奏を生でも聴いていたので、その時のホロヴィッツのしぐさがどうだったとか、ああだったとか、この音が素晴らしいね！　など話に花が咲いた。我々はホロヴィッツの復活に心から敬意を表し、喜んだ。この頃になると新譜はＬＰだけではなく、ＣＤとしても出るようになっていたので、もちろんＣＤも集め始めた。

古レコード屋をまわっていると掘り出しものにお目にかかる。ファンがアンダーグラウンドで録音したものや、劇場の技術者が許可なく勝手に録音したものを、ＬＰでファンクラブの会員に配布するというサークルのようなものがあるらしく、その人たちに限って配布されたのだが、なぜか、このようなものが古レコード屋に出てくるのである。

ジャケットは白や単色で何も書いてないものもある。ブルーノ・ワルター協会やアルトゥーロ・トスカニーニ協会などが会員に配布したものはジャケットに印刷がしてある。たとえばワルターやトスカニーニとホロヴィッツとの組み合わせによるブラームスのピアノ協奏曲第一番、ブルーノ・ワルターとの共演のチャイコフスキーのピアノ協奏曲一番、そしてジョージ・セルやスタインバーグとの共演でチャイコフスキーのピアノ協奏曲一番などである。しかしこれらのほとんどはイタリアで正式にLPとして発売された。もちろん現在ではCDでも発売されている。

世界で一番のホロヴィッツ研究家兼コレクターは、前述の世界で初めて一九七三年にホロヴィッツの完全ディスコグラフィを発表した人として紹介したケイン・アルダー氏であろう。私はどうしても彼に会いたいと思い、自宅を探し当て、一九八七年にユタ州ソルトレーク・シティを訪問した。彼の家は通称ホロヴィッチアーナと呼ばれており、大きな居間にはスタインウェイのグランドピアノがあった。彼はホロヴィッツご夫妻とも親交が深く、ホロヴィッツからも大変信頼されていた。

我々の作ったまだ不完全なレパートリー・リスティングを見せると、アルダー氏はすぐに赤のボールペンで何も見ずにどんどん書き込んだり、削除したりしてくれた。七〜八時間彼の家で「ホロヴィッツ・オン・TV」のビデオ、イェール・コレクションから色々な曲、その他全く知らないものを聴かせてもらった。感謝感激であった。このとき聴いたものは、発売済みのものは何ひとつなかった。

次から次へと興味深々のものが続いたので、夕方になったのに私は帰れない。そこで奥さんが顔を出し、彼とひそひそ話をしていたが、夕食もご用意頂くことになってしまった。奥様とお嬢様と四人で食事をしたのである。帰りには一九六八年の「ホロヴィッツ・オン・ＴＶ」のビデオテープまでいただいた。彼から聞いた話では、そもそもホロヴィッツに深く心酔するようになったのは、彼のお父上がホロヴィッツの大ファンだったからだそうで、それからの影響で、もう七十年以上になるという。昔からの新聞記事や雑誌の記事なども綺麗にまとめられていた。

ところで、彼はイェール・コレクションの多くのコピーを持っており、その一部を私に聴かせてくれたのだが、どうして彼がコピーを持っていたのだろうか？　彼はホロヴィッツに「バックアップを取っておかないと、もし現物に万が一のことがあった時に困るではないか。私は絶対他人にコピーを渡さないからバックアップとしてコピーを取らせてほしい」と頼んだのである。

しかし最初の答えはＮＯだった。だがワンダ夫人がその通りだと納得し、バックアップを彼に保管してもらえば良いのではないかと助言したので、ホロヴィッツもＯＫしたのだそうだ。

彼はライヴ・コンサート・テープ百五十本、ラジオで放送されたもののほとんど、会社が録音はしたが世に出なかったものなど多くのものを持っていた。これを基に一九七八年の「ハイフィデリティ」の記事を書いたのであろう。

ホロヴィッツの死

ホロヴィッツは一九八九年十一月五日ニューヨークの自宅で心臓発作のため亡くなった。ソニー・

クラシカルがホロヴィッツの自宅で彼の演奏を録音した数日後のことである。私はガックリきたが、お歳を考えれば受け入れざるをえなかった。

ホロヴィッツ夫妻の娘ソニアは交通事故で怪我をし、その後若くして亡くなったが、夫妻は生前、死んだら娘のソニアと同じ墓に入ろうと決めていたので、ミラノにあるトスカニーニ家の墓に入ることになっていた。そこでミラノで葬儀を行なうこととなり、ワンダ夫人の希望と思われるが、彼女の父トスカニーニと同様にミラノのスカラ座で葬儀が行なわれた。こうして彼の亡骸はトスカニーニ家の墓に埋葬されたのである。

このニュースをテレビで見た私はミラノに住んでいる友人と連絡を取り、一九九〇年にミラノの中央墓地へ行った。トスカニーニ家の墓は、中央墓地の入り口にある管理事務所で訪ねたらすぐに分かった。私は花束を買い墓前に手向けた。トスカニーニ家の墓は高さが五メートルほどの大きなもので、前面に鉄の扉があり、そこにきれいに花を差し込んだ。すでに誰かが花を扉に差し込んでいたので、私もその花は取り去らず、その周りにきれいに飾ったのである。まだホロヴィッツの名前は刻まれていなかったが、右側の上から三段目がホロヴィッツの遺体の入ったお墓だと推察した。ホロヴィッツの希望で娘のソニアの横に埋葬されたのである。

一九八六年のコンサートの時から木下淳氏が我々の活動に加わってくれるようになった。彼はホロヴィッツのＬＰやＣＤに大変詳しかったので私のコレクションになさそうなものを良く教えてくれ、一九九七年頃からはインターネットのオークションサイトでホロヴィッツの珍しいものを見つけては私に知らせてくれた。木下氏は私のために新譜CDを海外のサイトで購入したり、珍しいLPやCDをオークションで競り落としてくれた。彼が買ってくれたものは数百枚に及ぶであろう。

レパートリー・リスト作り

ホロヴィッツの死後も木下氏の助けを借りて、私は精力的にLPやCDの収集を続行したが、だんだんCDが増えるようになっていった。ホロヴィッツの最後の一九八九年の録音はLP、カセットテープ、DAT、そしてCDで発売されたが、日本ではもうLPでは発売されなかった。ホロヴィッツは音の世界ではピアノロールから始まりCDに至るまですべてのメディアで世に出たのである。

私はホロヴィッツのレパートリー作りを本格化させた。レパートリーとは何か。これは問題を多く含む。すなわち契約会社から頼まれて、たった一回しか録音したことのない曲をレパートリーと呼ぶべきか？　彼自身に聞いた時、彼が何と言うだろうか、ということである。好きでもない曲を彼は自分のレパートリーと言うだろうか。しかし我々は正式に録音したか、公のコンサートで彼が演奏したことがあるものを「レパートリー」と呼ぶことにした。ホロヴィッツに聞けば「違う」と答えるかもしれないが、公に彼が演奏したことがあるものをレパートリーと呼ぶことにしたのである。

手紙でケイン・アルダー氏はこのことに関し「レパートリーを作るならば本来は時代別にホロヴィッツが好む曲をはっきりさせ、それをレパートリーとすべきだ」と助言してくださった。その通りだと思ったが、これはもっと時間をかけて研究し作らねばならないので、まずは現在のものを完成させ、その後、時代別に作ろうと思っている。

瀬戸一彦氏は多くのホロヴィッツの本や記事の中に書かれていること（事実？）から演奏した痕跡をすべて網羅して調べ上げた。私は多くのディスコグラフィやLPなどに入っている解説を見てレパートリーを作った。これを皆川純氏は曲名を正確に調べ、コンピュータに入れて綺麗に整理してくれたが、特に問題だったのは曲名の定義である。レコードに書かれている曲名が正しくないことがあったので、曲を実際に聴いて楽譜と付き合わせる必要がある場合があったのである。これは瀬戸、皆川両氏がやってくれた。こうして一九九七年十月に我々が作ったホロヴィッツのレパートリー・リスティングが完成した。

一九九九年から二〇〇〇年にかけてはホロヴィッツ没後十年の節目に当たったため多くのCDが世に出てきた。モーツァルトの《フィガロの結婚》を含め、ピアノロールのすべてはCDで聴けるようになったし、HMVやRCAから出たすべてのSPの復刻も、ホロヴィッツが許さなかった一曲を除いてすべてがCD化された。その後も今まで世に出ていなかったものも続々とCDで出てきたし、イェール・コレクションの一部も新たに世に出てきた。

二〇〇二年のある日、木下氏がメールで「クリスチャン・ヨハンソンというまだ若い北欧の青年がホロヴィッツに関する素晴らしいホーム・ページを作った」と連絡してきた。さっそく見てみて驚いた。ホロヴィッツがいつどこで何を演奏し、その内、音が残っているものは何かがすべて書かれていた。多少間違っているところが残っているにせよ、これはホロヴィッツに関する情報としては第一級のものであった。

さっそく調べたら、私の情報と多少異なるところがあったので、メールのやり取りを始め、訂正すべきところを連絡した。そして我々が作ったレパートリーも彼に送った。彼からは丁寧な返事が来て、彼のウェブサイトの誤りの点は変更してくれた。しかし、彼のこの情報で我々のレパートリー・リスティングに多くの誤りがあることも分かった。

その後もリリースされたことのない色々な演奏がCDで出てきたので、これに伴ってレパートリー・リスティングも数回改訂された。このレパートリーリスティングの最新版は www.horowitz.jp にある。

二〇一三年八月に、ソニー・クラシカルから、カーネギー・ホールでのライヴ録音のCD－BOXが発売された。これには初めて発売された演奏が多く含まれている。しかもコンサートはアンコールを含めて、そのままCDで出したところが重要である。すべての演奏がエディットされていない。過去に発売されたものと比べて、よりコンサートの雰囲気を感じることができる。

ラフマニノフのピアノソナタ第二番の演奏中にピアノの弦が切れるというアクシデントがあったが、それもそのまま録音されている。「ホロヴィッツ・オン・TV」も一九六八年一月二日と二月一日の二回にわたり録画収録されたが、それもそのまま別々にCDになっている。「ホロヴィッツ・オン・TV」の映像は、これら二日間の演奏のつぎはぎであるが、今までこの映像はアンダーグラウンドでしか手に入れることができなかったので、これが附録のＤＶＤとしてリリースされたのは非常に貴重である。私の持っているものと比較すると一部映像が異なるところがあり、画像の質も少し綺麗である。

ヨハンソンのウェブサイトを見ると、まだまだ多くの未公開の音源が残されている。アンダーグラウンドで流布していた多くのものがＣＤで出てくることを期待したい。我々が手に入れたものでも未発売のものがたくさんあるのだから、世界中で流布している音源はまだまだ多く存在すると思われる。

※次の頁から「資料　ディスコグラフィー」になります。横組みのため、巻末から始まります。

ホロヴィッツ
20世紀《せいき》最大《さいだい》のピアニストの生涯《しょうがい》と全録音《ぜんろくおん》

発行日　　2018年4月10日　第1刷

著　者　　中川 右介
著　者　　石井 義興
発行人　　茂山 和也

発行所　　株式会社 アルファベータブックス
〒102-0072 東京都千代田区飯田橋2-14-5
Tel 03-3239-1850　Fax 03-3239-1851
website http://ab-books.hondana.jp/
e-mail alpha-beta@ab-books.co.jp

装　丁　佐々木 正見
印　刷　株式会社エーヴィスシステムズ
製　本　株式会社難波製本

ISBN 978-4-86598-053-0　C0073

【著者】
中川 右介（なかがわ ゆうすけ）

作家、編集者。1960年東京都生まれ。早稲田大学第二文学部卒業。出版社勤務の後、アルファベータを設立し、代表取締役編集長として雑誌『クラシックジャーナル』、音楽家・文学者の評伝や写真集の編集・出版を手掛ける（2014年まで）。その一方で、作家としても活躍。クラシック音楽への造詣の深さはもとより、歌舞伎、映画、歌謡曲、漫画などにも精通。膨大な資料から埋もれていた史実を掘り起こし、歴史に新しい光を当てる執筆スタイルで人気を博している。著書に『二十世紀の10大ピアニスト』（幻冬舎新書）、『グレン・グールド』（朝日新書）、『冷戦とクラシック』（NHK出版新書）、『クラシック音楽の歴史』（角川ソフィア文庫）他多数。

【著者】
石井 義興（いしい よしおき）

1938年新潟県生まれ。青山学院中高、横浜市大数学科をへて1965年3月大阪大学大学院。数学専攻、理学修士。ソフトウエア技術者。1995年日本で初めてこの分野の著書『データウエアハウス』を出版。2001年にはジャパンアーツの協力でサンクトペテルブルグ・フィル（指揮：ユーリー・テミルカーノフ、ピアノ：ラン・ラン、ヴァイオリン：庄司紗矢香）を招き、東京、横浜でコンサートを開く。
編著に『ホロヴィッツの遺産』（アルファベータブックス）がある。

資料
ディスコグラフィー

ホロヴィッツの録音のすべてを、作曲家、曲目、年代ごとに、収録されているCD番号を示す。

作曲家名、曲目に続き演奏年月日があり、その演奏が入っているCDのレーベル名、CD番号が記載されている。同じ音源がいつくものCDに収録されているが、2017年現在のほぼすべてのCD番号を載せてある。ただし全集などのセットものはCD番号を省いてある。1曲でも、初出音源が含まれている場合は載せている。

現在も、ホロヴィッツの録音は「新しいCD」として発売されているが、商品化可能な音源としては出尽くしていると思われる。


【編集部注】

原文は欧文で作られているが、作曲者名、曲名を日本語表記にした。順番は欧文のままで、作曲者名と曲名のアルファベット順である。

●「Yale Collection」 ホロヴィッツが個人的にカーネギー・ホールのリサイタルを録音させたもので、後にこれらの原盤は Yale 大学に寄付された。Yale Collection は一部が CD としてリリースされているので、その場合は「Yale Collection, CD」と記す。

●「Roll-LP-CD」 Piano Roll を再生した音源が LP として出て、後に CD で復刻されたもの。

●「Roll-CD」 Piano Roll を再生した音源が CD としてリリースされているもの。

●「78-45-LP-CD」 演奏の初出が 78 回転盤(SP)で、同じ音源が 45 回転盤(EP)、LP、CD でもリリースされたという意味。

●「45-LP-CD」 演奏の初出が 45 回転盤(EP)で、LP、CD でもリリースされたという意味。

●「LP-CD」 演奏の初出が LP で、CD でもリリースされたという意味。

●「CD」 CD が初出の音源の意味。

●「CH」 ソニーが、カーネギー・ホールと提携して、ホロヴィッツの同ホールでの演奏を、CD41 枚と DVD1 枚の計 42 枚にまとめたボックスセット「Vladimir Horowitz: Live At Carnegie Hall」のことで、「CH(CD1)」とあれば、このボックスの CD1 のこと。

●「VH」 ソニーが出した 1966 年から 83 年までのリサイタルのライヴ録音を集めた 50 枚組のボックスセット「Vladimir Horowitz The Unreleased Live Recordings 1966-1983」のことで(本文では「リサイタル・ライヴ・ボックス」とした)、「VH(CD1)」とあれば、このボックスの CD1 のこと。

●「LP-CD-SACD」「CD-SACD」 音源がリマスタリングされ、SACD でもリリースされたという意味。ブルーレイ DVD と同じ素材を用いてリリースされた CD については、特に明記はしていない。

＊ショパンの「黒鍵」の最初の録音は 1934 年で、78 回転盤でリリースされたが、ホロヴィッツの要請で販売中止となった。その後、1935 年に録音し直し、それが発売された。だが、34 年録音盤も僅かだが現存する。34 年盤を基に再生してリリースしたという CD があるが、1935 年盤と聞き比べてみると、1934 年録音というのは疑わしく、1935 年録音のもののようだ。

【バッハ　BACH】

トッカータハ短調 BWV.911

(1949, Jan. 17) Yale Collection, CD SONY CH (CD2)

(1949, Mar. 21) Yale Collection CD RCA 09026 62643 2, SONY CH (CD41)

【バッハ（ブソーニ編）BACH=BUSONI】

コラールプレリュード《いざ来たれ、異教徒の救い主よ》 BWV.659

(1947) 78-45-LP-CD RCA 60461, The Piano Masters 20.3166-306

The Piano Lib.239, DHC-Not-For Sale

(1985) LP-CD DG 419 045-2, 474 334-2, POCG1151

コラールプレリュード《喜べ、愛する信者よ》BWV.734

(1934) 78-LP-CD

EMI 63538, 763538, Toshiba TOCE6161, Warner0825646251353

The Piano Masters 20.3166-306,

Magic Talent 48005, Music Masters 37020, Archipel 0246

Allegro 3004, Pearl 9262, APR5517, 6004, ANDANTE 2982

SiRio5300-26, Cantus 5.00081

Grammofono AB78520, AB78620

コラールプレリュード《われ汝に呼ばわる、主イエス・キリストよ》BWV.639

(1969) LP-CD SONY SK48093, SK53466, SRCR9000

前奏曲とフーガ ニ長調 BWV.532

(1926) Roll-LP, Roll-CD TACET 138-D

トッカータ、アダージョとフーガハ長調 BWV.564

(1926) Roll-CD (Adagio and Fugue) TACET 138-D

(1926) Roll-LP-CD (only Adagio) Intercord 7243 5 4402326-H,

Victor VDC1313

(1965, May 9) LP-CD-SACD CBS M3K44681, SONY S3K53461, SRCR8847~8

Bella Musica 969, SICC10231-SACD

(1965, May.9) CD (Unedited) SONY S2K93023,

Great Moments (GM) at Carnegie Hall (CD16), SICC10233-SACD

トッカータハ短調 BWV.911

(1949, Jan. 17) Yale Collection, SONY CH (CD3)

(1949, Mar. 21) Yale Collection, RCA 09026626432, SONY CH (CD41)

【バラキレフ　BALAKIREV=HOROWITZ】

イスラメイ

(1950, Jan. 23) Yale Collection, CD SONY BVCC40018-J , CH (CD41)

【バーバー　BARBER】

《遠足 Op.20》より第 1，2，4 番

(1945,Mar.28) Yale Collection, CD RCA 09026626442, The Piano Lib. PL239, membrane 222138-444, SONY CH (CD38)

ピアノ・ソナタ変ホ短調 Op.26

(1950, Mar. 20) Yale Collection, CD SONY CH (CD6)

(1950, May 15) 78-45-LP-CD RCA 60377

【ベートーヴェン　BEETHOVEN】

ピアノ協奏曲第 5 番変ホ長調 Op.73《皇帝》

(1952, Apr. 26) 45-LP-CD, F. Reiner (cond.) RCA 7992-2, 87992, URANIA 4217, 4253, ANDRCD5002 Hirabayashi GS-2106

ピアノ・ソナタ第 7 番ニ長調 Op.10-3

(1949, Feb. 21) Yale Collection, CD SONY CH (CD4)

(1959) LP-CD RCA 0902660986-2,

ピアノ・ソナタ第 8 番ハ短調 Op.13《悲愴》

(1963) LP-CD CBS MK34509, SONY S2K53457, S3K93039(Adagio only), SRCR9260, 88697419402(Adagio only), Time Life A2-28526

ピアノ・ソナタ第 14 番嬰ハ短調 Op.27-2《月光》

(1946) 78-45-LP-CD RCA 60461, ARPCD 0057, URANIA 4217

(1947, Apr. 28) Yale Collection, CD SONY 88697 604742, CH (CD39)

(1956) LP-CD RCA 60375

(1972) LP-CD CBS MK34509, MK44797, SONY 88697419402(Adagio only) SRCR9360, SK53467, SK89669(Adagio only), S3K93039(Adagio only)

ピアノ・ソナタ第21番ハ長調 Op.53《ワルトシュタイン》

(1945, Mar. 28) Yale Collection, CD　SONY 88697604742, CH (CD38)

(1956) LP-CD　RCA 60375

(1972) LP-CD　COL M31371, SONY SK 53467, SRCR8846

ピアノ・ソナタ第23番へ短調 Op.57《熱情》

(1959) LP-CD　RCA 60375

(1972) LP-CD　CBS MK34509, SONY SK53467, SRCR9260

ピアノ・ソナタ第28番イ長調 Op.101

(1967, Oct.22&Nov.26) CD　CBS MK45572, SONY SK53466

(1967, Oct.22) CD SONY 30DC5318, VH (CD3)

(1967, Nov.12) CD　SONY Original Jacket Coll. (=88697575002)
(CD60a), VH (CD5)

(1967, Dec.10) CD SONY VH (CD7)

(1968, Apr.7) CD SONY VH (CD9)

(1968, May12) CD SONY VH (CD11)

(1980, Nov.16) CD VIBRATO VLL478

(1983, Apr.24) CD SONY VH (CD46)

(1983, May15) CD SONY VH (CD48)

創作主題による32の変奏曲 WoO.80

(1934) 78-LP-CD　EMI 63538, 7635382, Toshiba TOCE6161, Warner
0825646251353 Magic Talent 48005, APR5517, 6004
Music Masters 37020, Archipel 0246, Allegro 3004, Pearl9262
ANDANTE 2982, SiRio 5300-26, Cantus 5.00081
Grammofono AB78520, AB78620, membran222138-444

(1966, Apr. 17) CD SONY CH (CD17)

【ブラームス　BRAHMS】

ピアノ協奏曲第1番ニ短調作品15

(1935, Mar. 17) LP-CD New York, A. Toscanini (cond.)
Stradivarius STR10037 (excerpt of first movement only),
APR 6001 Memories Reverence MR2211, The Radio Years
RY54,VAAN H00W20116

(1936, Feb. 20) LP-CD Amsterdam, B. Walter (cond.)

AS Disc AS400 (part of 1st movement missing), NAS 2400
Music & Art 810, The Radio Year RY 54, Legend LGD105
(Section of 1st movement missing and replaced in some
editions by corresponding section from the Toscanini
of 1935, Mar.17*)
*From a book "More giants of the keyboard"
Memories Reverence MR2214, ARPCD0168, 0488

ピアノ協奏曲第２番変ロ長調 Op.83

(1939, Aug. 29) CD (Lucerne) A. Toscanini (cond.) APR6001
(1940, May 6) LP-CD (New York) A. Toscanini (cond.)
Naxos 8.110805-6, bellaphon 689.24.002, TIM 221374-349
(1940, May 9) 78-45-LP-CD A. Toscanini (cond.)
RCA 60319, 60523, URANIA 4253, ALLEGRO 3001
The Piano Lib.292, Naxos 8.110671
(1945, Feb. 19) CD A. Toscanini (cond.)
Pristine Audio PASC171-F
(1948, Oct. 23) CD A. Toscanini (cond.)
Stradivarius STR 13595, Classical Society CSCD103,
Bellaphon 689-24-002, Arkadia 454, 78574, APR6001,
Music & Arts 1077, Pristne Audio 092

間奏曲変ロ短調 Op.117-2

(1951,Apr.23) LP-CD RCA 60523

四つの小品　ラプソディー Op.119-4

(1953, Feb.25) CD C.Alder, SONY CH (CD13)

ヴァイオリン・ソナタ第３番ニ短調 Op.108

(1950) 45-LP-CD, N. Milstein (vn.)
RCA 60461, ARPCD 0168, Nota Blu 93.5095

ワルツ第 15 番変イ長調 Op.39-15

(1942, Jan.30) CD APR2000
(1946) CD (Radio Broadcast) Living Stage LS4035177 Disc2
(1949, Feb.21) Yale Collection, CD SONY CH (CD5)
(1950,Oct.10) 78-45-LP-CD
RCA 09026604632, 88697477992, da capo777.701-2

【ショパン　CHOPIN】

アンダンテ・スピアナートと華麗なる大ポロネーズ変ホ長調 Op.22

(1945) 78-45-LP-CD　RCA 7752, ANDRCD 5002, aura231, ANDANTE 2982
URANIA 22.232, 22.329

(1950, Mar. 20) Yale Collection, CD SONY CH (CD7)

バラード第１番ト短調 Op.23

(1947, May 19) 78-45-LP-CD
RCA 60376, ANDRCD5002, aura 231, ANDANTE 2983
URANIA 22.232, 22.329

(1965, May 9) LP-CD-SACD
CBS M3K44681, SONY M3K53461, SRCR8847
SONY SICC10232-SACD

(1965, May 9) CD (Unedited)-SACD SONY S3K93023, SONY CH (CD16),
Great Moments at Carnegie Hall (CD17), SICC10234-SACD

(1968, Jan.2) CD SONY CH (CD25)

(1968, Feb.1) CD Nota Blu 93.5095, SONY CH (CD26)

(1968) LP-CD CBS MK42306, M3K44681, MK45829,
SONY SK53465, 88697419402,CSCR8112, SRCR8851

(1974, Nov.17) CD VIBRATO VLL470

(1975, Apr.20) CD VIBRATO VLL489

(1976, Feb.15) CD SONY VH (CD22)

(1976, Feb.22) CD SONY VH (CD24)

(1976, May 9) CD Music & Arts 666, Living Stage LS1045

(1981, Nov.1) CD SONY VH (CD42)

(1982, May 18,20&22) LP-CD　RCA RCD1-4572, 7752, 09026614142,

(1982, May22) CD BBC Music Magazine Collection Vol.21 No.12, SONY
VH (CD44)

(1985,Nov.24) CD (Milano)　Exclusive　EX92T40, ARTISTS FED062

バラード第３番変イ長調 Op.47

(1949, Feb. 21) Yale Collection, CD SONY CH (CD5)

(1949, May 9) LP-CD　 ANDRCD 5002, URANIA 22.232, 22.329

(1949, May 11) 45-LP-CD　RCA 09026609862

(1950, Mar. 20) Yale Collection, CD　SONY CH (CD7)

バラード第４番ヘ短調 Op.52

(1949, Dec.28)78(HMV DB21503-withdrawn)-CD Naxos 8.111282

Horowitz never approved the release of this by RCA.

This issued by HMV was erroneously and RCA has not been subsequently reissued in any form.

(1952, May 8) 45- LP-CD

RCA 09026609872, ANDRCD 5002, Naxos 8.111282

URANIA 22.261, 22.329

(1969, Oct.26) CD (Boston) Living Stage 4035177

(1980, Nov.16) CD VIBRATO VLL478

(1981, Nov.1) CD SONY VH (CD42)

(1981) LP-CD RCA RCD1-4585, 7752, 09026633142

舟歌嬰ヘ長調 Op.60

(1947, Apr. 28) Yale Collection, CD

SONY 88697546042, BVCC40018-J, CH (CD39)

(1951, Apr.23) CD SONY CH (CD10)

(1957) 45-LP-CD RCA 09026604632, Naxos 8.111282, 88697477992

(1967, Oct.22) CD SONY VH (CD3)

(1967, Nov. 12) CD SONY 88697575002(CD60a), VH (CD5)

(1967, Nov.26) CD Stradivarius STR10038 , SONY CH (CD23)

(1967, Dec.10) CD SONY VH (CD7)

(1968, May12) CD SONY VH (CD11)

(1980, Apr.13) LP-CD RCA 7752, SONY VH (CD36)

(1980, May 4) CD VIBRATO VLL 459, SONY VH (CD38)

(1980, May11) CD SONY VH (CD40)

練習曲第３番ホ長調 Op.10-3《別れの曲》

(1951, Apr.29) 45-LP-CD RCA 60376, Naxos 8.111282

(1972, Jun 6) LP-CD CBS MK42305, MK42306

SONY S2K53468, S3K93039, SRCR9217

練習曲第４番嬰ハ短調 Op.10-4

(1935) 78-LP-CD EMI CDHC63538, CHS7635382, Toshiba TOCE6161, Warner 0825646251353, Grammofono AB78619-21,APR5516, 6004, Pearl 9262, Magic Talent 48014, Naxos 8.110606, IDIS 6495 Archipel 0246, Sound Archive 5006, aura 231, Magic Master 37027,

ANDANTE 2982

The Piano Lib.188, Palladio 4177, ALLEGRO 3009, Cantus 5.00081

IRON Needle 1303, URANIA 22.329, membrane 222138-444

(1951, Mar. 5) CD　SONY　88697575002(CD59b)

(1952) LP-CD　RCA　60376, URANIA 22.232

(1973, Feb.8) LP-CD-SACD　CBS　MK42306, SONY　S2K53468 , S3K93039,

SRCR9217, SICC30050-SACD

練習曲第５番変ト長調 Op.10-5《黒鍵》

(1926) Roll-LP-CD, Intercord　724354402326

Roll-CD　Victor VDC-1313

Roll-CD　TACET 138

(1934, May12) 78(HMV DB-2238-withdrawn)-CD

IDIS 6495 *, Archipel 0246 *

(1935) 78-LP-CD

EMI　63538, 7635382, Toshiba TOCE6161, Warner 0825646251353

Grammofono AB7819-21,

APR5516, 6004, Pearl 9262, Magic Talent 48014, Naxos 8.110606

Sound Archive 5006, aura 231, Magic Master37027, ANDANTE 2982

The Piano Lib.188, Palladio 4177, ALLEGRO 3009

Cantus 5.00081, IRON Needle 1303, membrane 222138-444

HMV(Store)574037

(1971) LP-CD-SACD CBS　MK42305, MK42306, SONY

S2K53468, S3K93039

SONY 88697419402, SRCR9217, SICC30050-SACD

(1975, Nov.2) CD SONY VH (CD20)

(1980, Apr.13) CD SONY VH 8CD36)

(1980, May 4) LP-CD RCA 7752, VIBRATO VLL459, SONY VH (CD38)

(1980, May11) CD SONY VH (CD40)

(1980,Nov.16) CD VIBRATO VLL478

練習曲第６番変ホ短調 Op.10-6

(1928) Roll-CD Condon Collection DENON COCO75681, VICC-60184-J

Roll-CD Dal Segno　DSPRCD 023-EU

Roll-CD　Nimbus　NI8811-B

(1951, Mar. 5) CD　SONY 88697575002(CD59b)

(1963, Nov.4) CD SONY　SK48093, S2K53468, SRCR9000

練習曲第８番ヘ長調 Op.10-8

(1926) Roll-LP-CD　Intercord　724354402326-H

Roll-CD　Condon　690.07009

Roll-CD　Victor VDC-1313-J

Roll-CD　TACET 138-D

(1930, Mar. 4) CD　Naxos 8.110696

(1932) 78-LP-CD　EMI 63538, 7635382, Toshiba TOCE6161, Warner 0825646251353

Archipel 0246, Sound Archive 5006

Pearl 9262, aura 231, APR5516, 6004, Magic Master37027,

ANDANTE 2981, The Piano Lib.188, Palladio 4177, ALLEGRO 3009

Cantus 5.00081, IRON Needle 1303, Grammofono AB78621

Membrane 222138-444, HMV(Store)574037, Magic Talent48014

(1965) LP-CD-SACD CBS M3K44681, MK45829, SONY S3K53461, SRCR8847

Bella Musica 969,SICC01232-SACD

CD (Unedited)-SACD　SONY S2K93023, FIC1002B,

Great Moments at Carnegie Hall (CD17), SICC10234-SACD

(1983, Apr.24) CD SONY VH (CD47)

(1983, May15) CD SONY VH (CD49)

練習曲第 12 番ハ短調 Op.10-12《革命》

(1963) LP-CD　CBS MK42305. MK42306, SONY S2K53457, SRCR8846

Time Life A2-28526

(1972, Jun 6) LP-CD-SACD　SONY S2K53468, S3K93039, SRCR9217, SICC30050-SACD

練習曲第 13 番変イ長調 Op.25-1《エオリアン・ハープ》

(1989)LP- CD　SONY SK45818, SK92743, S3K93039, CSCR8816

練習曲第 15 番ヘ長調 Op.25-3

(1934, May 12) 78(DB-2238)-LP (Pathe)-CD EMI CDHC63538, CHS7635382, Toshiba TOCE6161,Warner 0825646251353, Grammophno AB 78621, APR5516, 6004, Archipel 0246, Sound Archive 5006

Magic Talent 48014, Pearl 9262,aura 231,Magic Master 37027,

The Piano Lib.188

Palladio 4177,Cantus 5.00081,IRON Needle 1303,membrane 222138-444

Issued as DB-2238 but quickly withdrawn at Horowitz' s request.

練習曲第 17 番ホ短調 Op.25-5

(1989) LP- CD SONY SK45818, SK93743, S3K93039, CSCR8116

練習曲第 19 番嬰ハ短調 Op.25-7

(1950, Mar. 20) Yale Collection, CD SONY CH (CD7)

(1963) LP-CD CBS MK42412, SONY S2K53457, SRCR8846

Time Life A2-28526

(1980, Apr.13) LP-CD RCA 7752, SONY VH (CD36)

(1980, May 4) CD VIBRATO VLL459, SONY VH (CD38)

(1980, May11) CD SONY VH (CD40)

(1980, Nov.16) CD VIBRATO VLL478

(1983, Apr.24) CD SONY VH (CD47)

(1983, May15) CD SONY VH (CD49)

練習曲第 22 番ロ短調 Op.25-10《オクターヴ》

(1983, Apr.24) CD SONY VH (CD47)

(1983, May15) CD SONY VH (CD49)

練習曲第 24 番ハ短調 Op.25-12

(1928) Roll-CD Condon COCO-75681-J, COCO-80213-J

Roll-CD Dal Segno DSPRCD 023-EU

Roll-CD DENON COCS-11382-J

Roll-CD Nimbus NI 8811-B

幻想曲ヘ短調 Op.49

(1948, Feb.2) CD RCA 09026626432, SONY CH (CD40), Pristine XR Pakm071

幻想即興曲（即興曲第 4 番）嬰ハ短調 Op.66

(1989) CD SONY SK45818, CSCR8116

即興曲第 1 番変イ長調 Op.29

(1948, Feb.2) CD Pristine XR Pakm071

(1950, Apr.24) Yale Collection

(1951, Oct.11) 78(HMV)-45(RCA)-LP-CD EMI 63538, 763538,

Toshiba TOCE6161,Warner 0825646251353

RCA 60376,ANDRCD 5002,Archipel 0246,Sound Archive 5006, aura 231

Magic Master 37027, URANIA 22.232, 22.329, The Piano Lib.188,

Palladio 4177

Cantus 5.00081, IRON Needle 1303, Grammofono AB 78621,membra 222138-444

HMV(Store)574037, Magic Talent48014

ロンド変ホ長調 Op.16

(1971) LP-CD　SONY S2K53468, SRCR8845

(1974, Nov.17) CD VIBRATO VLL470

(1975, Apr.20) CD VIBRATO VLL489

-Around a minute of the beginning are lost.

(1976, Feb.29) CD SONY VH (CD26)

(1976, Nov.14) CD VIBRATO VLL464

(1976, Nov.21) CD SONY VH (CD27)

マズルカ第７番ヘ短調 Op.7-3

(1932) 78-LP-CD　EMI 63538, 7635382, Toshiba TOCE6161, Warner 0825646251353, Grammofono AB 78621

APR5516, 6004, Magic Talent 48014, Pearl 9262, The Piano Masters 20.3166-306

Archipel 0246, Sound Archive 5006, aura 231, Magic Master 37027, ANDANTE 2981

The Piano Lib.188, Palladio 4177, Cantus 5.0081, IRON Needle 1303, Membrane 222138-444

(1947, Dec. 22) 78-45-LP-CD　RCA 09026609872

(1949, Feb. 21) Yale Collection, CD SONY CH (CD5)

(1966, Dec.10) CD　SONY CH (CD22)

(1967, Nov. 12) CD　SONY 88697575002(CD60b), VH (CD6)

(1967, Dec.10) CD SONY VH (CD8)

(1968, May12&1973, Feb.8) LP-CD-SACD

CBS MK42306, SONY S2K53468,SICC30050-SACD

(1968, May12) CD SONY SRCR9217, VH (CD12)

(1985, Oct.26) CD (Paris)　VIBRATO VLL457

(1985, Nov. 17) CD (Milano)　Exclusive EX92T39, ARTISTS FED 062

(1985, Nov. 24) CD (Milano)　Exclusive EX92T40

(1986, Apr. 20) LP-CD (Moscow)　DG 419499, 474334, POCG1123

Musical Heritage 51488A

(1986, Apr. 27) CD (Leningrad)　Artistotipia AL102LE , PALEXA 0536

(1986, May) CD (Berlin)　Live Supreme Production LSU1016,
SONY SICC1186~7
SONY 8869757332, 88697527012, 88697527082
(1986, Jun.21)CD (Tokyo)　Fachmann fur Klassischer Musik FKM1040
(1986, Oct.26) CD (Chicago) DG 4794649

マズルカ第 13 番イ短調 Op.17-4

(1950, Apr.24) Yale Collection
(1971, Apr.14) LP-CD-SACD　CBS MK42306, SONY S2K53468, S3K93039,
SRCR9217, SICC30050-SACD
(1974, Nov.17) CD VIBRATO VLL470
(1975, Apr. 20) CD VIBRATO VLL489
(1975, Nov.2) CD SONY VH (CD20)
(1975, Nov.23)　CD
SONY 82876519602(Horowitz rediscovered-J), CH (CD34)
(1976, Feb.29) CD SONY VH (CD26)
(1976, Nov.14) CD VIBRATO VLL464
(1977, Oct.9) CD VIBRATO VLL463
(1980, Apr.13) CD SONY VH (CD37)
(1980, May 4) CD VIBRATO VLL459, SONY VH (CD39)
(1985, Apr.) LP-CD　DG 419045, 427269-2GH3, POCG1151
(1985, Nov.24) CD (Milano)　Exclusive　EX92T40
(1986, Apr. 27) CD (Leningrad) Artistotipia AL102LE, PALEXA 0536
(1986, May 18) CD (Berlin) Live Supreme Procuction LSU1016,
SONY SICC1186~7,
SONY 8869757332, 88697527012, 88697527082
(1986,Jun.21)CD(Tokyo)　Fachmann fur Klassischer Musik FKM1040

マズルカ第 17 番変ロ短調 Op.24-4

(1951, Mar. 5) LP-CD　RCA 09026604632, 88697477992

マズルカ第 19 番ロ短調 Op.30-2

(1945,　Mar.28)　Yale Collection, CD　RCA 09026626432, SONY CH(CD38)

マズルカ第 20 番変ニ長調 Op.30-3

(1949) 78-45-LP-CD　RCA 09026609862, URANIA 22.232
(1973, Feb.8) LP-CD-SACD　CBS MK42306, SONY S2K53468, SRCR9217,
SICC30050-SACD

マズルカ第 21 番嬰ハ短調 Op.30-4

(1926) Roll-LP-CD　Intercord　724354402326

Roll-CD　TACET138-D

Roll-CD　Victor VDC-1313-J

(1928) 78-45-LP-CD　RCA 09026604632, Naxos 8.110696, Pearl 9262

APR7014, aura 231, 88697477992,

(1949, Feb. 21) Yale Collection, CD　SONY CH (CD5)

(1949, Dec. 28) 78-45-LP-CD　RCA 60376

(1965, May 9) LP-CD-SACD

CBS M3K44681, MK45829, SONY S3K53461, SRCR8847

Bella Musica 969, Nota Blu 93.5095, SICC10232-SACD

CD (Unedited)　SONY SK93023, 88765484172, CH (CD16),

Great Moments at Carnegie Hall (CD17), SICC10234-SACD

(1969,Oct.26) CD) (Boston)　Living Stage LS4035177

(1974, Nov.17) CD VIBRATO VLL470

(1975, Apr. 20) CD　VIBRATO VLL489

(1986, Apr.20) LP-CD (Moscow)　DG 419499, 427269, 474334, POCG1123

Musical Heritage 514882A

(1986, Jun.28) CD (Tokyo)　Fachmann fur Klassischer Musik FKM1001

マズルカ第 23 番ニ長調 Op.33-2

(1973, Feb.8) LP-CD-SACD　CBS MK42306, SONY S2K53468, SRCR9217,

SICC30050-SACD

マズルカ第 25 番ロ短調 Op.33-4

(1966) LP-CD　CBS MK42412, M3K44681, MK45829, SONY S3K53461,

SRCR8849　Nota Blu 93.5095, SONY 88697419402

(1969, Oct.26) CD (Boston)　Living Stage LS4035177

(1987, Jun. 21) CD (Last public recital in Hamburg)　DG 4777558

Live Supreme Production　LSU1017

マズルカ第 26 番嬰ハ短調 Op.41-1

(1949) 78-45-LP-CD　RCA 0902660987

マズルカ第 27 番ホ短調 Op.41-2

(1933) 78-LP-CD　EMI 63538, 7635382, Toshiba TOCE6161,

Warner 0825646251353, Grammofono　AB78621

APR 5516, 6004,　Magic Talent　48014,　Pearl 9262,

The Piano Masters 20.3166-306,
Naxos 8.110606, Archipel 0246, Sound Archive 5006,aura 231,
ANDANTE 2982
The Piano Lib.188, Palladio 4177, ALLEGRO 3009,
Cantus 5.00081
IRON Needle 1303, membrane 222138-444
(1949, Feb. 21) Yale Collection, CD　SONY CH (CD5)
(1973, Feb.15) LP-CD-SACD　CBS MK42306, SONY S2K53468, SK89669,
SRCR9217, SICC30050-SACD

マズルカ第 32 番嬰ハ短調 Op.50-3

(1935) 78-LP-CD　EMI　63538, 7635382, Toshiba TOCE6161,
Warner 0825646251353, Grammofono AB78621
APR 5516, 6004, Magic Talent MT 48014, Pearl　9262,
The Piano Masters 20.3166-306, Naxos 8.110606, Archipel 0246,
Sound Archive 5006, aura 231, Magic Master 37027, ANDANTE 2982,
Palladio 4177,　ALLEGRO 3009, Cantus 5.00081, IRON Needle 1303
membrane 222138-444
(1949) 78-45-LP-CD　RCA 0902660987, URANIA 22.232
(1973,Feb.8) LP-CD-SACD　CBS MK42412, SONY S2K53468, SRCR9217,
SICC30050-SACD

マズルカ第 35 番ハ短調 Op.56-3

(1989) CD (The Last Recording)
SONY SK45818, CSCR8116, 88697575002(CD58)

マズルカ第 38 番嬰ヘ短調 Op.59-3

(1950) 78-45-LP-CD　RCA 09026609872
(1950, Apr.24) Yale Cllection
(1973, Feb.15) LP-CD-SACD　CBS MK42306, SONY S2K53468, S3K93039,
SRCR9217 , SICC30050-SACD

マズルカ第 40 番ヘ短調 Op.63-2

(1926) Roll–CD TACET 138
(1949) 78-45-LP-CD　RCA 09026609872

マズルカ第 41 番嬰ハ短調 Op.63-3

(1926) Roll-LP-CD　Intercord　724354402326-H
Roll-CD　Victor VDC-1313-J

Roll-CD　TACET138-D

(1949) 78-45-LP-CD　RCA 09026609872

(1975, Apr.20) CD VIBRATO VLL479

(1976, Feb.29) CD SONY VH (CD26)

(1976, Nov.14) CD VIBRATO VLL464

(1985, Oct.26) CD (Paris)　VIBRATO VLL457

(1985, Nov.17) CD (Milano)　Exclusive EX92T39, ARTISTS FED062

(1986, Jun.28) CD (Tokyo)　Fachmann fur Klassischer Musik FKM1001

(1986, Oct.26) CD (Chicago) DG 4694649

夜想曲第２番変ホ長調 Op.9-2

(1957)45- LP-CD　RCA 60376

夜想曲第３番ロ長調 Op.9-3

(1957) LP-CD　RCA09026609872

夜想曲第４番ヘ長調 Op.15-1

(1957) 45-LP-CD　RCA09026609872

夜想曲第５番嬰ヘ長調 Op.15-2

(1947, May 19) 78-45-LP-CD　RCA09026604632, 88697477992
da capo 777.701-2, ANDANTE 2983

(1948, Feb. 2) CD Pristine XR Pakm071

夜想曲第７番嬰ハ短調 Op.27-1

(1957) LP-CD　RCA 09026609862

夜想曲第 15 番ヘ短調 Op.55-1

(1950, Mar. 20) Yale Collection, CD SONY CH (CD7)

(1951, Apr.23) CD　SONY CH (CD10)

(1951, Apr.28) 45-LP-CD　RCA 603762

(1967, Oct.22) CD SONY VH (CD3)

(1967, Nov. 12) CD　SONY 88697575002(CD60a) , VH (CD5)

(1967, Nov.26) CD　SONY CH (CD23)

(1967, Dec.10) CD SONY VH (CD7)

(1968, Jan.2) CD　SONY CH (CD25)

(1968, Feb.1) CD　SONY SRCR8851, CH (CD26)

(1968, Apr.7) CD SONY VH (CD9)

(1968, May12) CD SONY VH (CD11)

(1968) LP-CD (Horowitz on TV)

CBS MK42306, M3K44681, SONY SK53465

夜想曲第 16 番変ホ長調 Op.55-2

(1989)LP- CD　SONY SK45818, SRCR8116

夜想曲第 17 番ロ長調 Op.62-1

(1989) LP-CD (The Last Recording)　SONY SK45818, S3K93039, SRCR8116

夜想曲第 19 番ホ短調 Op.72-1

(1948, Feb.2) CD Pristine XE Pakm071

(1951)78-CD　EMI CDHC63538, CHS7635382, Toshiba TOCE6161,
Warner 0825646251353, Archipel 0246, Sound Archive 5006
Magic Master 37027, The Piano Lib.188, Palladio 4177, Cantus 5.00081
IRON Needle 1303, URANIA 22.329, Grammofono AB 78621
Membrane 222138-444, Magic Talent48014

(1952. Jan.5) 45-CD　RCA 09026609862, URANIA 22.232

(1953, Feb.25) 45-LP-CD　RCA 09026609872, ARPCD-143
CD　C.Alder, SONY CH(CD13)

(1966) LP-CD CBS MK42412, M3K44681, SONY S3K53461,　88697419402
SRCR8849, FIC1002B

(1976, Nov.21) CD SONY VH (CD27)

(1979, Nov.4) CD (Toronto)　PALEXA 0541

新しい練習曲第 2 番変イ長調

(1965, Apr.7) CD　SONY SK48093, S2K53468, S3K93039, SRCR9000

ポロネーズ第 1 番嬰ハ短調 Op.26-1

(1950, Apr.24) Yale Collection, CD　RCA 09026626432,
SONY 88697575002　(CD54), CH (CD41)

(1951, Mar.5) CD　SONY　88697575002 (CD 59b), CH (CD9)

ポロネーズ第 3 番イ長調 Op.40-1《軍隊》

(1951, Mar. 5) CD　SONY 88697575002　(CD 59b), CH (CD9)

(1972, Jun 6) LP-CD-SACD　CBS MK42306, SONY S2K53468, S3K93039,
SRCR9217, SICC30050-SACD

ポロネーズ第 5 番嬰ヘ短調 Op.44

(1967, Oct.22) CD SONY VH (CD3)

(1967, Nov. 12) CD　SONY 88697575002(CD60a), VH (CD5)

(1967, Nov.26) CD SONY CH (CD23)

(1967, Dec.10) CD SONY VH (CD7)

(1968, Jan.2) CD SONY CH (CD25)

(1968, Feb.1) CD SONY SRCR8851, CH (CD26)

(1968, Apr.7) CD SONY VH (CD9)

(1968, May12) CD SONY VH (CD11)

(1968) LP-CD (Horowitz on TV)

CBS MK42412, M3K44681, SONY SK53465

ポロネーズ第６番変イ長調 Op.53《英雄》

(1945) 78-45-LP-CD　RCA 7755, ANDRCD5002, URANIA22.213, 22.329

aura 231,　ANDANTE 2982, da capo 777.701-2

SONY 88697419402

(1948, Feb. 2) CD Pristine XR Pakm071

(1971, May. 4) CD-SACD

CBS MK42305, MK42306, SONY S2K53468, S3K93039

SRCR9217, SICC30050-SACD

(1976, Nov.14) CD VIBRATO VLL464

(1977, Oct.9) CD VIBRATO VLL463

(1978, Feb.26) CD World Music Express M-1353, SONY VH (CD29)

(1979, Apr.15) CD SONY VH (CD33)

(1979, Apr.22) CD SONY VH (CD35)

(1983, Apr.24) CD SONY VH (CD47)

(1983, May15) CD SONY VH (CD49)

(1985, Apr.)LP-CD　DG 419045, 4272692, POCG1151

(1985, Oct.26) CD (Paris)　VIBRATO VLL457

(1985, Nov. 17) CD (Milano)　Exclusive EX92T39

(1985, Nov. 24) CD (Milano)　Exclusive EX92T40, ARTISTS FED062

(1986, Apr. 27) CD (Leningrad)　Artistotipia Al102LE, PALEXA 0536

(1986, May 18) CD (Berlin)　Live Supreme Prod. LSU1016,

SONY SICC1186~7,

SONY 8869757332, 88697527012, 88697527082

(1986, Jun.21) CD (Tokyo)　Fachmann fur Klassischer Musik FKM1040

(1987, Jun.) CD (Last public recital in Hamburg)　DG 4777558

Live Supreme Production　LSU1017

ポロネーズ第７番変イ長調 Op.61《幻想》

(1951) LP-CD　RCA 09026609872, ANDRCD 5002, Naxos 8.111282,

URANIA 22.261, 22.329

(1966) LP-CD-SACD CBS MK42412, SONY S3K53461,

SRCR9217, SICC30050-SACD

(1982,May 18,20&22) LP-CD RCA RDC1-4572, 09026614142, 7752

(1982, May22) CD SONY VH (CD44)

(1983, Apr.24) CD SONY VH (CD47)

(1983, May15) CD SONY VH (CD49)

前奏曲第 6 番ロ短調 Op.28-6

(1972, Jun 6) LP-CD-SACD CBS MK42306, SONY S2K53468, SK89669,

SRCR9217, SICC30050-SACD

前奏曲第 15 番変ニ長調 Op.28-15《雨だれ》

(1971, Apr.14& May 4) CD (Sony Discovered Treasures)

SONY SK48093, SK 89669

SRCR9000, S2K53468, S3K93039, 88697419402

スケルツォ第 1 番ロ短調 Op.20

(1951, Apr.23) CD SONY CH (CD10)

(1951, Apr 29) 45-LP-CD RCA 60376, ANDRCD 5002, Naxos 8.111282,

Sound Archive 5006, URANIA 22.232, 22.329

(1953) 45-LP-CD RCA 09026609872 , ARPCD0143

CD C.Alder, SONY CH(CD13)

(1963) CD CBS MK42306, SONY S2K53457, SRCR8846,

Time Life A2-28526

(1966, Apr.17) CD SONY CH (CD18)

(1969, Oct.26) CD (Boston) Living Stage LS4035177,

Stradivarius STR10038

(1975, Nov.2) CD SONY VH (CD20)

(1975, Nov.16) CD RCA 82876507492

(1975, Nov. 23) CD CH (CD34)

(1980, Nov.16) CD VIBRATO VLL478

(1985) LP-CD DG 419045-2GH, 427269-2GH3, POCG1151

(1986, Jun.28) CD (Tokyo) Fachmann fur Klasischer Musik FRK-1001

(1986, Oct.26) CD (Chicago) DG 4794649

スケルツォ第 2 番変ロ短調 Op.31

(1957) LP-CD RCA 09026609872,

スケルツォ第３番嬰ハ短調 Op.39

(1957) LP-CD　RCA 09026604632, SONY 88697477992

スケルツォ第４番ホ長調 Op.54

(1936, Mar.9) 78-LP-CD　EMI CDHC63538, Toshiba TOCE6161,
Warner 0825646251353, Pearl 9262
Magic Talent 48014, APR 5516, 6004,The Piano Masters 20.3166-306
Archipel 0246, aura 231, Magic Master 37027, ANDANTE 2982
The Piano Lib.188, Palladio 4177, Cantus 5.00081
IRON Needle 1303, Grammofono AB 78621, membrane 222138-444
HMV(Store)574037

ピアノ・ソナタ第２番変ロ短調 Op..35《葬送》

(1936, Mar.9) CD (1st mov. only)　APR 5516, 6004, 7014, Waner 0825646251353
(1949, Jan. 17) Yale Collection, CD SONY CH (CD2)
(1950, Apr.24) Yale Collection
(1950, May,13) 78-45-LP-CD　RCA 0902660987, 60376, Magic Talent 48014
Naxos 8.111282, Vandisc 50-18
(1962) LP-CD-SACD　CBS MK42412, MK44797, SONY S2K53457,
SRCR8844, MVT017, SS6371-SACD, SRGR711-SACD
(1966, Nov.13)CD (Yale Univ.)　VIBRATO 2-VHL453, SONY VH (CD1)
(1966, Nov.27) CD (CH CD19)
(1966, Dec.10) CD (CH CD21)
(1968, Apr.7) CD SONY VH (CD9) (3rd Mov. only)
(1978, Feb.26) CD World Music Express M-1353, SONY VH (CD29)

ワルツ第３番イ短調 Op.34-2

(1945) 78-45-LP-CD　RCA 09026609872, ANDANTE 2982
(1949, Jan. 17) Yale Collection, CD SONY CH (CD3)
(1951, Mar. 5) CD　SONY 88697575002(CD59b)
(1953) 45-LP-CD　RCA 09026609862, ANDRCD 5002, URANIA
22.232, 22.329
CD　C.Alder, SONY CH (CD14)
(1967, Oct.22) CD SONY VH (CD4)
(1968, Apr.7) CD SONY VH (CD10)
(1968, Dec.15) CD CH (CD30)
(1971) LP-CD-SACD　CBS MK42306, SONY S2K53468, S3K93039,

SRCR9217, SICC30050-SACD

(1975, Apr.20) CD VIBRATO VLL489

(1975, Nov.2) CD SONY VH (CD20)

(1975, Nov.16) CD RCA 81876507492,

(1975, Nov.23) CD CH (CD 34)

(1976, Feb.15) CD SONY VH (CD22)

(1976, Feb.22) CD SONY VH (CD24)

(1976, May 9) CD Music & Arts 666, Living Stage LS1045

(1976, Nov.14) CD VIBRATO VLL464

(1976, Nov.21) CD SONY VH (CD27)

(1978, Feb.26) CD World Music Express M-1353, SONY VH (CD29)

(1979, Apr.15) CD SONY VH (CD33)

(1979, Nov.4) CD(Toronto) PALEXA 0541

ワルツ第７番嬰ハ短調 Op.64-2

(1946, Nov. 29) 78-45-LP-CD　RCA 09026609862,　ANDRCD 5002

URANIA 22.232, 22.329

(1950, Mar. 20) Yale Collection, CD (CH CD7)

(1966, Nov.13) CD (Yale Univ.) VIBRATO 2-VHL453, SONY VH (CD2)

(1966, Nov.27) CD CH (CD20)

(1966, Dec.10) CD CH (CD22)

(1968, Apr.7) LP-CD-SACD　CBS MK42306,

SONY S2K53468, SK89669, SRCR9217, VH (CD10), SICC30050-SACD

(1968, May12) CD SONY VH (CD12)

(1968, Nov.3) CD SONY VH (CD14)

(1968, Nov.17) CD SONY VH (CD16)

(1968, Nov.24) CD Legato LCD222-1, SONY CH (CD28)

(1968, Dec.1) CD SONY VH (CD18)

(1974, Nov.17) CD VIBRATO VLL470

(1976, Feb.29) CD SONY VH (CD26)

(1978, Feb.26) CD World Music Express M-1353, SONY VH (CD29)

(1979, Apr.8) CD SONY VH (CD31)

(1979, Apr.22) CD SONY VH (CD35)

ワルツ第９番変イ長調 Op.69-1《別れのワルツ》

(1980, Nov.16) CD VIBRATO VLL478

(1981, Nov.1) CD SONY VH (CD43)

(1981) LP-CD　RCA RCD1-4585, 7752, 09026614162, 0902663314

(1982, May.22) CD BBC Music Magazine Vol.21 No.12 , SONY VH (CD45)

【クレメンティ　CLEMENTI】

《グラドゥス・アド・パルナッスム第1巻第14番》より《アダージョ・ソステヌートヘ長調》

(1972) CD (Discovered Treasures)　SONY SK48093, SK53466, SRCR9000

(1980, Apr.13) CD SONY VH (CD36)

(1980, May 4) CD VIBRATO VLL459, SONY VH (CD38)

(1980, May11) CD SONY VH (CD40)

ソナタ変ホ長調 Op.12-2 第3楽章：ロンド

(1972) CD (Discovered Treasures)　SONY SK48093, SK53466, SRCR9000

(1980, Apr.13) CD SONY VH (CD36)

(1980, May 4) CD VIBRATO VLL459, SONY VH (CD38)

(1980, May11) CD SONY VH (CD40)

ソナタヘ短調 Op.14-3（13-6）

(1954) LP-CD　RCA 7753

ソナタ変ロ長調 Op.24-2 (aka Op. 47-2) (3rd Mov. Rondo only)

(1949, Feb. 21) Yale Collection, CD　SONY CH (CD5)

(1950, Mar.20)Yale Collection (Allegro & Rondo), CD　RCA 0902662643,
SONY CH (CD6)

(1950, May 17) 45-LP-CD　RCA 7753

(1953,Feb.25) CD　C.Alder, SONY CH (CD14)

ソナタ変ロ長調 Op.25-3 第2楽章ロンド

(1963) CD (Sony Discovered Treasures)　SONY SK48093, SK53466, S3K93039,
SRCR9000

ソナタ嬰ヘ短調 Op.26-2（25-5）

(1954, Oct.16&21) LP-CD　RCA 7753

(1974, Nov.17) CD VIBRATO VLL470

(1975, Apr.20) CD VIBRATO VLL489

ソナタ第1番イ長調 Op.36（33-1）

(1949,Jan.17) Yale Collection CD
RCA 0902662643, SONY 88697419402, CH (CD2)

ソナタハ長調 Op.33-3（36-3）

(1976, Nov.14) CD VIBRATO VLL464

(1976, Nov.21) CD SONY VH (CD27)

(1979, Apr.8) CD SONY VH (CD30)

(1979, Apr.15) CD SONY VH (CD32)

(1979, Apr.15) CD SONY VH (CD34)

(1979, Apr.) LP-CD　RCA 7753

(1979, Nov.4) CD (Toronto)　Music & Arts CD666, PALEXA 0541,
Living Stage LS1045

ソナタハ長調 Op.34-1 ～ウン・ポーコ・アンダンテ，クヮジ・アレグレット

(1950,Mar.20) Yale Collection CD　RCA 09026-626432, SONY CH (CD6)

ソナタト短調 Op.34-2

(1954) LP-CD　RCA　7753, FIC1002B

ソナタイ長調 Op.50-1 第２楽章

(1963)　CD (Sony Discovered Treasures)　SONY 48093, MK53466, SRCR9000

【ツェルニー　CZERNY】

ロードの《思い出》による変奏曲 Op.33

(1944) 78-LP-CD　RCA 60451, The Piano Lib. 257, ANDRCD5002
URANIA 4217

【ドビュッシー　DEBUSSY】

《人形へのセレナーデ》（《子供の領分》より）

(1928) 78-45-LP-CD　RCA 09026605262,　APR7014, Naxos 8.110696
Pearl 9262

(1933, Oct.5) LP-CD Living Stage　LS4035177,　Danacord DACOCD 303

(1947, May 16) 78-45-LP-CD　RCA 7755, URANIA 4206, ANDANTE 2984
SONY 88697419402

(1953) 45-LP-CD　RCA 0902660463, 0902662644, SONY 88697477992
CD　C.Alder, SONY CH(CD14)

(1965) LP-CD-SACD　CBS MK42305, M3K44681, SONY S3K53461,
SRCR8847, Bella Musica 969, SICC10232-SACD

CD (Unedited)-SACD　SONY 0930232001, SK93023, CH (CD16)

Great Moments at Carnegie Hall (CD17), SICC10234-SACD

(1968, Nov.24) CD　Legato LCD-222-1, SONY CH (CD28)

(1968, Dec.1) CD SONY VH (CD18)

(1969, Oct.26) CD (Boston)　Living Stage LS4035177

(1975,Nov.16) CD　RCA 8287650749

《小さな羊飼い》(《子供の領分》より)

(1953, Feb. 25) CD　C.Alder, SONY CH　(CD14)

練習曲集第１集第１曲《５本の指のために》

(1949, jan.17) CD　RCA 0902662644, URANIA 4206, SONY CH (CD3)

練習曲集第１集第４曲《６度のために》

(1949,Jan.17) CD　RCA 0902662644, URANIA 4206, SONY CH (CD3)

練習曲集第１巻第６曲《８本の指のために》

(1948,Apr.2) CD　RCA 0902662644, SONY CH (CD40),URANIA 4206

練習曲集第２集第 11 曲《組み合わされたアルペジォのための》

(1934) 78-LP-CD　EMI 63538, 7635382, Toshiba TOCE6161,

Warner 0825646251353, Pearl 9262, SiRio 5300-26

Magic Talent　48005,　APR 5517, Grammofono AB 78520, AB78620

The Piano Masters 20.3166-306, Naxos 8.110606, Music Masters 37020

Archipel 0246, ANDANTE 2982, ALLEGRO 3009, Cantus 5.00081

HMV(Store)574037, ONGAKUN TOMO OCD 2050

(1965, JAN.7) CD　SONY SK53471

《喜びの島》

(1966, Nov.13) CD　(Yale Univ.) VIBRATO 2-VHL453, SONY VH (CD2)

(1966, Nov.27) LP-CD　CBS MK42305, MK45829, M3K44681

SONY S3K53461, Nota Blu 93.5095

前奏曲集第２集第４曲《妖精たちはあでやかな踊り子》

(1963) LP-CD　SONY S2K53457, SRCR8846, Time Life A2-28526

(1966, Nov.13) CD (Yale Univ.)　VIBRATO 2-VHL453, SONY VH (CD2)

(1966, Nov.27)　CD　SONY CH (CD20)

(1966, Dec.10)　CD　SONY CH (CD22)

前奏曲集第２集第５曲《ヒースの荒野》

(1963) LP-CD　SONY S2K53457, Time Life A2-28526

(1966, Nov.13) CD (Yale Univ.)　VIBRATO 2-VHL453, SONY VH (CD2)

(1966, Nov.27) CD　SONY CH (CD20)

(1966, Dec.10) CD　SONY CH (CD22)

前奏曲集第２集第６曲《風変わりなラヴィーヌ将軍》

(1963) LP-CD　COL MS6541, SONY S2K53457, SRCR8846, Time Life A2-28526

前奏曲集第２集第７曲《月の降り注ぐテラス》

(1966, Nov.13)　CD (Yale Univ.)　VIBRATO 2-VHL453, SONY VH (CD2)

(1966, Nov.27)　CD　SONY CH (CD20)

(1966, Dec.10)　CD　SONY SK53471, SK89669,　CH (CD22)

【ドホナーニ　DOHNANYI】

カプリッチョヘ短調（演奏会用練習曲 Op.28-6）

(1928, Dec.4)　78-45-LP-CD　RCA 09026609862, Naxos8.110696,　APR7014
Pearl 9262, ANDANTE2981

【フォーレ　FAURE】

即興曲第５番嬰ヘ短調 Op.102

(1977) LP-CD　RCA09026604632, 88697477992

(1977, Oct.9) CD VIBRATO VLL463

夜想曲第 13 番ロ短調 Op.119

(1977) LP-CD　RCA 60377

(1977, Oct.9) CD VIBRATO VLL463

【ハイドン　HAYDN】

ピアノ・ソナタ第 23 番ヘ長調 Hob.XVI：23

(1966, Nov.13)　CD (Yale Univ.)　VIBRATO 2-VHL453, SONY VH (CD1)

(1966, Nov.27) LP-CD　CBS M3K44681, SONY S3K53461, SRCR8849

ピアノ・ソナタ第 48 番ハ長調 Hob.XVI：48

(1968, Nov.3) CD SONY VH (CD13)

(1968, Nov.17) CD SONY VH (CD15)

(1968, Nov.24)　CD　SONY CH (CD27)

(1968, Dec.1) LP-CD　CBS MK45572, SONY SK53466, 30DC5318
VH (CD17), Nota Blu 93.5095

(1968, Dec.15) CD SONY CH (CD29)

(1969, Oct.26) CD (Boston) Living Stage LS4035177

ピアノ・ソナタ第 49 番変ホ長調 Hob.XVI-49

(1989) CD SONY SK45818, CSCR8116

ピアノ・ソナタ第 62 番変ホ長調 Hob.XVI：52

(1932) 78-LP-CD EMI 63538, 763538, Toshiba TOCE6161,
Warner 0825646251353, Pearl 9262, SiRio 5300-26
Grammofono AB78520, AB78620, Magic Talent 48005, Naxos 8.110606
APR 5517, 6004, Music Masters 37020, Archipel 0246, Allegro 3004,
ANDANTE 2981, Cantus 5.00081, TIM 221374-349, ZYX5066-2

(1948, Feb. 2) Yale Collection, CD RCA 88697604742, SONY CH (CD40),
Pristine XR Pakm 071

(1951) LP-CD RCA 60461, 0902660526, APR 7014, ARPCD 0057,
Vandisc 50-18

【ホロヴィッツ HOROWITZ】

《変わり者の踊り》

(1926) Roll-LP-CD Intercord 72435440232-D, Bellaphon 69007009
Roll-CD Victor VDC-1313-J
Roll-CD TACET138-D
Roll-CD DENON COCO-75681-J, COCO-80213-J
Roll-CD DSPRCD 0234-EU

(1930) 78-LP-CD RCA 0902660526, APR7014, Naxos 8.110696, Pearl 9262
ANDANTE 2981

ビゼーの《カルメン》の主題による変奏曲

(1926) Roll-CD Naxos 8.11677-EU, TACET 138-D

(1928, Apr. 2) 78-LP-CD RCA 0902660526, Naxos 8.110696,Pearl 9262,
APR7014

(1928, Jun.-Sep.) Roll-CD fone 90F12CD-I, Bellaphon 69007009
Roll-CD DENON COCO-75681-J, COCO-80213-J
Roll-CD Dal Segno DSPRCD 023 –EU
Roll-CD Nimbus NI 8811-B
Roll-CD Hall of Hall Rokko RH-201-J

Roll-CD　Moegimura Hall of Hall HD-1010-J

(1942, Jan. 30) CD　APR 2000

(1947, Dec. 22) 78-45-LP-CD　RCA 7755, ANDRCD 5002,

URANIA URN22.213

Living Era 8560, SONY 88697419402

(1949, Jan. 17) Yale Collection, CD　SONY CH (CD3)

(1950, Mar. 20) Yale Collection, CD　SONY CH (CD7)

(1957, May 14) CD　RCA 63861, SONY BVCC40021~61 (CD44)

(1967, Nov. 12) CD　SONY 88697575002(CD60b), VH (CD6)

(1967, Nov.26) CD　Music & Arts CD666, Living Stage LS 1045,

SONY CH (CD24)

(1967, Dec.10) CD SONY VH (CD8)

(1968, Jan.2) CD　SONY CH (CD25)

(1968, Feb.1) CD　SONY CH (CD26)

(1968, Jan.2 & Feb.1) LP-CD

CBS MK42305, MK44797, M3K44681, MK45829

SONY SK53465, S3K93039, CSCR8112, SRCR8851

(1968, May12) CD SONY VH (CD12)

(1977, Oct.9) CD VIBRATO VLL463

(1978, Feb.26) CD World Music Express M-1353, SONY VH (CD29)

ワルツ ヘ短調

(1928) Roll-CD　fone 90F12CD-I

Roll-CD　DENON COCO-74681-J, COCO-80213-J

Roll-CD　Dal Segno DSPRCD 023-EU

【カバレフスキ　KABALEVSKY】

前奏曲 Op.38

(1947, Apr.28) CD　(第 1、3、8、10、16、17、22、24 番)

RCA 0902662644, membrane 222138-444

URANIA 4206, The Piano Lib.PL239(第 1、3、8、10、16、17、22、24 番)

SONY CH (CD39)

(1949, Feb. 21) Yale Collection (第 1、8、16、17、22、24 番) CD

SONY CH CD4

ピアノ・ソナタ第２番変ホ長調 Op.45

(1947,Feb.3) Yale Collection CD　RCA 0902662644 , URANIA 4206,
The Piano Lib.239, 292,Membrane 222138-444, TIM 221374-349
SONY CH (CD39)

ピアノ・ソナタ第３番へ長調 Op.46

(1947) 78-45-LP-CD　RCA 60377

(1948, Feb. 2) CD Pristine XR Pakm071

【クライスラー＝ラフマニノフ　KREISLERR=RACHMANINOFF】

愛の悲しみ

(1980,Nov.16) CD VIBRATO VLL478

【リスト　LISZT】

巡礼の年「第１年スイス」より《泉のほとりで》

(1947, May 19) 78-45-LP-CD　RCA 60523, 0902660523, ANDRCD 5002
URANIA 22404,　SP4214, ANDANTE 2983

(1950, Apr.24) Yale Collection

(1968, Nov.3) CD SONY VH (CD14)

(1968, Nov.17) CD SONY VH (CD16)

(1968, Nov.24)　CD　SONY CH (CD28)

(1968, Dec.15)　CD　SONY CH (CD30)

(1975, Nov.2) CD SONY VH (CD20)

(1975, Nov.16) CD　RCA 82876507492

(1975, Nov.23)　CD　SONY CH (CD34)

(1976, Feb.15) CD SONY VH (CD22)

(1976, Feb.22) CD SONY VH (CD24)

(1976, May 9) CD　Music & Arts CD666, Living Stage LS 1045

巡礼の年「第１年スイス」より《オーベルマンの谷》

(1966, Nov.13) CD (Yale Univ.)　VIBRATO 2-VHL453, SONY VH (CD2)

(1966, Nov.27) LP-CD　CBS M3K44681, Mk45829, SONY S3K53461,
CSCR8112, SRCR8849,　Nota Blu 93.5095

巡礼の年「第２年イタリア」より《ペトラルカのソネット第 104 番》

(1949, Feb. 21) Yale Collection, CD　SONY CH (CD5)

(1951) 45-LP-CD　RCA 60523, 0902660523, URANIA22404

(1985 ,Nov.24) CD (Milano)　Exclusive EX92T40, ARTISTS FED062, PALEXA 0536

(1986, Apr. 20) LP-CD (Moscow)　DG 419499, 427269-2GH3, 474334, POCG1123 Musical Heritage 514882A

(1986, Apr. 27) CD (Leningrad)　Artistotipia AI102LE, PALEXA0536

(1986, May) CD (Berlin)　Live Supreme Prod. LSU1016, SONY SICC1186~7, SONY 8869757332, 88697527012, 88697527082

(1986, Jun.21) CD (Tokyo)　Fachmann fur Klassischer Musik FKM1039

(1986, Oct.26) CD (Chicago) DG 4794649

バラード第２番ロ短調

(1981, Nov.1) LP-CD　RCA RCD1-4585, 5935-2-RC, 0902661415, 0902663314

コンソレーション第２番ホ長調

(1962, May 9) CD　SONY SK48093, SK53471, SK89669, S3K93039, SRCR9000 88697419402

コンソレーション第３番変ニ長調

(1979, Apr.8) CD SONY VH (CD31)

(1979, Apr.15) CD SONY VH (CD33)

(1979, Apr.22) LP-CD　RCA 5935, 0902661415, SONY 88697419402, VH (CD35)

(1979, Nov.4) CD (Toronto)　PALEXA 0541

(1980, Apr.13) CD SONY VH (CD37)

(1980, May 4) CD VIBRATO VLL459, SONY VH (CD39)

(1980, May11) CD SONY VH (CD41)

(1985, Apr.) LP-CD　DG 419045-2GH, 427269-2GH3, POCG1151

(1985, Oct.26) CD (Paris)　VIBRATO VLL457

(1985, Nov.17) CD (Milano)　Exclusive EX92T39, ARTISTS FED062

(1986, Jun.28) CD (Tokyo)　Fachmann fur Klassischer Musik FKM1001

コンソレーション第４番変ニ長調

(1950,Apr.24) Yale Collection CD　RCA 0902662643, SONY CH (CD41)

コンソレーション第５番ホ長調

(1950,Apr.24) Yale Collection CD　RCA0902662643, SONY CH (CD41)

《詩的で宗教的な調べ》第７曲「葬送曲」

(1932) 78-LP-CD　EMI 63538, 763538, Toshiba TOCE6161,
Warner 0825646251353, Fidelio3465, Pearl 9262
Grammofono AB78619-21, APR 5516, 6004, Magic Talent 48005
The Piano Masters 20.3166-306, Music Masters 37020
Archipel 0246, Sound Archive 5006, ANDANTE 2982
The Piano Lib. 188, Palladio 4177, Cantus 5.00081
IRON Needle 1303, membrane 222138-444
(1950, Dec.29) 45-LP-CD　RCA 5935, 0902661415, ANDRCD 5002,
URANIA22404, SP4214,
Living Era 8560

ハンガリー狂詩曲第６番変ニ長調

(1947, May 16-19) 78-45-LP-CD　RCA 0902660463, ANDRCD 5002,
ANDANTE 2983
RCA 88697477992, URANIA22404
(1951, Mar. 5) CD　SONY 88697575002(CD59b)

即興曲嬰へ長調

(1985, Oct.) LP-CD　DG 419217-2, 427269-2-3, POCG1152
(1985,Oct.26) CD(Paris)　VIBRATO VLL457
(1985, Nov.17) CD(Milano)　Exclusive EX92T39, ARTISTS FED062

バッハのカンタータ第12番《泣き，嘆き，悲しみ，おののき》による前奏曲

(1989) CD　SONY SK45818, CSCR8116

ピアノ・ソナタロ短調

(1932) 78-LP-CD　EMI 63538, 763538, Toshiba TOCE6161,
Warner 0825646251353, Fidelio 3465, Pearl 9262
Grammofono AB78619-21, APR 5516, 6004, Magic Talent 48014
Naxos 8.110606 , Archipel 0246, Sound Archive 5006
Magic Master 37027, ANDANTE 2982, The Piano Lib.188
Palladio 4177, ALLEGRO 3009, Cantus 5.00081
IRON Needle 1303, HMV(Store)574037
(1949, Mar. 21) Yale Collection, CD　SONY 88697538852, CH (CD41)
(1976, Nov.21) CD SONY VH (CD28)
(1976, 1977) LP-CD　RCA 59352, 09026614152
(1977, Oct.9) CD VIBRATO VLL463

スケルツォとマーチ S.177*

(1967, Oct.22) LP- CD　CBS MK45572, SONY SK53471, S3K93039,
30DC5318, VH (CD4), Nota Blu 93.5095

パガニーニによる大練習曲 第5番《狩り》

(1930, Mar. 4) CD　Naxos 8.110696

《忘れられたワルツ》第1番嬰へ長調

(1926) Roll-CD　TACET 138-D
(1930, Feb.25) 78-CD　RCA 09026604632, Naxos 8.110696, Pearl 9262
SONY 88697575002(CD37), ANDANTE 2981,
88697477992
(1949, Feb. 21) Yale Collection, CD　SONY CH (CD5)
(1950, Dec.29) CD URANIA SP4214
(1951, Mar. 5) CD　SONY 88697575002(CD 59b)
(1951, Apr.28) 45-LP-CD　RCA 7755, URANIA URN22.213, 22404,
Living Era 8560
SONY 88697419402
(1966, Apr.17) CD　SONY CH (CD18)
(1975, Nov.2) CD SONY VH (CD20)
(1975, Nov.16) CD　RCA 8287650749, SONY 88697575002(CD 56b),
CH (CD32)
(1976, Feb.15) CD SONY VH (CD22)
(1976, Feb.22) CD SONY VH (CD24)
(1976, May 9) CD (Toronto)　Music & Arts CD666, Living Stage LS 1045
(1985, Oct.) LP-CD　DG 419217-2, 427269-2-3, POCG1152
(1985,Oct.26) CD (Paris)　VIBRATO VLL457
(1985, Nov. 17) CD (Milano)　Exclusive EX92T39
(1985, Nov. 24) CD (Milano)　Exclusive EX92T40, ARTISTS FED062
(1986, May) CD (Berlin)　SONY SICC1186-7, Live Supreme Prod.LSU1016
SONY 8869757332, 88697527012, 88697527082
(1986, Jun.28) CD (Tokyo)　Fachmann fur Klassischer Musik FKM1001

【リスト（ブゾーニ編）LISZT=BUSONI】

モーツァルト《フィガロの結婚》による幻想曲

(1926) Roll-LP-CD　Intercord 72435440236-H

Roll-CD　Victor　VDC-1313-J

Roll-CD　DENON COCO-75681-J, COCO-80213-J

Roll-CD　Dal Segnao DSPRCD 029-EU

Roll-CD　TACET 138-D

パガニーニによる超絶技巧大練習曲第２番変ホ長調

(1930) 78-45-LP-CD

RCA 0902660463, Naxos 8.110696, APR 7014, Pearl 9262

ANDANTE 2981, 88697477992

【リスト（ブゾーニ／ホロヴィッツ編）LISZT=BUSONI=HOROWITZ】

メフィスト・ワルツ第１番《村の居酒屋での踊り》

(1979, Apr.) LP-CD　RCA 59352, 0902661415

(1979, Apr.8) CD SONY VH (CD31)

(1979, Apr.15) CD SONY VH (CD33)

(1979, Apr.22) CD SONY VH (CD35)

【リスト（ホロヴィッツ編）LISZT=HOROWITZ】

ハンガリー狂詩曲第２番

(1953) 45-LP-CD　RCA 605232, 09026605232, ARPCD0143, URANIA22404

CD　C.Alder, SONY CH (CD14)

ハンガリー狂詩曲第 13 番

(1969, Oct. 26)　CD (Boston)　Living Stage LS4035177

ハンガリー狂詩曲第 15 番

(1949, Jan. 17) Yale Collection, CD SONY CH (CD3)

(1949, Feb. 21) Yale Collection, CD SONY CH (CD5)

(1949/1950) 78-45-LP-CD　RCA 77552, URANIA URN22.213, 22404,

Living Era 8560, SONY 88697419402

ハンガリー狂詩曲第19番

(1962) LP-CD-SACD　SONY S2K53457, MVT017, S3K93039, SRCR8844,
SS6371-SACD, SRGR711-SACD

《水の上を歩くパオラの聖フランチェスコ》S.175-2

(1947, Feb. 3) Yale Collection, CD SONY BVCC40018-J, CH (CD39)

《むかしむかし》（組曲「クリスマスツリー」第10曲）

(1988, Jun.12) CD　DG 474334, 4778827-Disc6

【メトネル　MEDTNER】

《6つのおとぎ話 Op.51》より第3曲

(1969, Jun 12) LP-CD　SONY SK48093, SK53472, SRCR9000

【メンデルスゾーン　MENDELSSOHN】

練習曲イ短調 Op.104b-3

(1967, Oct.22) CD SONY VH (CD4)

(1967, Nov.26) LP- CD　CBS MK45572, MK53471 ,
SONY 30DC5318, 88697575002(CD53a)
Nota Blu 93.5095

(1967, Dec.10) CD SONY VH (CD8)

スケルツォ・ア・カプリッチオ WoO.3*

(1980) LP-CD　RCA 7755, SONY 88697419402

(1980, Apr.13) CD SONY VH (CD36)

(1980, May 4) CD VIBRATO VLL459, SON VH (CD38)

(1980, May11) CD SONY VH (CD40)

無言歌第25番ト長調 Op.62-1《5月のそよ風》

(1946,Oct.29) 78-45-LP-CD RCA 0902660463, SONY 88697575002(CD37)
ANDANTE 2983, 88697477992

(1951, Mar. 5) CD　SONY 88697575002(CD59a)

無言歌第30番イ長調 Op.62-6《春の歌》

(1946, Oct.29) 78-45-LP-CD　RCA 77552, ANDRCD 5002, URANIA 22.261
SONY 88697419402

無言歌第 33 番変ロ長調 Op.67-3《巡礼の歌》

(1949, Feb.21) CD RCA 09026626432, SONY 88697575002(CD54), CH (CD4)

無言歌第 35 番ロ短調 Op.67-5《羊飼いの訴え》

(1946, Oct. 29) 78-45-LP-CD RCA77552, ANDRCD 5002, URANIA 22.261
ANDANTE 2983, SONY CH (CD4)

(1949, Feb. 21) Yale Collection, CD SONY CH (CD4)

(1966, Apr.17) CD SONY CH (CD18)

(1974, Nov.17) CD VIBRATO VLL470

無言歌第 40 番ニ長調 Op.85-4《エレジー》

(1946, Oct.29) 78-45-LP-CD RCA 77552, ANDRCD 5002, URANIA 22.261
ALLEGRO 3009

(1949, Feb. 21) Yale Collection, CD SONY CH (CD4)

厳格な変奏曲ニ短調 Op.54

(1946, Oct. & Nov.) 78-45-LP-CD
RCA 604512, URANIA 22.261, ANDANTE 2983
Membrane 222138-444, The Piano Lib.257
Allegro 3009

(1950, Mar. 20) Yale Collection, CD SONY CH (CD6)

【メンデルスゾーン（リスト、ホロヴィッツ編） MENDELSSOHN=LISZT=HOROWITZ】

結婚行進曲と変奏曲

(1946, Nov.22) 78-45-LP-CD RCA 77552, URANIA22.213, Living Era 8560
ANDANTE 2983

【モシュコフスキ MOSZKOWSKI】

《花火》Op.36-6

(1951, Mar. 5) CD SONY 88697575002(CD59b)

(1951, Apr.23) LP-CD RCA77552, URANIA 4206

(1975, Apr.20) CD VIBRATO VLL489

(1975, Nov.2) CD SONY VH (CD20)

(1975, Nov.16) CD RCA 8287650749, SONY 88697575002(CD56b)

SONY 88697419402

(1975, Nov.23) CD SONY CH (CD34)

(1976, Feb.15) CD SONY VH (CD22)

(1976, Feb.22) CD SONY VH (CD24)

(1976, Feb.29) CD SONY VH (CD26)

(1976, May 9) CD Music & Arts 666, Living Stage LS 1045

(1976, Nov.14) CD VIBRATO VLL464

(1976, Nov.21) CD SONY VH (CD28)

(1979, Apr.8) CD SONY VH (CD31)

(1980, May11) CD SONY VH (CD41)

(1986, Apr. 20) LP-CD (Moscow) DG 419499-2, 427269-2-3, POCG1123

Musical Heritage 51488A

(1986, Apr. 27) CD (Leningrad) Artistotipia AL102LE, PALEXA 0536

(1986, May) CD (Berlin) Live Supreme Prod. LSU1016, SONY SICC1186~7,

SONY 8869757332, 88697527012, 88697527082

(1986, Jun.21) CD (Tokyo) Fachmann fur Klassischer Musik FKM1040

(1986, Oct.26) CD (Chicago) DG 4794649

(1987, Jun.) CD (Last public recital in Hamburg)

Live Supreme Prod. LSU1017

DG 4777558

練習曲ヘ長調 Op.72-6

(1946) CD (Radio Broadcast) Living Stage LS 4035177 Disc 2

(1949, Mar.21) Yale Collection

(1950, Oct.10) 78-45-CD

RCA 77552, Living Stage LS4035177, URANIA 4206

(1968, Apr.7) CD SONY VH (CD10)

(1968, Nov.3) CD SONY VH (CD14)

(1968, Nov.17) CD SONY VH (CD16)

(1968, Nov.24) CD Legato LCD222-1 , SONY CH (CD28)

(1968, Dec.1) CD SONY VH (CD18)

(1968, Dec.15) CD SONY CH (CD30)

(1985, Apr.) CD SONY SK93023, 0930232001

(1985, Apr.30) LP-CD DG 419045-2GH, 427269-2GH3, POCG1151

(1985, Oct.26) CD (Paris) VIBRATO VLL457

(1985, Nov.17) CD (Milano)　Exclusive EX92T39

練習曲変イ長調 Op.72-11

(1949, Jan. 17) Yale Collection, CD　SONY CH (CD3)

(1949, Feb. 21) Yale Collection, CD　SONY CH (CD5)

(1949, Aug. 2) CD Stradivarius STR10037, The Radio Years RY92,
ARPCD 0057
The Piano Library PL332

(1950, Oct. 10) LP-CD　RCA 77552, URANIA 4206, SONY 88697419402

(1965) LP-CD-SACD　CBS MK42305, M3K44681, MK44797, MK45829
SONY S3K53461, CSCR8112, SRCR8847, FIC1002B , SICC10232-SACD
CD (Unedited)-SACD　SONY SK93023, 0930232001
Great Moments at Carnegie Hall (17), SICC10234-SACD

【モーツァルト　MOZART】

アダージョロ短調 K.540

(1986, Oct.26) CD DG 4794649

(1988/1989) LP-CD　DG 427772-2, 4455172, POCG1370

ピアノ協奏曲第 23 番イ長調 K.488

ミラノ・スカラ座管弦楽団指揮：カルロ・マリア・ジュリーニ

(1987) LP-CD　DG 4232872, 474334, POCG1116

ピアノ・ソナタ第 3 番変ロ長調 K281

(1988) LP-CD　DG 4277722, 4312742, POCG1370
Musical Heritage Society 514883Y

ピアノ・ソナタ第 10 番ハ長調 K.330

(1977, Oct.7) CD VIBRATO VLL463

(1985, Apr.) LP-CD　DG 4190452, 4312742, POCG1151

(1985, Nov.24) CD (Milano)　Exclusive EX92T40, ARTISTS FED062

(1986, Apr. 18&20) LP-CD (Moscow)　DG 4194992, 4272692, POCG1123
Musical Heritage　514882A

(1986,Jun.28) CD (Tokyo)　Fachmann fur Klassischer Musik FKM1001

(1986, Oct.26) CD (Chicago) DG 4794649

ピアノ・ソナタ第 11 番イ長調《トルコ行進曲付き》K.331

(1946) 78-45-LP-CD (3rd Mov. “Turkish March” only)　RCA 7755

The Piano Masters 20.3166-306, URANIA URN22.213, DHC-Not-For Sale
The Piano Lib.239, ANDANTE 2984, ALLEGRO 3009, membran222138-444
TIM 221374-349, 221030-205, da capo 777.701-2, SONY 88697419402

(1966) LP-CD　CBS M3K44681, MK44797, SONY S3K53461, SRCR8849
CBS MK42305(third movement)

ピアノ・ソナタ第12番ヘ長調K.332

(1947, Nov. 6) 78-45-LP-CD
RCA 604512, Allegro 3004, membrane 222138-444
TIM 221374-349, 221030-205, The Piano Lib.257

ピアノ・ソナタ第13番変ロ長調K.333

(1951) CD　SONY 88697575002(CD59a)
(1987, Mar.) LP-CD　DG 4232872, 4272692, 4312742, POCG1116
(1987, Jun. 21) CD (Humburg)　DG 4777558
Live Supreme Prod. LSU1017(Last 4minutes only)

ロンドニ長調K.485

(1986, Oct.26) CD DG 4794649
(1988/1989) LP-CD　DG 4277722, 4455172, POCG1370

ロンドイ短調　K.511

(1988 Dec.) CD　DG 4778827-Disc6
(1989 Oct./Nov.)　CD　DG 4743342

【ムソルグスキー（ホロヴィッツ編） MUSSORGSKY=HOROWITZ】

《水辺にて》

(1947) 78-45-LP-CD　RCA 604492, The Piano Lib.239, Living Era 8560,
ANDANTE 2984

《展覧会の絵》

(1947, May 15) CD Pristine XR Pasc513
(1947, Nov. 7–Dec. 22) 78-45-LP-CD
RCA 60526, 09026605262, da capo777.701-2
Living Era 8560, ANDANTE 2984
(1948, Apr. 2) Yale Collection, CD　SONY 88697538852, CH (CD40)
(1951) LP-CD　RCA 60321, 60449, URANIA

22.191,CDVE04297-R, Vandisc 50-18
FIC 1002B

【プーランク　POULENC】

間奏曲第２番変ニ長調
(1947,Mar.28) CD　RCA 0902662644, SONY CH (CD39)

ノヴェレット第１番ハ長調
(1949, Mar.21)Yale Collection　CD　RCA 0902662644, SONY CH (CD41)

パストラーレ
(1932,Nov. 11) 78(DB-1869)-78(DB-2247)-LP-CD　EMI 63538, 763538,
Toshiba TOCE6161, Warner 0825646251353
The Piano Masters 20.3166-306, Magic Talent 48005,
Naxos 8.110606, Pearl9262, APR5517, ANDANTE 2981
Cantus 5.00081, Grammofono AB 78619, membra 222138-444
The Piano Lib.198, HMV(Store)574037, ONGAKUNO TOMO OCD 2050

プレスト変ロ長調
(1947, May 16) 78-45-CD　RCA 60377, ANDANTE 2984

トッカータハ長調
(1932, Nov.11) 78(DB-1869)-78(DB-2247)-LP-CD　EMI 63538, 763538,
Toshiba TOCE6161, Warner 0825646251353,
The Piano Masters 20.3166-306, Magic Talent 48005,
Naxos 8.110606, Pearl 9262, APR5517, ANDANTE 2981
Grammofono AB 78619, membrane 222138-444, The Piano Lib.198
ONGAKUNO TOMO OCD 2050
(1966, Dec.10)　CD　SONY CH (CD22)

【プロコフィエフ　PROKOFIEV】

バレエ《シンデレラ》からの３つの小品 Op.95 より《間奏曲（パヴァーヌ）》
(1949,Jan.17) Yale Collection CD　RCA 0902662644, URANIA 4206
SONY 88697575002(CD55), CH (CD3)

バレエ《シンデレラ》からの３つの小品 Op.95 より《ゆるやかなワルツ》
(1949,Jan.17)　Yale Collection CD　RCA 0902662644, URANIA 4206

SONY 88697575002(CD55), CH (CD3)

ピアノ・ソナタ第７番変ロ長調 Op.83《戦争ソナタ》

(1945) 78-45-LP-CD　RCA 60377, ANDANTE 2984

(1951, Mar.5) CD　SONY 88697575002(CD59a)

(1953) 45-LP-CD (3rd Mov. only)　RCA 60526, 0902660526

CD　C.Alder, SONY CH(CD14)

トッカータニ短調 Op.11

(1930, Dec.30) CD　EMI 63538, 763538, Grammofono AB78619, APR 5517
Magic Talent 48066, APR 6004, membrane 222138-444
The Piano Lib.198

(1947, Nov. 21) 78-45-LP-CD　RCA 60377, 0902660377, The Piano Lib.239
ANDANTE 2984

(1950, Mar. 20) Yale Collection, CD SONY CH (CD7)

【ラフマニノフ　RACHMANINOFF】

舟歌ト短調 Op.10-3

(1979) LP-CD　RCA 0902660526, 60526

(1979, Apr.8) CD SONY VH (CD31)

(1979, Apr.15) CD SONY VH (CD33)

(1979, Apr.22) CD SONY VH (CD35)

ピアノ協奏曲第３番ニ短調 Op.30

(1930) 78-LP-CD,　A. Coates (cond.)
EMI 63538, 763538, Toshiba TOCE6161,
Warner 0825646251353, Fidelio EB-3, 3465
Bellaphon 689-24-003, Biddulph LHW036, Magic Talent 48066,
Naxos8.110696, The Piano Masters 20.3166-306, Laguna C02-162,
ANDANTE 2981, Grammofono AB 78619, membrane 222138-444
TIM 221374-349, ZYX 5066-2, The Piano Lib.198

(1940, Mar. 31) CD, J. Barbirolli (cond.) APR5519,
Memories Reverence MR2213

(1941, May4) CD, J. Barbirolli (cond.)
APR5519, Memories Reverence MR2213
URANIA URN22.160

(1950, Aug.31) CD, S. Koussevitzky (cond.)
AS Disc AS 550, Music & Arts 963
Iron Needle 1398, URANIA URN22.191, SP4253,
Memories Reverence MR2212
(1951) 45-LP-CD, F. Reiner (cond.)
RCA 7754, Vandisc 50-18, Membram233315/B
(1978, Jan. 8) LP-CD, E. Ormandy (cond.) New York
RCA 2633, 0902663681
Time Life A2-28526
(1978, Feb.5) CD, Z. Meta (cond.) Los Angeles VIBRATO VLL384
(1978, Apr.16) CD, E. Ormandy (cond.), Philadelphia VIBRATO VLL389
(1978, Sep.24) CD, Z. Meta (cond.), New York SONY VH (CD50)

練習曲《音の絵》ハ長調 Op.33-2

(1962) LP-CD-SACD
SONY S2K53457, SRCR8844, MVT017, SS6371-SACD,
SRGR771-SACD
(1967, Nov.26) CD Music & Arts CD 666, Musid & Arts STR 10038
Living Stage LS 1045, SONY CH (CD24)
(1967, Dec.10) LP-CD
CBS MK42305, SONY SK53472, S3K93039, SRCR8852
VH (CD8)

練習曲《音の絵》変ホ短調 Op.33-6

(1967, Nov.26) CD Music&Arts CD666, Stradivarius STR 10038,
Living Stage LS 1045, SONY CH(CD24)
(1967, Dec.10) CD SONY SK53472, SRCR8852, VH (CD8),
Stradivarius STR 10038

練習曲《音の絵》変ホ短調 Op.39-5(33-5 ？)

(1949, Jan. 17) Yale Collection, CD SONY CH (CD3)
(1962) LP-CD-SACD SONY S2K53457, S3K93039, SRCR8844, MVT017,
SRGR711-SACD, SS6371-SACD
(1967, Nov. 12) CD SONY 88697575002(CD60b) , VH (CD6)
(1975, Nov.2) CD SONY VH (CD20)
(1975, Nov.16) CD RCA 82876507492, SONY 88697575002(56b)
(1975, Nov.23) CD SONY CH (CD34)

(1976, Feb.15) CD SONY VH (CD22)

(1976, Feb.22) CD SONY VH (CD24)

(1976, May 9) CD Music & Arts CD666 , Living Stage LS 1045

(1979, Apr.8) CD SONY VH (CD31)

(1979, Apr.15) CD SONY VH (CD33)

(1979, Apr.22) CD SONY VH (CD35)

練習曲《音の絵》ハ短調 Op.39-7

(1945, Mar.28) CD RCA 0902662643, SONY 887575002(CD54), CH (CD38)

練習曲《音の絵》ニ長調 Op.39-9

(1949, Jan. 17) Yale Collection, CD SONY CH (CD3)

(1966, Apr.17) CD SONY CH (CD18)

(1966, Nov.13) CD (Yale Univ.) VIBRATO 2-VHL453, SONY VH (CD2)

(1966, Nov.27) CD SONY CH (CD20)

(1967, Nov. 12) CD SONY 88697575002(CD60b), VH (CD6)

(1967, Nov.26) CD Music & Arts 666, Stradivarius STR10038,
Living Stage LS 1045, SONY CH(CD24)

(1967, Dec.10) LP-CD SONY SK53472, S3K93039, SRCR8852, VH (CD8)

(1969,Oct.26) CD (Boston) Living Stage LS4035177

(1975, Nov.2) CD SONY VH (CD20)

(1975, Nov.16) CD RCA 8287650749

(1976, Nov.14) CD VIBRATO VLL464

《ユモレスク》ト長調 Op.10-5

(1979) LP-CD RCA 60526, 0902660526

(1979, Apr.8) CD SONY VH (CD31)

(1979, Apr.15) CD SONY VH (CD33)

(1979, Apr.22) CD SONY VH (CD35)

《楽興の時》第２番変ホ短調 Op.16-2

(1977, Jun 24) LP-CD RCA 7754

《楽興の時》第３番ロ短調 Op.16-3

(1968, Nov.3) CD SONY VH (CD14)

(1968, Nov.17) CD SONY VH (CD16)

(1968, Nov.24) CD Stradivarius STR10038, SONY CH(CD28)

(1968, Dec.1) CD SONY VH (CD18)

(1968, Dec.15) LP-CD SONY SK53472, SK89669, SRCR8852

V.R のポルカ

(1977) LP-CD　RCA 7754

(1977, Oct.9) CD VIBRATO VLL463

(1978, Feb.26) CD World Music Express M-1353, SONY VH (CD29)

(1979, Apr.8) CD SONY VH (CD31)

(1979, Apr.22) CD SONY VH (CD35)

(1979, Nov.4) CD　PALEXA 0541

(1980, Apr.13) CD SONY VH (CD37)

(1980, May 4) CD VIBRATO VLL459, SONY VH (CD39)

(1981, Nov.1) CD SONY VH (CD43)

(1982, May.22) CD　BBC Music Magazine Vol.21 No.12, SONY VH (CD45)

(1986, Apr. 18) LP-CD (Moscow)　DG 419499, 474334, POCG1123

(1986, Apr.20) CD (Moscow) Musical Heritage 514882A

(1986, Apr. 27) CD (Leningrad)　Artistotipia AL102LE, PALEXA 0536

(1986, Jun.21) CD (Tokyo)　Fachmann fur Klassischer Musik FKM1040

前奏曲ト短調 Op.23-5

(1926)　Roll-LP-CD　Intercord 724354402326-H

Roll-CD　Victor VDC-1313-J

Roll-CD　TACET 138-D

Roll-CD　MIN-ON MC-1004-J

Roll-CD　DENON COCO75681-J, COCO-80213-J

Rloll-CD　Dal Segno DSPRCD 023-EU

(1931) 78-LP-CD　EMI 63538, 763538, Toshiba TOCE6161,

Warner 0825646251353, Grammofono　AB 78619

Magic Talent 48066, Cantus 5.00081, The Piano Lib.198

Pearl 9262, APR 5517, 6004, ANDANTE 2981

(1981) LP-CD　RCA RCD1-4585, 0902663314,　7755

SONY 88697419402

前奏曲ト長調 Op.32-5

(1926) Roll-CD　TACET 138-D

(1948, Apr.2) Yale Collection

(1966, Dec.10) CD　SONY CH (CD22)

(1975, Nov.2) CD SONY VH (CD20)

(1975, Nov.16) LP-CD　RCA 82876507492, SONY 88697575002(56b)

(1975, Nov.23) CD SONY CH (CD34)

(1977, Jun.24) CD RCA 7754

(1986, Apr. 18) LP-CD (Moscow) DG 419499, 427269, 474334, POCG1123

(1986, Apr. 20) CD (Moscow) Musical Heritage 514882A

(1986, Apr. 27) CD (Leningrad) Artistotipia AL102LE, PALEXA 0536

(1986, May 18) CD (Berlin)

Live Supreme Prod. LSU1016, SONY SICC1186~7,

SONY 8869757332, 88697527012, 88697527082

(1986, Jun.28) CD (Tokyo) Fachmann fur Klassischer Musik FKM1001

ラフマニノフ：前奏曲イ短調 Op.32-8

(1928) Roll-CD fone90F12CD-I

Roll-CD DENON COCO75681-J, COCO80213-J

Roll-CD Dal Segno DSPRCD-023-EU

ラフマニノフ：前奏曲ロ短調 Op.32-10

(1928) Roll-CD DENON COCO75681-J, COCO80213-J

Roll-CD fone 90F12CD-I

Roll-CD Dal Segno DSPRCD 023-EU

前奏曲嬰ト短調 Op.32-12

(1926) Roll-CD TACET 138

(1966, Nov.27) CD SONY CH (CD20)

(1968, Nov.3) CD SONY VH (CD14)

(1968, Nov.17) CD SONY VH (CD16)

(1968, Nov.24) CD Stradivarius STR10038, SONY CH (CD28)

(1968, Dec.1) CD SONY VH (CD18)

(1968, Dec.) LP-CD

CBS MK42305, SONY SK53472, SK89669, S3K93039, SRCR8852

(1976, Feb.15) CD SONY VH (CD22)

(1976, Feb.22) CD SONY VH (CD24)

(1976, May 9) CD Music & Arts 666, Living Stage LS 1045

(1985, Apr.) LP-CD DG 419045, POCG1151

(1985, Nov.24) CD (Milano) Exclusive EX92T40

(1986, Apr. 20) LP-CD (Moscow) DG 419499, 427269, 474334, POCG1123

Musical Heritage 514882A

(1986, Apr. 27) CD (Leningrad) Artistotipia AL102LE, PALEXA 0536

(1986, May) CD (Berlin)

Live Supreme Prod. LSU1016, SONY SICC1186-7

SONY 8869757332, 88697527012, 88697527082

(1986,Jun..28) CD (Tokyo)　Fachmann fur Klassischer Musik FRM1001

チェロ・ソナタ Op.19 ～第３楽章

(1976) LP-CD, M. Rostropovich (vc)　SONY SM2K46743, CSCR8285

Great Moments at Carnegie Hall (23)

ピアノ・ソナタ第２番変ロ短調 Op.36

(1968, Apr.7) CD SONY VH (CD10)

(1968, May12) CD SONY VH (CD12)

(1968, Nov.3) CD SONY VH (CD14)

(1968, Nov.17) CD SONY VH (CD16)

(1968, Nov.24) CD Stradivarius STR10038, Legato LCD222,

SONY CH(CD28)

Horowitz broke a string (A-flat) at the climax.

(1968, Dec.1) CD SONY VH (CD18)

(1968, Dec.) LP-CD　SONY SK53472, SRCR8852

(1975, Apr.20) CD VIBRATO VLL489 (Finale from Sonata No.2 only)

(1975, Nov.23) CD　SONY CH(CD34)

(1976, Feb.15) CD SONY VH (CD22) (3rd mov. only)

(1976, Feb.22) CD SONY VH (CD24) (3rd mov. only)

(1979, Nov.4) CD (Toronto)　Music & Arts CD666, Living Stage LS 1045,

PALEXA 0541

(1980, Apr.13) CD SONY VH (CD37)

(1980, May 4) CD VIBRATO VLL459, SONY VH (CD39)

(1980, May11) CD SONY VH (CD41)

(1980) LP-CD　RCA 7754, 0902663681

(1982, May.22) CD　BBC Music Magazine Vol.21 No.12, SONY VH (CD45)

【リムスキー＝コルサコフ（ラフマニノフ編）RIMSKY-KORSAKOV=RACHMANINOFF】

《熊ばちの飛行》

(1932, Nov.11) 78(DB-1869)-LP (Pathe)-CD　EMI 63538, 763538,

Toshiba TOCE6161, Warner 0825646251353, Pearl 9262
The Piano Masters 20.3166-306, Laguna C02-162, Grammofono AB 78619
Naxos 8.110606, Music Masters 37020, APR 5517, 6004,The Piano Lib.198
Magic Talent 48066, HMV(Store)574037
Issued as DB-1869 but quickly withdrawn at Horowitz' s request.

【サン＝サーンス（リスト編） SAINT-SAENS=LISZT】

死の舞踏

(1928) Roll-CD fone90F12CD-I
Roll-CD Bellafon 69007009
Roll-CD DENON COCO75681-J, COCO90213-J
Roll-CD Dal Segno DSPRCD 023-EU
Roll-CD Nimbus NI 8811-B

【サン＝サーンス（リスト＝ホロヴィッツ編） SAINT-SAENS=LISZT=HOROWITZ】

死の舞踏

(1942) 78-LP-CD
RCA 7755, URANIA 22.213, Living Era 8560, ALLEGRO 3009
The Piano Lib.239, ANDRCD 5002, da capo777.701-2
SONY 88697419402

【スカルラッティ SCARLATTI】

ソナタハ短調 K.303, L.9

(1964) CD SONY SK 53460, SK48093, SRCR9000, Amadeus AM072-2

ソナタホ長調 K.162, L.21

(1964) LP-CD
CBS MK42410, SONY SK53460, SRCR9219, Amadeus AM072-2

ソナタホ短調 K.198, L.22

(1964) LP-CD CBS MK42410, SONY SK53460, SRCR9219

ソナタホ長調 K.380, L.23《行列》

(1946, Oct. 24) 78-CD　RCA 0902660986, URANIA22404

(1949, Jan. 17) Yale Collection, CD　SONY CH (CD3)

(1949, Aug. 2) CD　Stradivarius STR10037,
The Radio Years RY92, ARPCD 0057
The Piano Library PL332, Vandisc 50-18

(1950, Mar. 20) Yale Collection, CD　SONY CH (CD7)

(1951) LP-CD　RCA 60461, 0902660461

(1966, Nov.13) CD (Yale Univ.)　VIBRATO 2-VHL453, SONY VH (CD2)

(1966, Nov.27) CD　SONY CH (CD20)

(1968, Jan.2) CD　SONY CH (CD25)

(1968, Feb.1)　CD　SONY CH (CD26)

(1968, Apr.7) CD SONY VH (CD10)

(1968, May12) CD SONY VH (CD12)

(1968) LP-CD　CBS MK42410, M3K44681, MK45829, SONY SK53465,
Amadeus AM072-2

(1968, Jan.2) CD SONY VH (CD25)

(1968, Feb.1) CD SONY SRCR9219, CSCR8112, SRCR8851, VH (CD26)

(1986, Apr. 18) LP-CD (Moscow)　DG 419499, 427269, POCG1123

(1986, Apr.20) CD (Moscow)　Musical Heritage 514882A

(1986, Apr. 27) CD (Leningrad)　Artistotipia AL102LE, PALEXA 0536

(1986, May) CD (Berlin)　Live Supreme Prod. LSU1016, SONY SICC1186~7,
SONY 8869757332, 88697527012, 88697527082

(1986, Jun.21) CD (Tokyo)　Fachmann fur Klassischer Musik FKM1039

(1986, Jun.28) CD (Tokyo)　Fachmann fur Klassischer MusikFRM1001

(1986, Oct.26) CD (Chicago) DG 4794649

ソナタホ長調 K.46, L.25

(1946, Nov. 27) 78-CD　RCA 0902660986, URANIA22404

ソナタト長調 K.547, L.S.28

(1964, Apr. 23-May. 18) CD　SONY　SK48093, SK53460, SRCR9000
Amadeus AM072-2

ソナタロ短調 K.87, L.33

(1935) 78-LP-CD
EMI 63538, 763538, Toshiba TOCE6161, Warner 0825646251353

SiRio 5300-26, Pearl 9262, APR5517, 6004
Grammofono AB 78520,AB 78620, Magic Talent 48005
The Piano Masters 20.3166-306, Naxos8.110606,
Music Masters 37020, Archipel 0246, Allegro 3004,
ANDANTE 2982, Cantus 5.00081

(1947, Nov. 21) 78-CD RCA 0902660986, URANIA 22404
(1981, Nov.1) CD SONY VH (CD42)
(1981) LP-CD RCA 0902661416, 0902663314
(1982, May22) CD SONY VH (CD44)
(1985, Sep.) LP-CD DG 419217, 427269, POCG1152
(1985, Oct.26) CD (Paris) VIBRATO VLL457
(1985, Nov. 17) CD (Milano) Exclusive EX92T39
(1985, Nov. 24) CD (Milano) Exclusive EX92T40
(1986, Apr. 27) CD (Leningrad) Artistotipia AL102LE, PALEXA 0536
(1986, May 18) CD (Berlin)
Live Supremr Prod. SLU1016, SONY SICC1186~7,
SONY 8869757332, 88697527012, 88697527082
(1986,Jun.21) CD(Tokyo) Fachmann fur Klassischer Musik FKM1039
(1986, Jun.28) CD (Tokyo) Fachmann fur Klassischer Musik FKM1001

ソナタ嬰ヘ長調 K.319, L.35

(1967, Oct.22) CD SONY VH (CD4)
(1967, Nov. 12) LP-CD CBS 45572, SONY SK53466, 30DC5318, VH (CD6)
Amadeus AM072-2
(1967, Nov. 26) CD Music & Arts 666, Living Stage LS1045,
SONY CH(CD24)
(1967, Dec.10) CD SONY VH (CD8)

ソナタヘ短調 K.466, L.118

(1964) LP-CD CBS MK42410, SONY SK53460, S3K93039, SRCR9219
Amadeus AM072-2, FIC1002B
(1967, Oct.22) CD SONY VH (CD4)
(1967, Nov. 12) CD SONY 88697575002(60b), VH (CD6)
(1967, Nov.26) CD Music & Arts 666, Living Stage LS1045,
SONY CH(CD24)
(1967, Dec.10) CD SONY VH (CD8)

(1968, Apr.7) CD SONY VH (CD10)

(1968, May12) CD SONY VH (CD12)

(1981, Nov.1) CD SONY VH (CD42)

(1981) LP-CD　RCA 4585, 0902663314

(1982, May.22) CD　BBC Music Magazine Vol.21 No.12, SONY VH (CD44)

ソナタト長調 K.260，L.124

(1967, Oct.22) CD SONY VH (CD4)

(1967, Nov. 12) LP- CD

CBS MK45572, SONY SK 53466, 30DC5318, VH (CD6)

Amadeus AM072-2

(1967, Nov. 26) CD　Music &　Arts 666 , Living Stage LS1045,

SONY CH (CD24)

(1967, Dec.10) CD SONY VH (CD8)

(1968, Apr.7) CD SONY VH (CD10)

(1968, May12) CD SONY VH (CD12)

ソナタト長調 K.201，L.129

(1964) CD　SONY　SK48093, SK53460, SRCR9000, Amadeus AM072-2

ソナタロ短調 K.197，L.147

(1964) CD　SONY SK48093, SRCR9000, Amadeus AM072-2

ソナタニ長調 K.491，L.164

(1964) LP-CD

CBS MK42410, SONY SK53460, SK89669, S3K93039, SRCR9219

88697419402

ソナタ変イ長調 K.127，L.186

(1981) LP-CD　RCA4585, 0902663314

(1981, Nov.1) CD SONY VH (CD42)

(1982, May.22) CD　BBC Music Magazine Vol.21 No.12, SONY VH (CD44)

ソナタヘ短調 K.481，L.187

(1964) LP-CD　CBS MK42410, SONY SK53460, SRCR9219

(1966, Apr.17) CD SONY CH (CD17)

ソナタヘ長調 K.525，L.188

(1964, Apr. 23) LP-CD　CBS MK42410, SONY SK53460, SRCR9219

ソナタヘ短調 K.184，L.189

(1981) LP-CD　RCA 4585, 0902663314

(1981, Nov.1) CD SONY VH (CD42)

(1982, May22)CD　BBC Music Magazine Vol.21 No.12, SONY VH (CD44)

ソナタ変ホ長調 K.474, L.203

(1964) LP-CD　CBS MK42410, SONY SK53460, SRCR9219

ソナタト長調 K.455, L.209

(1946,Oct.24) 78-CD　RCA 0902660986, URANIA22404

(1962) LP-CD　CBS MK42410, Odyssey MBK42534,
SONY S2K53457, S3K93039, SRCR9219, Amadeus　AM072-2,
Time Life A2-28526

ソナタホ長調 K.135, L.224

(1981) LP-CD　RCA 4585, 0902661416, 0902663314

(1981, Nov.1) CD SONY VH (CD42)

(1982, May22) CD SONY VH (CD44)

(1985, Sep.) LP-CD　DG 419217, 427269, 474334, POCG1152

(1985,Oct.26) CD (Paris)　VIBRATO VLL457

(1985, Nov. 17) CD (Milano)　Exclusive EX92T39

(1985, Nov. 24) CD (Milano)　Exclusive EX92T40

(1986, Apr. 27) CD (Leningrad)　Artistotipia AL102LE, PALEXA 0536

(1986, May) CD (Berlin) Live Supreme Prod. LSU1016, SONY SICC1186~7,
SONY 8869757332, 88697527012, 88697527082

(1986,Jun.21) CD(Tokyo)　Fachmann fur Klassischer Musik FKM1039

(1986,Jun.28) CD(Tokyo)　Fachmann fur Klassischer Musik FKM1001

(1986, Oct.26) CD DG 4704649

ソナタイ短調 K.188, L.239

(1951) 78-45-LP-CD　EMI 63538, 763538,

ソナタイ短調 K.54, L.241

(1964) LP-CD　CBS MK42410, SONY SK48093, SK53460, SRCR9219
Amadeus AM072-2, FIC1002B

ソナタニ短調 K.52, L.267

(1964, May 4,18, Jun. 4) CD　SONY SK48093, SK 53460, SRCR9000

ソナタト長調 K.55, L.335

(1967, Oct.22) CD SONY VH (CD4)

(1967, Nov. 12) CD　SONY 88697575002(60b), VH (CD6)

(1967, Nov.26) CD

Music & Arts 666, Living Stage LS1045, SONY CH(CD24)

(1967, Dec.10) CD SONY VH (CD8)

(1968, Jan.2 & Feb.1) CD CBS MK42410, M3K44681, MK45829,
SONY SK53465,

(1968, Jan.2) CD　SONY CH(CD25)

(1968, Feb.1) CD SONY CH (CD26) CSCR8112, SRCR8851

(1968, Apr.7) CD SONY VH (CD10)

(1968, May12) CD SONY VH (CD12)

(1968) LP-CD　CBS MK42410, M3K44681, MK45829, SONY SK53465,
Amadeus AM072-1, Nota Blu 93.5095

ソナタト長調 K.146，L.349

(1964) LP-CD　CBS MK42410, SONY SK53460, S3K93039, SRCR9219
88697419402, AmadeusAM072-2

ソナタイ長調 K.39，L.391

(1964, Apr. 23) LP-CD
CBS MK42410, SONY SK53460, S3K93039, SRCR9219

ソナタニ長調 K.33，L.424

(1964) LP-CD　CBS 42410, SONY SK53460, SRCR9219

ソナタホ長調 K.531，L.430

(1947, Nov. 7) 78-CD　RCA 0902660986, URANIA22404

(1962) LP-CD
CBS MK42305, MK42410, MK44797, SONY SK53457, S2K53457,
S3K93039, SRCR9219, Odyssey MBK42534, Amadeus AM072-2,
Time Life A2-28526, FIC1002B

ソナタニ長調 K.96，L.465

(1964) LP-CD
CBS MK42410, SONY SK53460, SRCR9219, Amadeus AM072-2

ソナタ嬰へ短調 K.25，L.481

(1964) CD　SONY SK48093, SK53460, SRCR9000, Amadeus AM072-2

ソナタイ長調 K.322，L.483

(1946, Nov.27) 78-CD　RCA 0902660986, URANIA22404

(1951, Mar. 5) CD　SONY 88697575002(CD37)

(1951) 78-45-LP-CD　EMI 63538, 763538, HMV(Store)574037

(1962) LP-CD　CBS MK42305, MK4241, MK44797, Odyssey MBK42534

SONY S2K53457, SRCR9219, Amadeus AM071-2,
Time Life A2-28526, FIC1002B

(1974, Nov.17) CD VIBRATO VLL470

(1975, Apr.20) CD VIBRATO VLL489

(1975, Nov.2) CD SONY VH (CD20)

(1976, Feb.29) CD SONY VH (CD26)

(1977, Oct.9) CD VIBRATO VLL463

ソナタト短調 K.125, L.487

(1935) 78-LP-CD　EMI 63538, 763538, Toshiba TOCE6161,
Warner 0825646251353, Fidelio 3465, Pearl 9262, APR5517
Grammofono AB78520, AB 78620, SiRio 5300-26
Magic Talent 48005, The Piano Masters 20.3166-306,
Naxos 8.110606, Music Masters 37020, Archipel 0246
Allegro 3004, ANDANTE 2982, APR 6004
Cantus 5.00081, HMV(Store)574037

ソナタイ長調 K.101, L.494

(1967, Oct.22) CD SONY VH (CD4)

(1967, Nov. 12) CD　SONY 88697575002(CD60b), VH (CD6)

(1967, Nov.26) CD
Music & Arts CD666, Living Stage LS1045, SONY CH(CD24)

(1967, Dec.10) CD SONY VH (CD8)

(1981, Nov.1) CD SONY VH (CD42)

(1981) LP-CD　RCA 4585, 0902663314

(1982, May.22) CD　BBC Music Magazine Vol.21 No.12, SONY VH (CD44)

【スカルラッティ＝タウジヒ　SCARLATTI=TAUSIG】

ソナタホ長調 K.20, L375 よりカプリッチョ

(1928) 78-45-LP-CD APR 7014, RCA 0902660986, Naxos 8.110696,Pearl 9262

【シューベルト　SCHUBERT】

即興曲変ホ長調 D.899-2, Op.90-2

(1973) LP-CD　SONY SK53471, SRCR9260

即興曲変ト長調 D.899-3, Op.90-3

(1948, Feb. 2) CD Pristine XR Pakm071

(1953, Jan,4) LP-CD　RCA 60523, 0902660523

(1962) LP-CD　CBS MK42305, Odyssey MBK42534, Time Life A2-28526
SONY SK89669, S2K53457, S3K93039SRCR8845

(1980, Nov.16) CD VIBRATO VLL478

即興曲変イ長調 D.899-4, Op.90-4

(1973) LP, CD　SONY SK53471, SRCR9260

(1985) LP-CD　DG 419045, 427269, POCG1151

即興曲ヘ短調 D.935-1, Op.142-1

(1973) LP-CD　SONY SK53471, SRCR8845

即興曲変イ長調 D.935-2, Op.142-2

(1973) LP-CD　SONY SK53471,SRCR8845

即興曲変ロ長調 D.935-3

(1985, Sep.) LP-CD　DG 419217, 427269,474334, POCG1152

(1985,Oct.26) CD (Paris)　VIBRATO VLL457

(1985, Nov. 17) CD (Milano)　Exclusive EX92T39, ARTISTS FED062

(1985,.Nov. 24) CD (Milano)　Exclusive　EX92T40

(1986,Jun.21) CD(Tokyo)　Fachmann fur Klassischer Musik FKM1040

ピアノ・ソナタ第 21 番変ロ長調 D.960

(1953) 45-LP-CD
RCA 60451, ARPCD0143, ANDRCD5002, URANIA 22.261
CD　C.Alder, SONY CH(CD13)

(1986) LP-CD　DG 435025, POCG1466

《楽興の時》第 3 番ヘ短調 D780-3

(1985,Nov.24) CD (Milano)　Exclusive EX92T40, ARTISTS FED 062

(1986) LP-CD　DG 427772, POCG1370, Musical Heritage Society 514883Y

(1987, Jun.) CD (Last public recital in Hamburg)　DG 474334, 4777558,
Live Supreme Prod. LSU1017

【シューベルト（リスト編）　SCHUBERT=LISZT】

シューベルト(リスト編)：《愛の便り》（「白鳥の歌」より）

(1926) Roll-LP-CD　Intercord 7243 5 44023267

Roll-CD　Victor VDC1313

Roll-CD　TACET 138

(1928) Roll-CD　fone 90F12CD, Bellaphon 69007009

Roll-CD DENON COCO75681, COCO90213

Roll-CD Dal Segno DSPRCD 023

Roll-CD Nimbus NI 8811

(1929, Jan. 4) CD　Naxos 8.110696

白鳥の歌～セレナード D957-4

(1986) LP-CD　DG 427772, 474334, POCG1370,
Musical Heritage Society 514883Y

ワルツ・カプリース第６番《ウィーンの夜会》

(1985, Nov.24) CD (Milano)　Exclusive EX92T40, ARTISTS FED 062

(1986, Feb.) LP-CD　DG 427772, 474334

(1986, Apr.18) LP-CD　DG 419499, Musical Heritage Society 514883Y

(1986, Apr.20) CD (Moscow)　Musical Heritage 514882A

(1986, May) CD (Berlin)　Live Supreme Prod. LSU1016, SONY SICC1186~7,
SONY 8869757332, 88697527012, 88697527082

(1986, Jun.21) CD(Tokyo)　Fachmann fur Klassischer Musik FKM 1040

(1986, Jun.28) CD(Tokyo)　Fachmann fur Klassischer Musik FKM1001

(1986, Oct.26) CD (Chicago) DG 4794649

(1987, Jun.) CD (Last public recital in Hamburg)　DG 474334,4777558
Live Supreme Prod. LSU 1017

ワルツ・カプリース第７番《ウィーンの夜会》

(1988) LP-CD　DG 427772

【シューベルト＝タウジヒ＝ホロヴィッツ SCHUBERT=TAUSIG=HOROWITZ】

軍隊行進曲変ニ長調 D.733-1

(1942, Jan.30) CD　APR 2000

(1985) LP-CD　DG 419217, 427269, 474334, POCG1152

【シューベルト＝ハンス・フォン・ビューロー編曲 SCHUBERT=VON BÜLOW】

即興曲ト長調 Op.90-3、D.899-3

(1953) LP-CD　RCA 60523

【シューマン　SCHUMANN】

《アラベスク》ハ長調 Op.18

(1934) 78-LP-CD

EMI63538, 763538, Toshiba TOCE6161, Warner 0825646251353

Pearl 9262, SiRio 5300-26, APR 5517, 6004

Grammofono AB 78520, AB 78620, Magic Talent 48005

The Piano Masters 20.3166-306, Naxos 8.110606, Music Masters 37020

Archipel 0246, Allegro 3004, Cantus 5.00081

Membrane 222138-444, HMV(Store) 574037

(1949, Jan. 17) Yale Collection , CD　SONY CH(CD2)

(1949, Mar.21) Yale Collection

(1962) LP-CD-SACD　SONY S2K53457, S3K93039,SRCR8844, MVT017,
SRGR771-SACD, SS6371-SACD

(1967, Oct.22) CD SONY VH (CD4)

(1967, Nov.12) CD　SONY 88697575002(CD60b), VH (CD6)

(1967, Nov.26) CD　SONY CH(CD24)

(1967, Dec.10) CD SONY VH (CD8)

(1968, Jan.2) CD　SONY CH (CD25)

(1968, Feb.1) CD　Nota Blu 93.5095, SONY SRCR9213, CSCR8112,
SRCR8851, CH (CD26)

(1968, Apr.7) CD SONY VH (CD9)

(1968) LP-CD

CBS MK42305, MK42409, M3K44681,MK45829, SONY SK53465
88697419402

(1976, Feb.15) CD SONY VH (CD21)

(1976, Feb.22) CD SONY VH (CD23)

(1976, May 9) CD　Music & Arts 666, Living Stage LS 1045

(1976, Nov.14) CD VIBRATO VLL464

(1986, Jun.28) CD (Tokyo)　Fachmann fur Klassischer Musik FKM1001

(1986, Oct.26) CD DG 4794649

《花の曲》変ニ長調 Op.19

(1950, Mar. 20) Yale Collection, CD　SONY CH (CD6)

(1966, Nov.13) CD (Yale Univ.)　VIBRATO 2-VHL453, SONY VH (CD1)

(1966, Dec. 10)LP- CD

CBS MK42409, M3K44681, SONY S3K53461, SRCR9213

(1975, Nov.2) CD SONY VH (CD19)

(1975, Nov.16) CD

RCA 82876507492, SONY 88697575002(56a), CH (CD31)

(1975, Nov.23)　CD　SONY CH(CD33)

(1976, Feb.29) CD SONY VH (CD25)

《謝肉祭》Op.9

(1983, Apr.24) CD SONY VH (CD46)

(1983, May15) CD SONY VH (CD48)

ピアノ・ソナタ第３番ヘ短調 Op.14

(1951) LP-CD (3rd Mov. a theme by Clara Wieck only)　RCA 60463,

0902660463, SONY 88697575002(59a) , 88607477992

(1969) LP-CD (3rd Mov. a theme by Clara Wieck only)　SONY S3K53468

S3K93039, SRCR8845

(1975, Nov.2) CD SONY VH (CD19)

(1975, Nov.16) CD　RCA 82876507492, SONY 88697575002(56a)

(1975, Nov.23)　CD　SONY CH (CD33)

(1976, Feb.15) CD SONY VH (CD21)

(1976, Feb.22) CD SONY VH (CD23)

(1976, Feb.29) CD SONY VH (CD25)

(1976, Feb) LP-CD　RCA 6680,

(1976, May 9) CD　Music & Arts 666, Living Stage LS1045

歌曲集《詩人の恋》Op.48

(1976, May 18) LP-CD, D. Fischer Dieskau (baritone)

SONY SM2K 46743,CSCR8285

Great Moments at Carnegie Hall (CD24),

88985304202(No.1,2 and 9 only)

幻想曲ハ長調 Op.17

(1946, Apr. 6) Yale Collection, CD　RCA BVCC40018-J, SONY CH (CD38)

(1965) LP-CD-SACD　CBS M3K44681, SONY S3K53461, SRCR8847,

Bella Musica 969, SICC10231-SACD

CD (Unedited)-SACD　SONY SK93023, 0930232001, CH (CD15),

Great Moments at Carnegie Hall (CD16), SICC10233-SACD

《夢のもつれ》Op.12-7

(1932) 78-LP-CD

EMI 63538, 763538, Toshiba TOCE6161, Warner 0825646251353

Grammofono AB 78520, AB 78620,

SiRio 5300-26, Pearl 9262, APR 5517, 6004, Magic Talent 48005

The Piano Masters 20.3166-306, Music Masters 37020

Archipel 0246, Allegro 3004, Cantus 5.00081

Membrane 222138-444, HMV(Store)574037

幻想小曲集 Op.111

(1979, Nov.4) CD (Toronto)　PALEXA 0541

(1980) LP-CD　RCA 6680

(1980, Apr.13) CD SONY VH (CD36)

(1980, May 4) CD VIBRATO VLL459, SONY VH (CD38)

(1980, May11) CD SONY VH (CD40)

《フモレスケ》Op.20

(1979, Apr. 8, 15, 22) LP-CD RCA 6680

(1979, Apr.8) CD SONY VH (CD30)

(1979, Apr.15) CD SONY VH (CD32)

(1979, Apr.22) CD SONY VH (CD34)

《子供の情景》Op.15

(1950, May 10-17) 78-45-LP-CD　RCA 60463, 0902660463, 7755, 88697477992

da capo777.701-2

(1962) LP-CD　CBS MK42409, Odyssey MBK42534, SONY S2K53457

SK 93023, 0930232001, S3K93039, SRCR9213, Time Life A2-28526

SONY 88697419402(Von fremden Landern und Menschen only)

(1968, Dec.15) CD　SONY CH(CD29)

(1974, Nov.17) CD VIBRATO VLL470

(1975, Apr.20) CD VIBRATO VLL489

(1982, May 20) LP-CD　RCA 4572 , 0902661414

(1982, May 22) CD BBC Music Magazine Vol.21 No.12, SONY VH (CD45)

(1985, Oct.26) CD (Paris) VIBRATO VLL457

(1987, May 31) LP-CD (Vienna)　DG 435025, POCG1466

(1987, Jun.) CD (Last recital in Hamburg)　Live Supreme Prod. LSU1017,
DG 474334, 4777558

《子供の情景》Op.15 ～第７曲《トロイメライ》

(1947, Nov. 21) 78-45-LP-CD　RCA 60461, 0902660461, URANIA URN22.213
ANDANTE 2984

(1949, Aug. 2) CD
The Radio Years RY92, Stradivarius STR10037, ARPCD 0057
The Piano Library PL 332

(1950, May 10) LP-CD　RCA 7755, ANDRCD 5002, URANIA URN22.213
SONY 88697419402

(1951, Apr.23) CD　SONY CH (CD11)

(1965) LP-CD-SACD
CBS M3K44681, MK45829, SONY S3K53461, SRCR8847
SONY SICC10232-SACD
CD (Unedited)-SACD　SONY SK93023, 0930232001, CH (CD16),
Great Moments at Carnegie Hall (CD17),
888985304202, SICC10234-SACD

(1967, Nov. 12) CD　SONY 88697575002(60b), VH (CD6)

(1967, Nov.26) CD　SONY CH (CD24)

(1967, Dec.10) CD SONY VH (CD8)

(1968, Jan.2) CD　SONY CH (CD25)

(1968, Feb.1) CD　SONY SK89669, CH(CD26)

(1968, Jan.2 &Feb.1)　LP-CD-DVD
CBS MK42305, M3K44681, MK44797, MK45829,
SONY SK53465, CSCR8112, SCR8851, Nota Blu 93.5095

(1968, Apr.7) CD SONY VH (CD10)

(1968, May12) CD SONY VH (CD12)

(1968, Nov.3) CD SONY VH (CD14)

(1968, Nov.17) CD SONY VH (CD16)

(1968, Dec.1) CD SONY VH (CD18)

(1969, Oct.26) CD (Boston)　Living Stage LS 4035177
(1975, Nov.2) CD SONY VH (CD20)
(1975, Nov.16) CD　RCA 82876507492, SONY 88697575002(56b)
(1976, Feb.15) CD SONY VH (CD22)
(1976, Feb.22) CD SONY VH (CD24)
(1976, May 9) CD　Music & Arts 666, Living Stage LS 1045
(1976, Nov,21) CD SONY VH (CD28)
(1977, Oct.9) CD VIBRATO VLL463
(1978, Feb.26) CD World Music Express M-1353, SONY VH (CD29)
(1979, Apr.8) CD SONY VH (CD31)
(1979, Apr.22) CD SONY VH (CD35)
(1980, May11) CD SONY VH (CD41)
(1980, Nov.16) CD VIBRATO VLL478
(1985,Oct.26)CD(Paris)　VIBRATO VLL457
(1985 ,Nov.17) CD (Milano)　Exclusive EX92T39, ARTISTS FED062
(1986, Apr. 20) LP-CD (Moscow)　DG 419499, 427269, 474334, POCG1123
Musical Heritage 514882A
(1986, Apr. 27) CD (Leningrad)　Artistotipia AL102LE, PALEXA 0536
(1986, May) CD (Berlin)　Live Supreme Prod. LSU1016, SONY SICC 1186~7,
SONY 8869757332, 88697527012, 88697527082
(1986,Jun.21) CD(Tokyo)　Fachmann fur Klassischer Musik FKM1040
(1986, Oct.26) CD (Chicago) DG 4794649

《クライスレリアーナ》Op.16

(1968, Nov.3) CD SONY VH (CD13)
(1968, Nov.17) CD SONY VH (CD15)
(1968, Nov.24) CD　Stradivarius STR10038, SONY CH (CD27)
(1968, Dec.1) CD SONY VH (CD17)
(1968, Dec.15)　CD　SONY CH (CD29)
(1969) LP,CD　CBS MK42409, SONY S2K53468, SRCR9213
(1985, Sep.-Oct.) LP-CD　DG 419217, 427269, 445599, 474334, POCG1152
(1985,Oct.26) CD (Paris)　VIBRATO VLL457
(1985, Nov.17) CD (Milano)　Exclusive EX92T39
(1986, Apr. 27) CD (Leningrad)　Artistotipia AL102LE, PALEXA 0536
(1986, May) CD (Berlin)

Live Supreme Prod. LSU 1016, SONY SICC1186~7,
SONY 8869757332, 88697527012, 88697527082
(1986,Jun.21) CD(Tokyo)　Fachmann fur Klassischer Musik FKM1039

「4つの夜曲」第3番変ニ長調《夜の宴》

(1979, Nov.4) CD (Toronto)　PALEXA 0541
(1980, Apr.13) CD SONY VH (CD36)
(1980, May 4) CD VIBRATO VLL459, SONY VH (CD38)
(1980, May11) CD SONY VH (CD40)
(1980) LP-CD　RCA 6680

「4つの夜曲」第4番ヘ長調《独唱付きの輪唱》

(1979, Nov.4) CD (Toronto)　PALEXA 0541
(1980, Apr.13) CD SONY VH (CD36)
(1980, May 4) CD VIBRATO VLL459, SONY VH (CD38)
(1980, May11) CD SONY VH (CD40)
(1980) LP-CD　RCA 6680

ピアノ・ソナタ第2番 Op.22 〜プレスト・パッショナート

(1932) 78-LP-CD
EMI 63538, 763538, Toshiba TOCE6161, Warner 0825646251353
Archipel 0246, Allegro 3004, Pearl9262,
SiRio 5300-26, APR 5517, 6004, Grammofono AB 78620

トッカータ Op.7

(1934, May 12) 78(DB-2238)-LP-CD
EMI 63538, 763538, Toshiba TOCE6161,
Warner 0825646251353, APR 5517, 6004, Pearl 9262,
SiRio 5300-26, Grammofono AB 78520, AB 78620,
The Piano Masters 20.3166-306, Magic Talent 48005,
Music Masters 37020, Archipel 0246, Allegro 3004,
Cantus 5.00081, membrane 222138-444
Issued as DB-2238 but quickly withdrawn at Horowitz' s request.
(1962) 45-LP-CD　CBS MK42305, MK 42409, Odyssey MBK42534
SONY S2K 53457, SRCR9213

ノヴェレッテヘ長調 Op.21-1

(1985) LP-CD　DG 419045, 427269, 445599, POCG1151

【スクリャービン　SCRIABIN】

練習曲嬰ハ短調 Op.2-1

(1949, Jan. 17) Yale Collection, CD　SONY CH (CD3)

(1949, Feb. 21) Yale Collection, CD　SONY CH (CD5)

(1950, Mar. 20) Yale Collection, CD　SONY CH (CD7)

(1950, May 17) 45-CD　RCA 60526, 0902660526, da capo 777.701-2

(1951, Mar. 5) CD　SONY 88697575002(37)

(1962) LP-CD　CBS MK42305, MK42411, Odyssey MBK42534,
SONY S2K53457, S3K93039, Time Life A2-28526, FIC 1002B
SONY 88697419402, SRCR8845,

(1965) LP-CD-SACD
CBS M3K44681, SONY S3K53461, SRCR8847, SICC10232-SACD
CD (Unedited)-SACD　SONY SK93023, 0930232001, CH (CD16),
Great Moments at Carnegie Hall (CD17), SICC10234-SACD

(1969, Oct.26) CD (Boston)　Living Stage LS 4035177

(1985, Apr.) LP-CD　DG 419045, 427269, 474334, POCG1151

(1985,Oct.26)CD (Paris)　VIBRATO VLL457

(1985 Nov. 17) CD (Milano)　Exclusive EX93T39

(1986, Apr.20) LP-CD　DG 419045,419499, 427269, POCG1123
Musicai Heritage 514882A

(1986, May18) CD (Berlin)
Live Supreme Prod. LSU1016, SONY SICC1186~7,
SONY 8869757332, 88697527012, 88697527082

(1986, Jun.21) CD (Tokyo)　Fachmann fur Klassischer Musik FKM1040

(1986, Oct.26) CD DG 4794649

練習曲嬰ハ長調　Op.8-1

(1980, Nov.16) CD VIBRATO VLL478

練習曲嬰ニ短調 Op.8-2

(1972) LP-CD　CBS MK42411, SONY SK53472, SRCR8853

(1980, Nov.16) CD VIBRATO VLL478

練習曲変イ長調 Op.8-8

(1972) LP-CD　CBS MK42411, SONY SK53472, SK89669, SRCR8853

(1980, Nov.16) CD VIBRATO VLL478

練習曲変ニ長調 Op.8-10

(1969, Oct.26) CD (Boston) Living Stage LS 4035177

(1972) LP-CD CBS MK42411, SONY SK53472, SRCR8853

(1980, Nov.16) CD VIBRATO VLL478

練習曲変ロ短調 Op.8-11

(1953.Feb.25) 45-LP-CD RCA 6215, ARPCD0143

CD C.Alder, SONY CH(CD14)

(1969,Oct.26) CD (Boston) Living Stage LS4035177

(1972) LP-CD CBS MK42411, SONY SK53472, SRCR8853

(1980, Nov.16) CD VIBRATO VLL478

練習曲嬰ニ短調 Op.8-12《悲愴》

(1948, Feb.2) CD Pristine XR Pakm071

(1962) LP-CD CBS MK42305, MK42411, Odyssey MBK42534, FIC1002B

MK 44797, MK 45829, SONY S2K53457, S3K93039, SRCR8845

88697419402, Time Life A2-28526

(1968, Jan.2) CD SONY CH (CD25)

(1968, Feb.1) CD SONY CH (CD26)

(1968) LP-CD CBS M3K44681, MK 44797, MK 45829,

SONY SK53465, CSCR8112, SRCR8851

(1974, Nov.17) CD VIBRATO VLL470

(1976, Feb.29) CD SONY VH (CD26)

(1980, Nov.16) CD VIBRAYO VLL478

(1981, Nov.1) CD SONY VH (CD43)

(1982, May 18,20&22) LP-CD RCA 4572, 6215, 0902661414,

(1982, May 22) CD BBC Music Magazine Vol.21 No.12, SONY VH (CD45)

(1985, Sep.) LP-CD DG 419217, 427269, 474334, POCG1152

(1985, Oct.26) CD (Paris) VIBRATO VLL457

(1985, Nov. 17) CD (Milano) Exclusive EX92T39

(1985, Nov. 24) CD (Milano) Exclusive EX92T40

(1986, Apr.20) LP-CD (Moscow) DG 419499, POCG1123,

Musical Heritage 514882A

(1986, May) CD (Berlin) Live Supreme Prod. LSU1016, SONY SICC1186~7,

SONY 8869757332, 88697527012, 88697527082

(1986, Jun.21) CD (Tokyo) Fachmann fur Klassischer Musik FKM1040

(1986, Jun.28) CD (Tokyo)　Fachmann fur Klassischer Musik FKM1001

(1986, Oct.26) CD DG 4794649

練習曲嬰ヘ長調 Op.42-3

(1969, Oct.26) CD(Boston)　Living Stage LS4035177

(1972) LP-CD　CBS MK42411, SONY SK53472, SRCR8853

練習曲嬰ヘ長調 Op.42-4

(1948. Feb.2) CD Pristine XR Pakm071

(1969,Oct.26) CD(Boston)　Living Stage LS4035177

(1972) LP-CD　CBS MK42411, SONY SK 53472, S3K93039, SRCR8853

練習曲嬰ハ短調 Op.42-5

(1953) 45-LP-CD　RCA 6215, ARPCD0143, IDIS6602

CD　C.Alder, SONY CH(CD14)

(1969,Oct.26) CD (Boston)　Living Stage LS4035177

(1972) LP-CD　CBS MK42411, SONY SK53472, S3K93039, SRCR8853

練習曲嬰ハ長調　Op.65-2

(1969, Oct.26) CD (Boston)　Living Stage LS4035177

練習曲ト長調 Op.65-3

(1969,Oct.26) CD (Boston)　Living Stage LS4035177

(1972,Apr.27&May 4) CD　SONY SK48093, SK53472, SRCR9000

《アルバムの綴り》変ホ長調 Op.45-1

(1972, May 31) LP-CD　CBS MK48093,

SONY SK 53472, SK89669, S3K93039, SRCR8853

《アルバムの綴り》Op.58

(1972, Apr.27) CD　CBS MK42411,

SONY SK 48093, SK53472, SK89669, S3K93039, SRCR9000

詩曲嬰ヘ長調（嬰ニ短調）Op.32-1

(1948, Feb.2) CD Pristine Pakm071

(1949, Feb. 21) Yale Collection, SONY CH (CD4)

(1962) LP-CD　CBS MK42411, Odyssey MBK 42534,

SONY S2K53457, S3K93039, SRCR8845

FIC1002B

(1965) LP-CD-SACD　CBS M3K44681, SONY S3K53461, Bella Musica 969

SONY SICC10232-SACD

CD (Unedited)　SONY SK93023, 0930232001, SRCR8847, CH (CD16),

Great Moments at Carnegie Hall (CD17), SICC10233-SACD

2つの詩曲 Op. 69-1

(1972) LP-CD　SONY SK 53472, SRCR8853, Time Life A2-28526

2つの詩曲 Op. 69-2

(1972) LP-CD　SONY SK 53472,SRCR8853,　Time Life A2-28526

左手のための前奏曲嬰ハ短調 Op.9 の 1

(1977.Oct.9) CD VIBRATO VLL463

(1979, Apr.15) CD SONY VH (CD33)

前奏曲 Op.11-1

(1955) LP-CD　RCA 6215, IDIS 6602

前奏曲 Op.11-3

(1955) LP-CD　RCA 6215, IDIS 6602

前奏曲 Op.11-5

(1955) LP-CD　RCA 60526, 0902660526, IDIS 6602

前奏曲 Op.11-9

(1955) LP-CD　RCA 6215, IDIS 6602

前奏曲 Op.11-10

(1955) LP-CD　RCA 6215, IDIS 6602

前奏曲 Op.11-13

(1955) LP-CD　RCA 6215, IDIS 6602

前奏曲 Op.11-14

(1955) LP-CD　RCA 6215, IDIS 6602

前奏曲 Op.11-16

(1955) LP-CD　RCA 6215, IDIS 6602

前奏曲 Op.13-6

(1955) LP-CD　RCA 6215, IDIS 6602

前奏曲 Op.15-2

(1955) LP-CD　RCA 6215, IDIS 6602

前奏曲 Op.16-1

(1955) LP-CD　RCA 6215, IDIS 6602

前奏曲 Op.16-4

(1955) LP-CD　RCA 6215, IDIS 6602

前奏曲 Op.22-1

(1955) LP-CD　RCA 60526, 0902660526, IDIS 6602

前奏曲 Op.27-1

(1955) LP-CD　RCA 6215, IDIS 6602

前奏曲 Op.48-3

(1955) LP-CD　RCA6215, IDIS 6602

前奏曲 Op.51-2

(1955) LP-CD　RCA6215, IDIS 6602

前奏曲 Op.59-2

(1955) LP-CD　RCA 6215, IDIS 6602

前奏曲 Op.67-1

(1955) LP-CD　RCA 6215, IDIS 6602

ピアノ・ソナタ第３番嬰ヘ短調 Op.23

(1955) LP-CD　RCA 6215, IDIS6602

ピアノ・ソナタ第５番 Op.53

(1974, Nov.17) CD VIBRATO VLL470

(1975, Apr.20) CD VIBRATO VLL479

(1976, Feb.29) CD SONY VH (CD26)

(1976) LP-CD　RCA 6215

(1976, Nov.14) CD VIBRATO VLL464

ピアノ・ソナタ第９番 Op.68《黒ミサ》

(1953) 45-LP-CD　RCA 60526, 0902660526, ARPCD0143, IDIS6602

CD　C.Alder,　SONY CH(CD14)

(1965) LP-CD-SACD　CBS MK42411,M3K44681, MK45829,

SONY S3K53461, CSCR8112, SRCR8847

Bella Musica 969, Nota Blu 93.5095, SICC10132

CD (Unedited)-SACD　SONY 93023, 0930232001, CH (CD16),

Great Moments at Carnegie Hall (CD17), SICC10234-SACD

ピアノ・ソナタ第10番ハ長調 Op.70

(1966) LP-CD　CBS MK42411, M3K 44681, SONY S3K53461, SRCR8849

詩曲《焔に向かって》Op.72

(1948, Feb. 2) CD Pristine XR Pakm 071

(1949, Feb. 21) Yale Collection, CD　SONY CH (CD4)

(1972) LP-CD

CBS MK42411, SONY SK 53472, SRCR8853, Time Life A228526

【スーザ（ホロヴィッツ編） SOUSA=HOROWITZ】

星条旗よ永遠なれ

(1946) (Radio Broadcast) Living Stage LS4035177 Disc2

(1949, Feb. 21) Yale Collection, CD SONY CH (CD5)

(1949, Mar. 21) Yale Collection, CD SONY CH (CD5)

(1949, Aug. 2) CD

The Radio Years RY92, Stradivarius STR 10037, ARPCD 0057

The Piano Lib. 332

(1950, Dec.29) 78-45-CD RCA 60526, 0902660526, Living Era 8560

(1951) LP-CD RCA 7755, SONY 88697419402

【ストラヴィンスキー STRAVINSKY】

《ペトルーシュカ》から「ロシアの踊り」

(1932,Nov.11) 78(DB-1869)-LP-CD EMI 63538, 763538,

Toshiba TOCE6161, Warner 0825646251353, Grammofono AB 78619,

Pearl 9262, APR 5517, 6004, Magic Talent 48066,

The Piano Masters 20.3166-306, Naxos 8.110606, Cantus 5.00081

Membrane 222138-444, The Piano Lib.198, HMV(Store)574037

Issued as DB-1869 but quickly withdrawn at Horowitz's request.

【チャイコフスキー TCHAIKOVSKY】

ピアノ協奏曲第１番変ロ短調 Op.23

(1932, Feb.5&6) CD (only 1 min. 43 sec.) F. Reiner (cond.)

Living Stage LS 4035177

(1934, Oct. 18) LP-CD (3rd Mov. only), N. Malko (cond.)

Danacord DACOCD 303, DACOCD 691-696

(1940, Mar. 31)) CD J. Barbirolli (cond.)

APR 5519, Memories Reverence MR2213

URANIA URN 22.160

(1941, Apr. 19) LP-CD

A. Toscanini (cond.) Bellaphon 68924001, Naxos 8.110807

The Piano Masters 20.3166-306, Laguna C02-162, Music & Arts 956
ALLEGRO 3001, TIM 221374-349, 221030-205

(1941, May 6-14) 78-45-LP-CD
A. Toscanini (cond.) RCA 60319, 60449, Arkadia 78574
Membrane 222138-444, Naxos 8.110671, The Piano Lib.257
Pristine PASC 076, FIC 1002B, Hirabayashi GS-2106

(1943, Apr. 25) LP-CD A. Toscanini (cond.) RCA7992, 60321,
Melodram MEL18014, Memories HR 4197,
Classical Society CSCD103,
TIM204553-308, ANDRCD5101, SONY CH (CD1)
SONY GM(CD3), 88985304202 (3rd mov only)

(1948, Apr. 11) LP-CD
B. Walter (cond.) AS 400, NAS2400, IRON Needle IN1398,
Music & Arts 810, Memories Reverence MR2214, legend LGD105
URANIA URN22.362, ARPCD0464, ARPCD0488

(1949, Aug. 2) LP-CD
W. Steinberg (cond.) Stradivarius STR 10037,Music & Arts 963
The Radio Years RY92, Memories Reverence MR2212
ARPCD 0057, The Piano Library PL332

(1953, Jan. 12) LP-CD G. Szell (cond.) Movimento Musica 011.007
I Maestri della Musica GMD3/6, URANIA SP4253, URN22.213
Memories Reverence MR2211, Penzance Records 17
DIOPASON 28, ANDRCD 5002, ISLAND Pros SD1316
OTAKEN TKC-302,

《ドゥムカ》ハ短調 Op.59

(1928) Roll-CD Condon 690.07009, DENON COCO 75681-J, COCO80213-J
Roll-CD Dal Segno DSPRCD 023-EU
Roll-CD Nimbus NI 8811-B

(1942) 78-LP-CD RCA 60526, 0902660526

ピアノ三重奏曲イ短調《偉大なる芸術家の生涯》Op.50 ～第 1 楽章

(1976) LP-CD, I. Stern (vn), M. Rostropovich (vc)
SONY SM2K46743, CSCR8285,
Great Moments at Carnegie Hall (24),
88985304202 (I Pezzo elegiaco only)

【ワーグナー（リスト編） WAGNER =LISZT】
楽劇《トリスタンとイゾルデ》～イゾルデの愛の死

(1989)LP- CD　SONY SK45818, S3K93039, SONY 88697419402, CSCR8116

【UNKNOWN　(both are Horowitz versions)】

アメリカ合衆国国歌

(1978, Feb.26) CD (Horowitz at the White House)
World Music Express WME-M1353
SONY VH (CD29)

イギリス国歌《ゴット・セイヴ・ザ・クイーン》

(1982, May22) CD SONY VH (CD44)
(1982) LP-CD　RCA 0902661414